LA CONSOLATION

DU MÊME AUTEUR

Pour une psychiatrie communautaire, Le Seuil, 1971.

Techniques de soins en psychiatrie de secteur, Presses universitaires de Lyon, 1983 (épuisé).

Pour soigner l'enfant psychotique, Privat, 1984 (épuisé).

Psychiatries : de révolution en évolution, Césura, 1986.

Esprit où es-tu ? (en collaboration avec Marc Jeannerod), Odile Jacob, 1991.

Imitation, identification chez l'enfant autiste (en collaboration avec Pierre Ferrari), collection Paidos, Bayard édition, 1992.

JACQUES HOCHMANN

LA CONSOLATION

Essai sur le soin psychique

Odile Jacob

15, rue Soufflot, 75005 Paris

www.odilejacob.fr

ISBN 978-2-7381-0266-9

À Marcel Sassolas,
compagnon de marche

« Il faut reconnaître que la joie de la consolation répond à des exigences profondes... »

UMBERTO ECO

Préambule

> « Nous pensons que parmi tous les êtres humains souffrant d'un manque de considération, les patients psychiatriques sont les plus desservis, et que cela aggrave leur état. Ils ont droit à la même attention que les patients en analyse. Cela fait partie de l'éthique psychanalytique. »
>
> René Diatkine

Ils m'attendaient, légèrement recouverts de poussière dans la lumière d'un soleil d'octobre : lui, assis, les genoux joints, la tête abandonnée et la main suppliante ; elle, le soutenant du bras et penchant vers ses yeux hagards un jeune visage ourlé d'une natte. J'ai rêvé sur leur couple : Charles VI le fol et Odette de Champdivers, la première infirmière psychiatrique...

Après une enfance difficile, marquée par les rivalités des oncles qui le gouvernaient, et déjà scandée de visions étranges, après une adolescence secouée par les massacres ou étourdie par les fêtes, Charles de Valois était devenu fou. Il courait dans son palais, niant être roi et père, s'affirmant un autre. Sa belle-sœur Valentine, la belle Milanaise, avait bien tenté d'arracher son esprit chagrin aux angoisses qui l'oppressaient et au désir de mort qui le tenaillait. Il continuait d'enfourcher ses chimères. Parfois, il fallait l'attacher et l'enfermer. N'avait-il pas, dans un accès furieux, occis quatre hommes, dont un brave chevalier gascon ? Des médecins furent appelés. Voici ce qu'en dit Michelet, en 1840, quatre siècles et demi après : « Ils ne firent pas grand-chose. C'était déjà, comme aujourd'hui, la médecine matérialiste, qui soigne le corps sans se soucier de l'âme, qui veut guérir le mal physique sans rechercher le mal moral, lequel pourtant est ordinairement la cause première de l'autre. Le Moyen Âge faisait tout le contraire. Il ne connaissait pas toujours les remèdes matériels mais il savait à merveille calmer, charmer le malade, le préparer à se laisser guérir. La médecine se faisait chrétiennement au bénitier même des églises. Souvent on commençait par confesser le patient, et l'on connaissait ainsi sa vie, ses habitudes. On lui donnait ensuite la communion, ce qui aidait à rétablir l'harmonie des esprits troublés. Quand le malade avait mis bas la passion, l'habitude mauvaise, dépouillé le vieil homme, alors on cherchait quelque remède. C'était ordinairement quelque absurde recette ; mais sur un homme si bien préparé, tout réussissait. Au XIVe siècle, on ne connaissait déjà plus ces ménagements préalables ; on s'adressait directement, brutalement au corps ; on le tourmentait. Le roi se lassa bientôt du traitement, et dans un moment de raison il chassa ses médecins. »

Ses courtisans lui proposèrent alors de nouveaux excès, afin de contrecarrer la folie par la folie. Ce fut le drame du bal des Ardents où maints seigneurs brûlèrent, à la suite d'une farce : le frère du roi et ses amis avaient, par jeu, enflammé les déguisements de carnaval des danseurs. Charles VI, sauvé de justesse de l'incendie par une femme qui l'abrita de sa robe, rechuta. Pour le distraire et peut-être aussi pour le « calmer et le charmer », comme on eût fait auparavant avec les secours de la religion, la reine Isabeau, moins chrétienne et plus libertine, mit une pucelle dans son lit. Elle était la fille d'un marchand de chevaux et reçut le surnom de « *parva regina* », la petite reine. On la paya, pour ses services, de deux domaines, et la fille qu'elle conçut du roi fut richement dotée et bien mariée. Pendant un temps, l'état du patient s'améliora.

Un marbre signé Huguenin et conservé au musée de Dôle commémore cet épisode. On y sent les dernières influences du culte romantique de la femme-mère, « cette fascination étrange, dit encore Michelet, qui tient de l'amour et n'est pas de l'amour », et qu'il rapproche du culte de la nature. Le groupe d'Odette et du roi fou évoque, en effet, autre chose que des jeux érotiques entre un quadragénaire usé et une nymphette. L'appui qu'offre à la joue du roi le sein d'Odette, chastement recouvert, tout de tendresse et de sollicitude, n'est pas un geste d'amour génital. Il n'a rien d'excitant. C'est davantage une offre de consolation, un soulagement apporté aux souffrances du monarque dont le regard torturé se perd dans la douceur des yeux qui le contemplent. Je ne prétends pas que le sexe en soit absent, mais le désir ici est comme retenu, suspendu dans un moment privilégié où le souffle s'arrête comme s'arrête la main du roi devant la cordelette qui serre la robe – un moment d'absolue sérénité où rien de l'un à l'autre ne doit être prouvé, de sa virilité ou de sa capacité à prendre et à donner, un moment de réserve, dans tous les sens du terme. Plus tard, l'homme redeviendra homme et la femme femme, avec leurs demandes et leur recherche de jouissance. Mais pour l'instant – l'instant d'avant ou l'instant d'après, un instant où le temps n'est pas encore, où le temps n'est plus –, ils se contentent d'être l'un à l'autre, l'un pour l'autre, une présence, un souci, un soin, une élection.

Image fascinante et fascinante histoire. Elles contiennent en condensé tous les aléas des traitements psychiatriques. On a beaucoup « tourmenté » les fous. On les a brûlés, déportés, enfermés. On les a enchaînés puis camisolés. Par mille procédés, d'une violence cachée, on a voulu leur faire confesser publiquement leur erreur, en renonçant à leur délire, en se déprenant de leurs hallucinations, en avouant et en critiquant leurs préoccupations secrètes, on a prétendu redresser leur comportement. On s'est attaqué à leur corps à coups de médications agressives, de scarifications, de régimes débilitants, de chocs électriques. On est allé jusqu'à ouvrir leur crâne pour en extraire la « pierre de la folie ». Bien plus tard on a mutilé leur cerveau. À l'inverse, on s'est aussi rangé sous leur bannière. Les rois ont flatté les bouffons quand le peuple révérait et protégeait, comme un voyant ou un guérisseur, l'idiot du village. On les a fêtés et on a fait la fête avec eux en prétendant les imiter. On les a parfois considérés comme les prophètes des temps nouveaux ou les témoins héroïques des contradictions de la famille et de la société. Dans l'érotisme débridé du maniaque, on a cru reconnaître l'annonce d'une libération sexuelle. Combien de psychiatres, combien de thérapeutes ont-ils succombé à la séduction de la folie en séduisant à leur tour leurs patients, sexuellement ou narcissiquement, dans un échange physique ou par un assujettissement moral ?

Or soigner n'est ni réprimer la folie ni l'exalter de manière apitoyée ou mystificatrice. Soigner, c'est protéger le malade autant contre les dangers extérieurs (le feu du bal des Ardents) que contre la montée d'une violence sanguinaire. C'est calmer une douleur morale en procurant un baume, qu'il soit médicamenteux ou psychologique, et en apportant au souffrant assistance et réconfort. C'est écarter ce qui empêche une personnalité de se réaliser, ce qui arrache le soi au soi et l'aliène. Une telle démarche est risquée. Les thérapeutiques psychiatriques n'ont pas fini de cheminer sur une crête étroite et d'être guettées à tout instant par la bascule d'un côté ou de l'autre : celui de la mise à distance et des efforts désespérés pour modifier le malade mental et pour le ramener à la norme, celui de l'identification sans mesure et de l'aspiration dans une impossible fusion. Il n'y a en cela nulle volonté mauvaise. Des censeurs ont trop accusé la psychiatrie d'être au service d'un ordre bourgeois assimilé à un Moloch malfaisant qui réclamerait son tribut de victimes. Les diverses perversions qui ont scandé l'histoire des institutions psychiatriques n'ont pas été décidées par je ne sais quel complot international contre l'esprit. Voué à la désaliénation, le soin psychique contient en effet, dans sa structure même, les germes de sa propre aliénation. La rencontre avec la folie n'est pas une expérience banale. Elle entraîne des phénomènes de contagion qui dégradent, de manière répétitive, les projets thérapeutiques. La chronique des asiles fournit ainsi maints exemples de dégénérescence où l'innovation succombe à l'entropie psychotique. C'est que la souffrance psychique est difficilement supportable, pour celui qui l'éprouve comme pour ceux qui l'observent, la traitent et, dans une certaine mesure, à leur corps défendant, la partagent. L'angoisse des soignants reflète celle des malades, et la cohabitation soignants-soignés entretient la montée d'une angoisse à plusieurs qui est plus que la somme des angoisses individuelles. Alors s'établissent d'inévitables mécanismes de défense, dont les brutalités, les processus d'évitement, la déshumanisation de l'existence asilaire ne sont que les formes les plus manifestes.

En France, au décours de la Seconde Guerre mondiale, sensibilisée par la découverte de l'univers concentrationnaire, une génération de psychiatres issus de la Résistance renouant avec l'esprit des pionniers post-révolutionnaires (Pinel et Esquirol) a voulu limiter les effets pernicieux de cette contagion itérative en développant des pratiques nouvelles plus efficaces et qui prenaient plus en compte la dignité des malades. Sous le nom de « psychothérapies institutionnelles », elles ont connu des formes et des fortunes diverses, empruntant çà et là des concepts et des méthodes, dans une sorte de bricolage théoricopratique qui fait leur richesse. Mais, en dernier ressort, c'est dans la psychanalyse freudienne et dans son application au traitement des psychoses qu'elles ont trouvé leur plus ferme appui et le meilleur moyen d'éviter à leur tour une contamination et une dérive.

L'une des découvertes fondamentales de Sigmund Freud est, en effet, celle du contre-transfert, c'est-à-dire de ce mouvement d'abord inconscient qui conduit à réagir aux difficultés de son patient au niveau de ses propres difficultés, à sentir se réveiller en soi, en résonance aux conflits internes de l'autre, les cicatrices sensibles et souvent méconnues de ses propres conflits. Quand cet inévitable contre-transfert est ignoré, le psychanalyste peut se montrer aveugle et sourd à un discours qui le concerne de trop près ou y répondre de manière inadéquate. La situation codifiée de la cure analytique, la formation du psychanalyste, lui-même psychanalysé et entraîné à poursuivre – au moins dans son travail – une autoanalyse continuelle, limitent les effets néfastes du contre-transfert. Elles permettent même de l'utiliser comme moyen de connaissance. Quand j'éprouve, en écoutant un patient, un sentiment bizarre, inattendu, inhabituel chez moi, je suis fondé à penser que quelque chose du discours de ce patient, que je n'ai pas perçu, m'a remué. En cherchant en moi les raisons de cette émotion, je puis retrouver ce que le patient, à son insu, a cherché à me communiquer, et l'aider ainsi à en prendre conscience. Mais lorsque les garde-fous du dispositif de la cure n'existent pas, lorsque rien dans le cadre du traitement ne vient contenir un effet contre-transférentiel, alors la volonté de puissance ou le masochisme du psychiatre peuvent se réveiller, avec des effets parfois monstrueux.

Le travail incessant, dans les équipes de soins, sur les contre-attitudes suscitées par le contact avec la maladie mentale limite cette évolution tératologique. Le soin psychiatrique a donc connu une période féconde avec l'entrée en force de l'outil psychanalytique dans les établissements psychiatriques. Il a été, comme jamais depuis ses débuts, perfectionné et conceptualisé.

Et puis le reflux est venu, favorisé par l'excès même de cette référence freudienne. On a peut-être trop attendu de la psychanalyse : une théorie sans faille et sans ombre, une explication définitive de l'âme humaine, de ses productions littéraires ou picturales comme de ses maladies ou de son progrès. On a mis, pendant dix ans, la psychanalyse à toutes les sauces, y compris politiques, d'où une lassitude et une désillusion. Le discours prétentieux et dogmatique de certains de ses thuriféraires, lorsqu'il s'est soudain tu, a laissé derrière lui un vide où la critique, sans nuance et charognarde, s'est engouffrée. On avait tellement dit de la psychanalyse qu'elle était une science, voire la science des sciences, ayant son mot à dire sur tout, qu'en réaction on a prétendu, un peu vite peut-être, qu'elle n'était rien du tout, une scolastique, une vieillerie kitsch, un « aboli bibelot d'inanité sonore ».

Alors on a vu renaître les thérapeutiques éducatives et de conditionnement qui représentaient, au XIXe siècle, l'instrument privilégié pour imposer aux fous la raison commune, sans se préoccuper du sens et de la valeur que leurs productions pouvaient avoir pour eux. L'efficacité des médicaments, les énormes intérêts économiques en jeu dans l'industrie pharmaceutique, le prestige des neurosciences et des modélisations de l'intelligence sur ordinateur ont contribué à cette désaffection pour les traitements d'inspiration psychanalytique et à ce retour vers la médecine « matérialiste » dont s'indignait Michelet. Il ne s'agit pas de succomber au passéisme ou de chercher, comme c'est la mode en cette fin de millénaire, dans la spiritualité une protection contre le monde moderne. Mais plutôt de se demander si tout ce qu'on nous donne aujourd'hui comme scientifique et nouveau ne représente pas en psychiatrie un formidable retour en arrière, un asservissement à une pseudo-scientificité qui n'est qu'un des masques trompeurs de l'idéologie. Aliéné à une fausse science, ou plus exactement à l'importation sans nuance dans le domaine mental de vérités partielles ou d'hypothèses en attente de preuve qu'elle emprunte hâtivement à la biologie et à l'informatique, la psychiatrie dite moderne ne risque-t-elle pas de perdre toute spécificité ? Ne risque-t-elle pas dès lors un triple naufrage, pratique, théorique et éthique, en renonçant à des méthodes qui ont fait la preuve de leur efficacité, en perdant la possibilité de poser de manière autonome et de son lieu à elle des questions dérangeantes aux neurosciences et aux sciences cognitives, en abandonnant enfin ce qui était son honneur : le respect du malade et de son symptôme ?

Poursuivant, depuis une trentaine d'années, une réflexion sur le soin psychiatrique, à partir d'une pratique diversifiée avec des enfants, des adolescents et des adultes atteints de pathologies graves, je souhaite ici réagir, défendre ce qui a été fait, et qui n'est rien à côté de ce qui reste à faire. Nos aînés ont éclairé quelques petites lampes, entre autres celle de la considération due aux malades mentaux et à leur souffrance, celle de l'irréductible humanité d'une folie qui dort aussi en chacun de nous. À nous de veiller à ce que ces lampes restent allumées, et ne soient pas soufflées par le vent du mépris.

Je suis entré en psychiatrie, après une formation de neurologue, à une époque où la médecine ne disposait pas encore des moyens actuels d'exploration de l'intimité du cerveau par ce qu'on appelle les techniques d'imagerie médicale. J'avais aimé ce travail de détective qui consistait à chercher des signes cliniques, des altérations du mouvement, de la sensibilité ou des réflexes, et qui permettait de localiser à peu près sûrement une lésion pour en proposer éventuellement l'extirpation. J'avais souhaité connaître plus profondément les mécanismes biochimiques qui sous-tendent le fonctionnement cérébral. La neurochimie, qui a connu depuis de prodigieux développements, étant alors dans l'enfance, j'avais songé à m'engager dans la recherche de laboratoire. Puis, à la suite de rencontres et d'inquiétudes personnelles, j'ai été pris par une autre curiosité et attiré vers d'autres horizons. Formé à ce qu'on commençait à appeler la psychologie médicale, par l'analyse en groupe des moments vécus avec mes premiers patients, je suis parti compléter aux États-Unis l'étude de la dynamique des groupes. La Californie était à ce moment-là traversée du Nord au Sud par les remous de la contre-culture des années soixante. Je me suis frotté aux « thérapies californiennes », à l'usage plus ou moins débridé de l'expression corporelle, aux premières tentatives de thérapies familiales. J'ai vu se répandre aussi dans les hôpitaux psychiatriques les différentes techniques de modifications des comportements indésirables par l'usage des sanctions et des récompenses. Dans ce tohu-bohu, j'ai eu parfois le sentiment de vivre une expérience initiatique. Au retour, il me fallut mettre de l'ordre en moi. J'entrais alors en analyse. J'ai l'impression d'avoir, par les hasards de la vie, cheminé ainsi à contre-courant des « nouveaux thérapeutes ». Ceux-ci sont parfois des déçus de la psychanalyse. Leur adhésion au cognitivisme, au comportementalisme, aux thérapies systémiques ou corporelles, succède ainsi à leur échec à maîtriser, pour eux et pour les autres, les difficultés de l'ascèse psychanalytique, et à se soumettre à sa nécessaire rigueur ainsi qu'aux blessures d'amour-propre qu'elle détermine. J'ai au contraire commencé par tâter à la source un certain nombre de ces « nouvelles » approches, avant de trouver, dans ma propre cure d'abord, dans celle de mes patients ensuite, les fondations empiriques d'une théorie qui me semblait, et me semble toujours, plus solide. Au moment de cet apprentissage sur le divan, je me vis confier mes premières responsabilités de psychiatre institutionnel. L'hôpital psychiatrique où je faisais mes débuts n'était ni meilleur ni pire que les autres. Il avait même connu des heures de gloire. On y avait fait les premières cures de désintoxication alcoolique, essayé les premiers neuroleptiques. Au sortir de la guerre et de son cortège d'épreuves en particulier alimentaires (de nombreux malades étaient morts de faim), des médecins courageux avaient détruit les murs, comblé les sauts-de-loup, introduit l'ergothérapie et les loisirs. Lentement l'ancien asile sortait de sa misère, rompait avec un passé d'oppression et de grisaille concentrationnaire. Le médecin qui m'avait précédé avait déjà transformé le pavillon qu'il me donnait à diriger après lui. Mais la mémoire des années sombres était encore vive chez les infirmiers et chez les malades. Voici ce qu'ils me racontèrent et qui ne datait que d'une dizaine d'années. Alors, dans ce pavillon où n'entraient et d'où ne sortaient que quelques patients par an, s'entassaient, dans des dortoirs prévus pour cinquante, une centaine de pensionnaires. La plupart étaient là depuis des années (l'un d'eux âgé de quatre-vingts ans avait été admis au début du siècle et n'avait plus jamais revu les siens). Le jour, vêtus d'un uniforme de couleur indéfinissable, les malades étaient énergiquement chassés du dortoir, fermé à clé, et venaient tourner en rond, sans autre activité, dans une salle grisâtre, où les quelques sièges étaient aussitôt accaparés par les plus forts. Les autres marchaient ou s'affalaient sur le sol. L'été, un jardinet lépreux attenant au pavillon et clos de hauts murs sur deux autres côtés permettait aux plus valides d'observer, derrière un grillage infranchissable, du quatrième côté, les frondaisons d'un parc interdit. Les infirmiers apparaissaient au moment des repas qui se prenaient sur deux longues tables de bois encadrées de bancs, au fond de la salle de jour. Ils distribuaient hâtivement et sans un mot quelques potions dans des gobelets d'aluminium, puis une maigre pitance projetée à la louche dans des bols, également métalliques. Fourchettes et couteaux, reputés dangereux, étaient évidemment interdits. Quelques malades privilégiés aidaient au ménage et au service contre des paquets de cigarettes. Si l'alcool était proscrit, le tabagisme était en effet de règle et même favorisé. En dehors de ces moments de la vie quotidienne, et exception faite des soins aux alités, principalement des vieillards incontinents ou des agités camisolés ou attachés au pied de leur lit, parfois durant des années, les infirmiers passaient également leur temps à fumer, dans le seul local qui leur fût alloué : la salle de bains. Le médecin venait trois fois par semaine pour deux heures. Comme il détestait rencontrer les malades sans les attributs de sa puissance : la blouse blanche, le marteau réflexe, le bureau, son entrée était soumise à tout un rituel. Il sonnait à la porte (fermée à clé comme il se devait). L'infirmier chef sortait alors de sa cachette. Il portait à la ceinture un lourd tuyau de caoutchouc, de ceux qu'on utilisait pour raccorder les réchauds à gaz. Il faisait tournoyer le tuyau autour de sa tête. Comprenant le signal, et instruits par des semonces antérieures, les malades s'égaillaient de part et d'autre de l'escalier. Le médecin pouvait gravir les degrés, en toute majesté, accompagné de l'infirmier chef qui maintenait les malades à distance. Il s'enfermait dans son bureau. D'un coup de sonnette impérieux, il faisait pénétrer le premier malade du jour, choisi sur une liste dressée par l'infirmier chef. Un deuxième coup de sonnette signifiait la fin de l'entretien. Après trois ou quatre consultations de ce type, et quelques mots avec l'infirmier chef sur la marche et la tenue du service, il se retirait, précédé des mêmes tournoiements, dans le même silence et le même isolement. Deux fois l'an, il s'approchait des tables pour goûter le repas des malades. Il lui arrivait de signer des certificats adressés à l'autorité préfectorale et destinés à justifier la poursuite d'un internement. De temps à autre, il signait aussi des certificats de décès. Une lecture attentive des dossiers médicaux, qu'il tenait avec une rare minutie, me fit faire d'autres découvertes.

J'ai déjà raconté ailleurs, brièvement, l'histoire d'Antoine et de ses petits poussins. Elle mérite d'être reprise comme une illustration de ce qu'était, il y a moins d'un demi-siècle, le traitement des maladies mentales, de ce qu'il peut redevenir à tout instant si nous n'y prenons pas garde, malgré un appareil juridique plus contraignant, des comités d'éthique vigilants et une population mieux informée de ses droits.

Antoine naquit en 1906, dans une famille d'agriculteurs marquée par la maladie. Quand il atteignit la trentaine, il perdit son père, emporté par une affection rénale. Sa mère disparut peu après. Sur ses onze frères et sœurs, quatre avaient succombé en bas âge à une méningite, probablement tuberculeuse, le cinquième était mort à dix-huit ans d'une tuberculose pulmonaire. Un demi-siècle plus tôt, alors qu'on ignorait l'existence du bacille de Koch et de sa transmission par contagion, on aurait trouvé dans cette triste généalogie la preuve d'une dégénerescence héréditaire. Encore en 1947, le neuropsychiatre qui reçoit Antoine parle de « lourde hérédité pathologique ». Peu doué intellectuellement, Antoine apprit difficilement à lire. Il resta célibataire, vécut seul et entreprit de louer ses modestes services aux voisins. Privé d'autres distractions, il buvait régulièrement.

Au milieu de la guerre, en 1943, alors que la sécheresse s'ajoutait au rationnement pour affamer les populations, et que, peut-être, la soif le poussait à boire un peu plus de vin, il se mit à penser – sans trop oser le dire – qu'il avait la « puissance » de communiquer avec son père « dans le vent » et avec « les petits Jésus dans la lune ».

Durant l'hiver 1946, son caractère s'assombrit. Il a alors quarante ans, il vit seul, il est fatigué, il a froid. Il ressent des douleurs dans le dos qu'il attribue à une agression nocturne : « on lui a mis, par-derrière, une saloperie dans les reins ». Puis un jour, il étrangle une poule en prétendant qu'elle porte malheur. Devant l'émoi suscité, il veut abandonner son travail, annonce qu'il devient fou, réclame des soins. Le médecin de la ville voisine, appelé sur les lieux, l'adresse à l'hôpital général en demandant l'admission d'urgence pour « obnubilation mentale avec état obsessif (idées d'intervention divine le forçant à sacrifier les animaux domestiques) ». Même les citadins savent que qui vole un œuf, vole un bœuf. Mais qui tue une poule, de quoi est-il capable ? L'état d'Antoine ne paraît pas néanmoins avoir effrayé son entourage. Au village, on se dispense en effet d'appeler la force publique et de demander au maire un certificat d'internement d'office qui permettrait le placement d'autorité en hôpital psychiatrique. C'est librement et volontairement qu'Antoine franchit, le 21 février 1947, les grilles de l'asile départemental. Sa sœur Augustine l'accompagne, puis s'en va, assurée de le laisser en de bonnes mains. Le 10 mars, elle écrit au médecin chef : « Étant bien inquiète de la santé de mon frère Antoine, je me permets de venir vous demander si c'est possible de bien vouloir me faire transmettre quelques nouvelles de notre malade. Dans l'espoir que vous accueillerez favorablement ma demande... » On ignore la réponse du neuropsychiatre qui dirige le service. A-t-il seulement tenu compte de cette humble et maladroite supplique ? D'autres indices, bien plus prometteurs sur le plan scientifique, éveillent son attention. Il examine Antoine avec la passion du chercheur qui tient enfin sa découverte. Sur le délire, il passe vite. « Le malade, écrit-il dans le dossier, est d'abord un très gros débile... Il n'a jamais pu faire qu'un travail d'ouvrier agricole. Il est très difficile, étant donné la débilité et la possibilité d'un délire rétroactif, de dire à quelle date remontent les troubles. » Un délire, c'est d'abord une histoire que le patient se raconte et raconte éventuellement à autrui. Qui ira prendre en compte les histoires d'un simple d'esprit ? On n'est même pas sûr que ce délire ait existé. Il peut avoir été fabriqué après coup, de manière « rétroactive », bref être factice, une justification que le malade se donne et nous donne.

Le psychanalyste, peut-être à tort – mais il faut savoir se tromper quelquefois avant de comprendre – serait sensible ici à une lutte compensatoire contre la solitude et la dépression. « Les petits Jésus dans la lune » le feraient songer aux petits frères morts, lovés dans la matrice maternelle. Il penserait qu'Antoine se sent peut-être exclu de ce bonheur et qu'il cherche sa revanche dans le vent. Le vent, à la campagne, souffle partout, par les champs et par les bois. Il s'infiltre sous les portes et les fenêtres. On est toujours plus ou moins accompagné du vent et, si le vent porte l'esprit du père, on n'est jamais seul mais pénétré par la puissance paternelle. Ainsi, abandonné des siens, désemparé, Antoine se consolerait avec l'idée de commander à la pluie quand tout le monde alentour souffre de la sécheresse.

Le neuropsychiatre, lui, est trop sérieux pour s'abandonner à de telles fantaisies qui ont au moins le mérite d'être innocentes. On verra jusqu'où son sérieux le conduit. Après avoir disqualifié le délire, il remarque : « ce qu'il y a d'intéressant ce sont les hallucinations que le malade présente ». Là il saisit vraiment un signe clinique, une manifestation précise qu'il est possible d'isoler, de décrire, d'étudier beaucoup plus rigoureusement que de vagues sornettes sur le vent et la lune. « Il prétend avoir des poussins dans l'oreille, pas plus gros qu'une tête d'épingle, qui lui parlent aussi fort que nous-mêmes. » De ce que les poussins peuvent dire, d'un rapprochement éventuel entre ces poussins et la poule porte-malheur, le neuropsychiatre n'a cure. Seul le mécanisme des hallucinations est digne de son intérêt. « Ce qui a attiré l'attention au début, c'est la netteté des mussitations (mouvement des lèvres qui accompagnent les paroles) lorsque ce malade entend ses voix, en particulier ses poussins, qui lui parlent dans l'oreille. Il suffit de lui dire d'écouter ou mieux encore de mettre notre oreille près de la sienne pour que ses mussitations apparaissent. » Antoine, quand il est halluciné, murmure... au point qu'un oto-rhino-laryngologiste, dont le neuropsychiatre a sollicité l'avis, s'interroge : « Je ne suis pas sûr que ce soit une hallucination véritable. J'ai plutôt l'impression que c'est simplement l'audition des phrases qu'il prononce qui l'étonne (le petit poussin ne raconte que ce qu'il dit lui-même et au même moment). » Mais cette réserve amicale ne freine pas l'imagination du neuropsychiatre. « Partant de la constatation de l'extrême fréquence des mussitations ou du moins des changements du rythme inspiratoire et des mouvements d'élévation du larynx, lors des hallucinations, nous avons pensé à l'hypothèse suivante. Les paroles faisant l'objet des mussitations sont émises d'une façon totalement inconsciente par le malade. Ces paroles entraînent des sensations pharyngées, laryngées, labiales et buccales également inconscientes. Mais ces impressions sont objectivées dans un schéma sonore qui, lui, arrive à être conscient et objectivé par le sujet sous forme de voix, conçues comme étrangères à sa propre personnalité, puisque le sujet est inconscient de leur origine. »

Il s'agit, en somme, d'une théorie mixte, motrice et kinesthésique des hallucinations. Un centre cortical, anormalement actif, met en route, de manière inconsciente, l'appareil neuromusculaire de la phonation. En se contractant automatiquement, les muscles du pharynx, du larynx, des lèvres et de la bouche entraînent des sensations que le malade réfère à ce qui, dans son expérience, correspond à ces sensations, c'est-à-dire à une vocalisation. Se sentant parler malgré lui, il projette à l'extérieur de lui une voix qu'il ressent dès lors comme venant d'ailleurs. « Il est donc logique, conclut hardiment le neuropsychiatre, pour abolir ces hallucinations verbales de chercher, par une intervention pariétale basse, à abolir ou diminuer les sensations pharyngolaryngobuccolabiales. Si ce sont elles qui sont la cause des hallucinations, celles-ci doivent s'arrêter ou du moins diminuer considérablement. L'intervention corticale doit porter assez en arrière jusqu'au point en regard avec la zone auditivo-psychique. » Le neuropsychiatre connaît sa carte du cortex cérébral. Il sait à quelle aire du cerveau correspond l'enregistrement des sensations en provenance de l'appareil phonatoire. Prudent mais optimiste, il ajoute : « Il est impossible de prévoir le retentissement éventuel sur les praxies faciales (les mimiques) et l'aphasie, les lésions pathologiques n'étant jamais aussi partielles et aussi superficielles qu'on le voudrait. Toutefois, cette zone, dans sa partie antérieure du moins, si elle est lésée, ne provoque que des troubles régressifs. Il faut envisager cette opération à gauche et sans doute ultérieurement à droite, s'il n'y a pas de séquelles après le premier temps. »

Avant de livrer Antoine au bras séculier – et pas n'importe lequel, le neurochirurgien convoqué est une des gloires de son temps – le neuropsychiatre, consciencieux, se livre à un état des lieux. Il examine très soigneusement Antoine, constate l'absence de tout déficit neurologique, et fait pratiquer un électroencéphalogramme qui est strictement normal. Antoine, s'il n'est pas sain d'esprit, est parfaitement sain de corps avant de passer sur la table d'opération. On ne dit mot de son éventuel consentement ni de celui de sa famille. L'intervention se fait sous anesthésie locale. Le neurochirurgien fore dans le crâne d'Antoine cinq trous de trépan et découpe un volet osseux. Il ouvre les enveloppes méningées et repère sur la surface du cerveau les sillons qui délimitent la zone incriminée. Pour être sûr de ne pas toucher la frontale ascendante – la circonvolution qui commande les mouvements de la moitié opposée du corps –, il essaie de la stimuler électriquement, ce qui devrait entraîner dans cette moitié des contractions. Cette stimulation, peut-être pour des raisons techniques, est sans effet. « On doit donc se contenter d'une localisation purement anatomique » (c'est-à-dire grossière), en demandant, en outre, au malade de parler, pendant l'opération, afin d'éviter d'atteindre la zone qui commande le langage. Une « résection corticale typique portant sur la circonvolution pariétale inférieure et s'étendant depuis la scissure de Rolando en avant jusqu'à une distance de quatre centimètres en arrière, le long de la berge supérieure de la scissure de Sylvius » est alors pratiquée. Narquois, le neurochirurgien remarque qu'Antoine, qui a parlé normalement pendant toute la durée de l'intervention, ne présente à la fin aucun des « troubles du langage ou des troubles moteurs promis », mais a seulement une légère asymétrie faciale et une gêne à reconnaître, sans le voir, un objet placé dans sa main droite, alors qu'il l'identifie dans sa main gauche (ce qui est un signe d'atteinte sensorielle).

Cinq jours après l'intervention, les résultats sont moins brillants. Antoine est paralysé du côté droit et est aphasique. Il ne comprend pas les ordres oraux. Il ne sait plus dire son nom. « En somme, note le neuropsychiatre de manière objective et sans aucune émotion, au terme d'un examen scrupuleux, il semble s'agir actuellement d'une complication aphasique et hémiplégique probablement consécutive à un œdème cérébral. On reverra le malade dans une quinzaine. »

Quinze jours plus tard, effectivement, le médecin réexamine le malade. L'aphasie est toujours là, mais elle a diminué et touche plus l'expression des mots que leur compréhension. Antoine ne peut reconnaître avec la main droite une pièce de cinq francs, alors qu'il la reconnaît parfaitement de la main gauche (ce qu'on appelle, en neurologie, une astéréognosie). La moue est très défectueuse, il ne peut tirer la langue (ce qu'on appelle une apraxie). Bref, il présente un discret syndrome aphaso-agnoso-apraxique, bien connu en clinique où il caractérise certaines atteintes du cerveau. Le problème est qu'ici il s'agit d'une maladie expérimentale, entièrement provoquée par la chirurgie. Les réflexes qui étaient normaux avant l'intervention ont augmenté du côté droit. En ce qui concerne les hallucinations, je laisse la parole au savant docteur.

« Lorsque sans le prévenir on écoute à ses oreilles, il déclare ne rien entendre. Une fois qu'on lui parle de ses poussins, il présente des mussitations à peu près identiques à celles précédemment observées et il dit entendre quelques mots (Tarzan, Jésus). Il paraît surprenant que le malade déclare que ses hallucinations ont persisté pendant toute la durée de ses troubles aphasiques au moment où ils étaient les plus importants et que le malade dise que ces voix n'aient pas subi la même modification de langage qu'il remarquait chez lui. » Voilà en effet qui contredit la théorie de l'hallucination comme « objectivation » des contractions de l'appareil vocal. Si le malade ne parle plus ou parle mal, ses hallucinations – en bonne logique – devraient disparaître ou être déformées. Le neuropsychiatre se serait-il trompé ? « On peut se demander, continue-t-il imperturbable, s'il ne s'agit pas d'une persévération ou d'une fabulation sans pouvoir aucunement trancher en faveur ou contre cette hypothèse. » La théorie ne peut pas être fausse, c'est le malade qui ment, et une nouvelle conclusion, terrifiante dans sa concision et sa franchise, s'impose : « Malgré l'absence de résultat démonstratif, il paraît intéressant de pratiquer une intervention identique de l'autre côté, tant pour en voir le résultat sur les phénomènes hallucinatoires que pour en constater les conséquences générales » – « intéressant », « pour voir », malgré les séquelles et l'absence de résultat de la première mutilation chirurgicale !

Cette fois, le grand neurochirurgien n'est pas disponible. C'est son assistant qui va officier. Dix jours plus tard, il ouvre le crâne de l'autre côté. Antoine n'a pas eu le temps de souffler, et on ignore toujours ce qu'il pense – et sa famille avec lui – du curieux traitement qu'on lui impose, pour le meurtre d'une poule, quelques paroles de poussins et un petit délire inoffensif, apparemment bien toléré. Il n'est toujours pas possible d'obtenir des réponses à l'excitation cérébrale, et le chirurgien est toujours réduit à un grossier repérage anatomique. La même zone que précédemment est enlevée sur le cerveau droit, à l'aspirateur, « en s'efforçant de ménager les petites artères qui traversent la zone réséquée ». Le malade est ensuite ramené dans son lit « en excellent état ». Les huit jours suivants, il présente de manière intermittente des crises d'épilepsie localisée dans la moitié gauche du corps. Il est légèrement paralysé à gauche. Surtout il a une gêne importante pour mastiquer, pour avaler et pour parler. Il s'étrangle, et doit pousser les aliments avec son doigt dans son arrière-bouche. Au neuvième jour après la deuxième opération, l'état d'Antoine est le suivant : « Actuellement il y a une très notable amélioration, la déglutition des liquides est parfaite, mais le malade ne peut retenir les dernières gouttes dans sa bouche et, après avoir bu, de la bave et du liquide s'écoulent en petites quantités. Pour les aliments pâteux (riz), il ne peut manger seul et il faut lui mettre les aliments assez profondément dans la bouche pour qu'il les avale. Quand on les lui met en avant ou qu'il mange seul, les aliments ne peuvent être ramenés en arrière... La parole est pâteuse... Il s'embrouille encore faiblement... Le faciès est habituellement inexpressif et il faut un mouvement émotif relativement intense pour éclairer sa physionomie. » L'agnosie notée précédemment est maintenant, comme il se doit, devenue bilatérale. Les réflexes faciaux sont très perturbés des deux côtés. Et les hallucinations ? Le neuropsychiatre, désarmant de candeur, écrit sous la dictée du malade : « Depuis la seconde opération les poussins ont pris peur ; ils existent toujours, ils vivent des milliers d'années, ils crient encore un peu : pi pi pi. Ils ne parlent plus. Quand on écoute à son oreille, il dit "je n'entends plus rien". Il n'a pas de mussitations à ce moment. » La théorie est donc enfin vérifiée. Du coup, après avoir jugulé la maladie, en terrorisant les poussins, le neuropsychiatre peut s'intéresser au malade. Sous la rubrique « état général », il ajoute ces lignes : « D'abord, il s'inquiète, semble-t-il, pour la première fois de son avenir, se demande ce qu'on va faire de lui. Il raconte qu'au moment de l'intervention, il a vu le squelette de sa mère morte, son âme était bleue, puis plus rien. Il est impossible après cet examen de lui faire préciser cet Erlebnis. Son délire est inchangé. Le soleil, la force, l'esprit, Jésus. Il a l'air inquiet et dit que personne ne le croit, ce qu'il ne disait pas auparavant. » Fallait-il cette chirurgie initiatique, cette réduction préalable du délire au dysfonctionnement d'un tissu cérébral et son aspiration mécanique, pour qu'une relation humaine puisse enfin s'engager, pour que le malade se sente entendu et trouve enfin l'occasion de s'inquiéter de son avenir, d'interroger son médecin, de lui communiquer son vécu, son Erlebnis de mort – comme il est dit pesamment (en référence à la phénoménologie allemande) ?

Quelques mois plus tard, le neuropsychiatre revoit le patient. Après le compte rendu d'un examen neurologique toujours aussi minutieux, qui met en évidence une atteinte séquellaire non négligeable de la motricité, de la sensibilité et du langage, il confirme la nette diminution des hallucinations. « Avant qu'on m'opère, répond docilement Antoine au médecin qui le questionne, les petits poussins parlaient plus. Après la première opération, ils parlaient un peu moins mais après la seconde beaucoup moins, presque plus. » Désormais on peut s'intéresser à leur contenu. « Ils disaient : petit Jésus, une bouteille, un verre. On pouvait entendre à l'oreille. » Observateur perspicace, le neuropsychiatre remarque qu'il y a une bouteille et un verre sur la table, puis il note la persistance du délire. « J'ai le pouvoir de voir la lune, déclare Antoine. Ça fait comme un homme, un homme avec une barbe dans la nuit, au moment de s'endormir, il regarde par la fenêtre. Il est apparu en bleu, dans la fenêtre. Je le voyais comme je vous vois, à cinq mètres, pendant deux minutes. J'ai eu peur. Je me suis habillé et je suis sorti, ça faisait un bruit de ferraille. » Ensuite il a vu des caveaux, des tombes, un chien qui lui a fait dix fois plus peur qu'un vrai chien. « C'était un chien, mais il n'y a pas de chien comme ça. Ça ne me disait rien. C'était photographié. » Il arrive que l'esprit de sa mère lui parle. « C'est un nuage, du soleil fait comme une tête. Ça dit n'importe quoi, une boîte, de l'eau. » D'autres fois il entend d'autres esprits, son père surtout. « Ça dit tout. Quand on va à la selle, ça dit papa. Il disait tout ce qui arrivait, tout ce que je faisais. Ça me faisait parler vers lui. Il sait tout ce que je vois. On ne peut pas l'arrêter. »

On ne peut pas non plus arrêter l'ardeur théorisante du neuropsychiatre. Même s'il affirme un peu plus loin le contraire, il sait que les hallucinations n'ont pas complètement disparu. « Quelle est, interroge-t-il, la quantité proportionnelle de lobe pariétal qui est restée en place, dans le fond du sillon notamment », ce sillon aux berges duquel le neurochirurgien a peut-être commis l'erreur de suspendre son aspirateur ? Pour surmonter ce relatif échec, et puisqu'il est impossible d'aller curer le fond des replis cérébraux – Antoine, peut-être, cette fois n'y survivrait pas – la séméiologie est appelée en renfort. Faute de pouvoir découper davantage le cerveau d'Antoine, le neuropsychiatre raffine son analyse des symptômes et découpe le discours du patient en oppositions distinctives. Il arrive ainsi à différencier deux séries de signes :

« — d'une part les phénomènes que nous appelons hallucinations verbales (les poussins) qui parlaient tout le temps, qu'un tiers pouvait entendre comme lui, dont il comprenait chaque mot, que les mains sur les oreilles ne modifiaient pas, qui ont disparu avec les opérations, ainsi d'ailleurs que les mussitations ;

— d'autre part, un autre phénomène pathologique (l'esprit, l'homme) qui est toujours présent, qui sait tout, qui voit tout, qu'un tiers ne peut entendre et dont il est extrêmement difficile de lui faire préciser les caractères sensoriels éventuellement auditifs. »

Les deux séries sont intriquées dans une espèce de délire « simpliste, un peu amorphe, un peu cosmique ». Il est difficile de savoir si ce trouble est actuel ou postpsychotique, si c'est une sorte de façon de penser, « une métaphysique qui perdure ». On sent ici l'influence de G.G. Clérambault qui considérait le délire comme une réaction seconde, une tentative du patient halluciné pour se donner une explication cohérente de ce qu'il subissait. Avec l'Erlebnis et la métaphysique, la subjectivité d'Antoine fait donc étrangement retour dans une élaboration qui se voulait purement objective, froidement scientifique. Antoine a cessé d'intéresser le savant. Il n'est plus un objet de recherche. Il n'est qu'un homme dont les autres hommes ne savent que faire. Trois ans plus tard, en 1950, le médecin écrit à Augustine, la sœur restée au pays. « Je serais heureux de vous voir au sujet de votre frère. Son état mental est stabilisé. Il ne prend plus de crises nerveuses à condition de suivre régulièrement son traitement. Il serait indispensable que nous prenions une décision à son sujet, soit pour une sortie, soit pour un passage dans un autre service. » Hélas, Augustine qui s'est mariée n'a maintenant plus la possibilité de s'occuper d'un frère invalide, incapable de travailler et affligé de surcroît, depuis sa dernière opération, d'une épilepsie cicatricielle beaucoup plus rebelle au traitement que le médecin ne le prétend. Elle répond : « Malgré mon désir, je me trouve dans l'impossibilité d'aller vous voir en ce moment. Je vous remercie de m'avoir donné des nouvelles de mon frère Antoine. Et je vous prie de faire le nécessaire pour le placer où vous le jugerez à propos. » Elle fait intervenir le maire de son village à l'appui de sa demande. La sanction tombe un mois plus tard. Antoine, jusque-là hospitalisé librement, est interné – pour des raisons strictement sociales – avec le certificat suivant : « Délire hallucinatoire paranoïde. Débilité campagnarde. Alcoolisme chronique ancien avec persistance des troubles mentaux trois ans après le sevrage. Topectomie pariétale bilatérale avec modification de la séméiologie. Épilepsie apparue après l'intervention. Internement. »

Pendant encore vingt longues années, il va survivre dans un coin du pavillon, la bouche pendante, bavant, avalant difficilement ses aliments, baragouinant des mots déformés. Son dossier médical ne comporte plus que de rares mentions de ses crises d'épilepsie épisodiques ou de quelques troubles digestifs ou circulatoires intercurrents. Il est calme, doux, aide les infirmiers en faisant, dans la mesure de ses possibilités résiduelles, de petits travaux de ménage. À partir de 1965, le service change. Une autre dynamique a été introduite. Les médecins et les infirmiers décrivent plus régulièrement les comportements d'Antoine et se font l'écho de ses propos. Des liens ont été renoués avec sa sœur, chez qui il est allé, une ou deux fois, en visite. Il a même été question d'une sortie définitive, mais le beau-frère a refusé. Dans un groupe thérapeutique, Antoine parvient un jour à exprimer sa rancœur vis-à-vis des médecins et des chirurgiens qui l'ont opéré. « Ils n'avaient pas le droit », se plaint-il doucement.

Et puis le 30 juillet 1970 – après vingt-trois ans d'une existence asilaire –, c'est la fin. « Tombé au cours d'une crise d'épilepsie. A perdu connaissance. N'a pu être ranimé. Décédé. »

Antoine et ses poussins ont définitivement rejoint l'homme de la fenêtre, la femme du nuage et les petits Jésus qui l'attendaient dans la lune.

Marqué par le poids de ce passé presque immédiat, par ce que je constatais encore de rémanences asilaires dans le fonctionnement du pavillon dont j'étais responsable, découragé par les difficultés qu'il y avait à mobiliser les énergies pour changer le cours des choses à l'intérieur de l'hôpital, je pris au sérieux la politique de secteur qui venait d'être promulguée et qui connaissait, dans le XIIIe arrondissement à Paris et dans quelques rares autres endroits, ses premières applications. Elle a consisté à affecter à l'équipe soignante de chaque service de psychiatrie publique du pays un territoire de recrutement correspondant à une population d'environ soixante mille habitants, pour les services de psychiatrie de l'adulte, et du double pour les services de psychiatrie de l'enfant et de l'adolescent. Son principe fondamental, la continuité des soins, implique que l'équipe mette à la disposition de tous les habitants du territoire dont l'état nécessite des soins psychiques un ensemble de structures thérapeutiques diversifiées correspondant aux différentes formes et aux différentes phases des maladies mentales. À la réponse monolithique représentée jusque-là par l'hospitalisation se substitue donc un véritable clavier institutionnel articulant dispensaires, hôpitaux de jour, foyers thérapeutiques, etc. Avec quelques amis, soutenus par notre chef de service d'alors, nous décidâmes de privilégier les soins ambulatoires intensifs et les psychothérapies de famille à domicile, en développant parallèlement des lieux d'accueil et de consultations hors les murs de l'hôpital. Des souvenirs et des expériences communes nous liaient. Nous nous étions, pour certains d'entre nous, connus sur les bancs de la faculté. Nous avions partagé les mêmes espérances et les mêmes expériences politiques et lutté ensemble contre le colonialisme. C'est ensemble aussi, ou presque, que nous avions choisi de devenir psychiatres (avec, en arrière-fond, le même sentiment de participer à une entreprise de décolonisation), ensemble que nous nous étions orientés vers des divans analytiques. Plusieurs d'entre nous avaient en outre contribué auparavant au lancement d'une institution de formation personnelle par les méthodes de groupe où nous avions expérimenté la coanimation et la psychanalyse de groupe.

Pour donner un cadre à notre travail, une association (Santé mentale et communauté) fut fondée. Elle existe toujours, et même si, avec le redéploiement progressif des personnels de l'hôpital vers l'extérieur, elle n'a plus le monopole des soins extra-hospitaliers, elle contribue au service public de secteur sur une partie de l'Est lyonnais ainsi qu'à la formation des personnels soignants en psychiatrie. Dans l'utopie postsoixante-huitarde, nous l'avions pensée comme un organisme autogestionnaire. Il nous semblait difficile en effet de demander aux soignants de travailler à rendre leurs patients plus responsables si eux-mêmes restaient soumis à une hiérarchie tatillonne et étroite. Pour pouvoir aider le psychotique à gagner la bataille de l'autonomie, les soignants, pensions-nous, devaient disposer de leur pleine responsabilité, sentir que l'organisme employeur était à leur service pour les aider dans leurs tâches, et qu'ils avaient la capacité d'influer sur ses orientations si l'aide qu'ils en recevaient n'était pas adéquate. Nous confiâmes donc le pouvoir à un comité d'établissement composé de tous les salariés (ils n'étaient guère qu'une trentaine) et des membres du bureau de l'Association. Le comité d'établissement choisissait le directeur, et ce dernier, responsable devant lui, devait lui soumettre ses projets et son bilan.

L'Association travaillait (elle travaille toujours) en partenariat – comme on dit aujourd'hui – avec les différents services concernés du secteur : les services sociaux, les municipalités, la police, les écoles, les instituts médico-éducatifs, le tribunal des mineurs et, évidemment, les services publics de psychiatrie, les hôpitaux généraux, les médecins généralistes. La liste n'est pas limitative de ces interlocuteurs qui se sont multipliés au fil des années. J'ai proposé d'appeler « psychiatrie communautaire » ce mode d'exercice immergé dans le milieu de vie de nos clients, et qui nous obligeait à prendre en compte tous les éléments de ce milieu : la famille bien sûr, mais aussi les voisins, les employeurs, etc. Ainsi, le soin n'était plus le monopole d'une équipe repliée sur elle-même, et qui, ignorante du monde extérieur, voudrait répondre, à elle seule, à tous les besoins de ses clients. On sait à quelles aberrations a pu conduire le parti pris totalitaire des premiers théoriciens de l'isolement thérapeutique. Nous avions conscience, au contraire, de n'offrir à nos patients qu'une aide limitée, parcellaire mais spécifique qui venait s'ajouter et non se substituer aux autres soutiens apportés par d'autres intervenants, en particulier, quand elle existait, par la famille. Plutôt que de « prendre en charge » le patient dans toutes ses dimensions et toutes ses exigences – prise en charge massive où ce qui est proprement thérapeutique se dilue dans d'autres fonctions comme assumer la subsistance, la santé physique, l'ordre, les loisirs, la culture –, nous cherchions à n'être que soignants tout en coordonnant notre projet thérapeutique à ceux des autres et, surtout, à ceux que le patient pouvait avoir pour lui-même. Il en résultait, selon une terminologie rogerienne que j'avais ramenée des États-Unis, des « équipes centrées sur le client » où les soignants en psychiatrie collaboraient avec des enseignants, des travailleurs sociaux, des médecins généralistes. Elles nous obligeaient à sortir de notre cadre professionnel et à abandonner un « esprit de corps » au profit d'une ouverture à la présence et à la pensée des autres ; bref, à quitter une position cléricale pour une position laïque. Les patients devaient y trouver, parmi de nombreux avantages, celui d'une distinction entre lieux de soins, lieux de vie, lieux de travail ou d'éducation. Le confusionnisme induit par la maladie mentale, les tentatives d'homogénéisation inhérentes au fonctionnement psychotique, les mêle, et l'asile traditionnel, où le malade est à la fois logé, nourri, soigné, travaille et se distrait, reflète un univers chaotique et indifférencié. Nous voulions, au contraire, établir une clarification en opposant les espaces en préalable à tout traitement, mais aussi en établissant entre eux des ponts, en les faisant communiquer pour éviter cette autre viciation psychotique qu'est le clivage. On y reviendra plus loin.

Des risques toutefois nous guettaient, dont nous ne prîmes pas tout de suite conscience. Nous nous étions rebellés, dans un mouvement adolescent, contre l'asile, ses misères et ses horreurs au quotidien. Nous étions sûrs de faire mieux en faisant autrement, en faisant contre. L'idéologie « anti » fleurissait alors, elle ne nous épargnait pas avec son cortège d'illusions mégalomaniaques dont il fallut, plus ou moins rapidement, nous défaire. On verra comment ce furent des adolescents particulièrement difficiles, auxquels certains d'entre nous, et moi le premier, nous étions exagérément identifiés, qui nous contraignirent à reprendre pied dans la dure réalité. Peut-être ce passage était-il indispensable par ce que Marcel Sassolas a appelé un jour « les maladies infantiles » des structures de secteur. On vaccine aujourd'hui contre la rougeole, contre la coqueluche et contre les oreillons, mais peut-on vacciner contre l'ardeur juvénile, contre la précipitation et, plus profondément, contre les dimensions masochiques de toute activité révolutionnaire qui, en remettant en cause l'ordre établi, bouscule les habitudes et fait basculer les acteurs dans une identification apitoyée aux victimes supposées de cet ordre et de ces habitudes ! C'est là que la psychanalyse intervient. Elle n'empêche pas ces effets de bascule et ces identifications pathologiques, ou alors elle stériliserait toute pratique en révélant au départ les soubassements névrotiques d'un engagement quelconque. Elle permet plutôt de se rendre compte, après coup, de ce qui s'est passé, d'en éclairer l'histoire et d'en tirer des enseignements pour mieux comprendre le présent. L'analyse des contre-attitudes face à la maladie mentale – et nos errements de psychiatres de secteur novices n'échappaient pas à la règle de la contamination d'un organisme de soins par ses clients, pas plus que, plus expérimentés, nous n'y échappons aujourd'hui – ne nous permet pas de les éviter. Elle en donne le sens et à travers ce sens, à travers la compréhension de ce que les malades nous font subir, des déviations auxquelles ils nous entraînent, à travers le déchiffrage de ce qu'ils suscitent en nous de folie en écho à la leur, elle nous permet de mieux comprendre leur folie. Notre comportement collectif est un miroir où les perturbations de nos patients viennent se refléter en nous affectant. Étudier ce comportement n'a pas seulement pour fonction de le rectifier mais de nous permettre de faire des hypothèses sur ce qui le détermine, c'est-à-dire sur ce qui se passe dans la tête de nos patients. Le fonctionnement quotidien d'une unité de soins est comme un de ces télescopes paraboliques où les messages envoyés par les planètes et les étoiles qui gravitent à l'intérieur de l'appareil psychique des malades se cristallisent et se donnent à connaître, quelquefois à des années-lumière de distance. Il ne s'agit donc pas d'éviter à tout prix les erreurs techniques et les déviations théoriques. Au contraire, elles sont le matériau de notre analyse et donc de notre travail. Le fantasme d'institution idéale – qui amène souvent à se retenir d'agir par crainte de mal agir – a paralysé trop de tentatives pour que, soucieux de faire quelque chose pour nos patients, nous l'ayons longtemps partagé.

La psychanalyse avait pour nous un autre avantage. Sa théorie et les pratiques psychothérapiques qui s'en inspiraient étaient un gage de notre identité. Une des qualités de l'hôpital psychiatrique classique – quels que soient, par ailleurs, ses défauts –

est de marquer spatialement les bornes d'un lieu, socialement défini, où la folie a droit de cité. Même si la reconnaissance qui est ainsi accordée à la maladie mentale n'est que provisoire, puisqu'elle précède une entreprise de remise au pas, l'asile, c'est du reste son sens étymologique, est d'abord un lieu d'accueil des déviances psychiques. Son existence a légitimé les premières entreprises thérapeutiques et la théorie psychiatrique longtemps en vigueur : la classification des maladies mentales, leur mise en évidence diagnostique, l'étude de leurs origines et de leur évolution, sont issues d'une longue cohabitation entre les psychiatres et leurs clients. Il était donc à craindre qu'une fois détruits les murs de l'asile la psychiatrie ne se dissolve dans une vague pratique d'aide sociale, et que les malades mentaux, confondus avec les pauvres et les isolés, soient livrés à la bonne volonté et au spontanéisme d'individus mal préparés à les affronter et ne disposant plus de réponses spécifiques à leur mal. C'est dans ce sens que se sont orientées un certain nombre de « désinstitutionnalisations » sauvages, en particulier aux États-Unis et, plus près de nous, en Italie. Les malades mentaux y sont devenus des sans-abri ou, dans les meilleurs des cas, ont été confiés à des associations caritatives où on s'occupe de réadaptation sociale, de réhabilitation, mais fort peu de soin. La maladie mentale n'y est plus envisagée qu'en terme de handicap fixé, et le malade est considéré comme un infirme, auquel il convient d'offrir une prothèse, et non comme un sujet atteint d'une pathologie éventuellement réversible. On comprend que cette conception, moins onéreuse, ait la faveur des pouvoirs publics. Elle aboutit à multiplier des néo-asiles, moins bien équipés que les anciens hôpitaux psychiatriques, où l'évolution des patients vers une chronicité sans espoir, mais socialement tolérable, vient confirmer le pessimisme de départ.

La psychanalyse, et en particulier ses applications relativement récentes au traitement des enfants, des adolescents et des adultes psychotiques, nous offrait d'autres perspectives de changement. En nous engageant à pratiquer des psychothérapies codifiées et réfléchies, en exigeant de chacun de nous une formation, en fournissant à nos efforts quotidiens un arrière-plan théorique et un appareillage de concepts précis et rigoureux, elle nous donnait un statut et reconnaissait une existence sociale au mal de nos patients. J'ai proposé d'appeler « institution mentale » ce cadrage des pratiques de soins qui les authentifie et les différencie d'autres formes d'aide, dont l'utilité, par ailleurs, n'est pas mise en cause.

En même temps que nous développions nos contacts communautaires, nous étions donc conduits à spécifier un soin individuel et individualisé, qu'il se développe en petit groupe ou dans le colloque singulier.

Un recul de vingt-cinq ans et plus impose la modestie. Comme tout psychiatre et tout psychothérapeute, j'ai connu, avec mes collègues, des succès, j'ai connu des échecs. Sur les uns et sur les autres, sur les seconds plus que sur les premiers, j'ai essayé de réfléchir. Les propos, ici rassemblés, témoignent de cet effort. Les plus anciens ne correspondent plus tout à fait à ma pratique ni entièrement à mes références. J'ai préféré toutefois les conserver, malgré la naïveté ou la maladresse que parfois j'y décèle, malgré les impasses où il m'est arrivé de me fourvoyer. J'ai conservé quelques redites. Elles soulignent l'importance que je reconnais à certaines idées. Cette fidélité au passé n'est pas que complaisante et nostalgique contemplation des photos de jeunesse. Elle répond aussi à une position. Je ne crois pas à la conception, naguère si répandue, de la rupture épistémologique. Les idées, me semble-t-il, dans une culture comme dans un individu – mais peut-on séparer l'une de l'autre – s'enchaînent sans solution de continuité. Ce que je pense aujourd'hui, comme ce que je fais, même si j'ai évolué, était déjà contenu en germe dans les actions et les réflexions d'hier. On pourra constater cette filiation mais aussi, j'espère, cette maturation progressive. Comme toute maturation elle n'est pas qu'enrichissement et il m'arrive d'y voir, dans une visée spencerienne qui ne m'est pas ailleurs habituelle, une déperdition d'enthousiasme, un perfectionnement des pratiques au prix d'une perte d'énergie. Les individus évoluent, vieillissent et finissent par mourir. Les institutions aussi. Car ces travaux, s'ils portent mon nom et si, de ce fait, ils n'engagent que ma responsabilité, sont, d'abord, les produits d'une institution. Point de vue personnel sur une histoire commune, ils n'auraient pu être élaborés de manière solitaire. C'est André Green qui un jour disait : « Pour soigner un psychotique il faut être au moins deux, c'est-à-dire une institution. » Sans les autres, médecins, psychologues, infirmiers et infirmières, éducateurs, orthophonistes, enseignants spécialisés, assistantes sociales, avec qui j'ai travaillé et continue à travailler, sans leurs expériences et sans leurs récits, sans leur aide à théoriser, rien n'aurait été possible.

Je voudrais aussi exprimer ma gratitude à tous ceux qui m'ont écouté et ont réagi à mes propos, à partir de leur expérience. Je dois beaucoup à mes divers auditoires, en France et à l'étranger, plus particulièrement au Québec. Les étudiants de mes séminaires m'ont beaucoup apporté en associant leurs réflexions à la mienne. Surtout, j'ai une grande dette envers les membres des équipes des nombreuses institutions de soins qui m'ont invité pour un travail d'études de cas. Leur accueil m'a encouragé à faire ce livre.

Enfin, je me dois de témoigner tout particulièrement ma reconnaissance à Marie-Christine Kozluk qui a eu l'infinie patience de traiter et de retraiter mon texte. Je remercie aussi Christine Marin pour l'aide précieuse qu'elle a apportée à ce traitement.

Chapitre 1

Les soins psychiatriques ambulatoires Histoire d'une institution

Deux systèmes isolants

Notre société offre deux grands systèmes d'assistance aux sujets en difficultés psychologiques : la consultation au cabinet d'un spécialiste, l'hospitalisation dans un service résidentiel. Le premier système est, pour l'essentiel, privé ; le second appartient, en majorité, au secteur public, et les hôpitaux psychiatriques s'y taillent le plus grand territoire. Dans le premier système, la psychanalyse et les psychothérapies qu'elle inspire sont devenues l'outil privilégié. Même s'il adopte volontiers le vocabulaire freudien, le second reste en fait placé sous le régime des traitements biologiques et des formes diverses de pédagogie de la vie sociale.

Ces deux systèmes, par-delà leurs différences, ont pourtant un point commun : ils sont à la fois isolants et totalisants. Dans la situation pathologique dont le malade est le porte-parole, ils découpent un « secteur » (le mot fait déjà image) qui à lui seul va devenir champ d'étude et objet d'activités thérapeutiques et, par un postulat implicite, va être tenu pour représentant unique de cette situation. Médicamenté, interprété ou sociothérapé, le malade n'est accepté, après son passage à travers le crible de la pensée médicale – et jusque chez les antipsychiatres ses détracteurs – que séparé de son contexte. Tout ce qui n'est pas lui, et tout ce qui en lui ne correspond pas à la théorie qui le cerne, est non seulement tenu pour négligeable, mais encore raboté et déformé. Son comportement comme son discours, dans la mesure où il est exprimé dans la relation thérapeutique, sont réduits à signifier la souffrance du patient isolé telle qu'elle se rejoue par rapport au thérapeute ou à l'institution thérapeutique. La réponse qui lui est donnée entend en rendre compte totalement et n'envisage pas d'autres remèdes qu'elle-même.

Or, il se trouve que cette « sectorisation », cette réduction a une dimension strictement individuelle, cette neutralisation de tout ce qui entoure, cette réponse prétendue globale, si elles s'adaptent à peu près aux situations névrotiques, ne couvrent pas toute la gamme des besoins thérapeutiques exprimés par le psychotique et par son entourage. Il se trouve en particulier que la psychanalyse comme la psychothérapie d'inspiration psychanalytique exigent, pour que se déploie aseptiquement le transfert, un Moi déjà autonomisé par rapport à sa famille. Pour y accéder, il faut pouvoir risquer son individualité, avoir assez assuré son capital narcissique pour faire les frais d'un investissement extérieur à soi, et engager des fonds dans un travail d'analyse de sa relation à autrui et de son histoire. Il faut être capable d'affronter les conflits liés à l'émergence pulsionnelle représentée sur la scène du rêve ou de l'activité fantasmatique, et capable aussi de supporter qu'on nomme (ou de nommer soi-même) les rejetons de l'inconscient, capable donc d'accéder à l'ordre symbolique et de se déprendre de la fascination par l'imaginaire, en d'autres mots il faut être en état d'accepter pour ce qu'elles sont – des artifices méthodologiques – la mise entre parenthèses de la réalité extérieure et sa traduction en termes de conflits intérieurs ou d'adresses transférentielles. Nous ne suivrons pas ici les critiques qui accusent la psychanalyse de nier idéologiquement tout ce qui ne relève pas d'elle et de prétendre tirer de ses découvertes une théorie générale du monde – un monde vu par le petit bout de la lorgnette de l'analyste et abusivement réduit à ce qui s'y profile. Le contrat qui lie le patient et l'analyste, dans la relation analytique, présuppose, pour les deux partenaires, une conception claire de ce qui les sépare l'un de l'autre, et de ce qui sépare le lieu de leur rencontre du reste de l'univers. Si ce qui est raconté de ce « reste » est repris dans la dynamique de la cure (« vous me parlez aujourd'hui de la crise du pétrole ou de la guerre au Proche-Orient pour me dire que », etc.), ce n'est certes pas pour interpréter, en eux-mêmes, des phénomènes économiques ou politiques mais, selon l'expression de Donald Meltzer, pour « rassembler les éléments du transfert » et, quel que soit par ailleurs le sens de ces phénomènes dans le monde extérieur, pour en extraire une autre dimension, en référence avec une « autre scène », celle de l'inconscient. Ni l'analyste ni l'analysé ne sont dupes de ce jeu, tous deux l'acceptent pour ce qu'il est, un moyen de dévoilement de la réalité psychologique.

Évidences qui n'en sont pas pour le psychotique, en raison d'une faille profonde où s'écoule son identité, d'une incapacité à discerner clairement où s'arrête ce qui est lui et où commence ce qui n'est pas lui. Privé de sa substance personnelle par une sorte d'hémorragie interne permanente, vulnérable à tous les remplissages par le désir des autres que son vide même appelle, prompt à extravaser dans les autres ses émotions, le psychotique se laisse prendre totalement au piège des mots. Pour lui, les mots ont la densité des choses. Ils n'ont pas pour effet de véhiculer conventionnellement du sens, de l'un à l'autre, entre deux interlocuteurs différenciés, et de rappeler la prééminence du langage comme loi séparante. Ils sont autant de morceaux de substance que le psychotique déplace, à l'intérieur de l'unité confuse qu'il forme avec autrui. Il enfourne des mots dans l'oreille qui l'écoute au prix d'une vidange intérieure, ou il se gave de mots lorsqu'on lui en propose. Tantôt bons, tantôt mauvais, armes, excréments, projectiles ou musique verbale allaitante, les mots se diluent dans la matière, et le ton devient plus important que les paroles. Surtout, la réduction, l'isolation et la totalisation qu'implique la psychanalyse, et qui sont indispensables au déroulement de la cure, ne peuvent opérer avec le psychotique.

Ou bien, en effet, il n'en a pas conscience. Entre le monde extérieur et la situation analytique, il ne fait pas plus la différence qu'il n'établit de limites tranchées entre l'analyste et lui. Dès lors, le climat de frustration inhérent à l'analyse ne représente qu'une des facettes d'un monde, persécutoire ou envahissant, dont le psychotique se détourne en se cuirassant d'autisme ou en construisant des cloisons de refend pour préserver de la destruction les kystes d'une existence immobile.

Je hais le mouvement qui déplace les lignes
Et jamais je ne pleure et jamais je ne ris.

Ce « rêve de pierre » de Baudelaire traduit, dans sa répétition incessante, la réussite parfaite de la résistance psychotique. Au mieux, l'analyste devient alors un réservoir à l'intérieur duquel le patient place, pour mieux le contrôler et s'en défendre, les morceaux de son être qui ont pu résister au catabolisme des images.

Ou bien, s'il perçoit que l'analyse est un jeu différent de ceux qu'il a déjà appris, le psychotique le rejette vigoureusement. Il refuse à ce monsieur ou à cette dame assis en face ou derrière lui le droit de lui interpréter ses pensées ou ses actes, et ressent chaque intervention de sa part comme une manœuvre de séduction, une persécution, une aspiration par l'autre de son contenu interne ou une pénétration. Il refuse de saisir le rapport qui s'établit entre son récit et sa vie psychique. S'il dénonce les attaques dont il se croit l'objet ou les souffrances physiques dont son corps est le théâtre, il attend du thérapeute une approbation sans réserve, une complicité dans la projection ailleurs d'une douleur impossible à contenir en lui, tout l'opposé d'une traduction en termes de processus inconscients. Oui, c'est la mauvaise société, oui, ce sont des métabolismes viciés par la pollution ou les microbes, c'est-à-dire par des causes exogènes, qui expliquent ses troubles, et non ses désirs et ses angoisses.

Il arrive qu'ayant trouvé un espace protecteur dans le rituel analytique, il en prenne au pied de la lettre les règles du jeu, et les caricatures. Il entre en analyse comme on entre en religion, et s'aliène totalement. La psychanalyse lui tiendra désormais lieu de mode de vie, jusqu'à ce que mort s'ensuive, et alimentera ses défenses contre la réalité. Elle l'aidera à se détourner, mieux qu'il n'a jamais pu le faire, de cette réalité, en refusant d'y voir autre chose que du matériel dont son analyste saura, ou dont il saura lui-même, tisser un discours refermé sur lui-même et parfaitement égocentré.

Pour être possible, ou efficace, une psychothérapie analytique de psychotique nécessite donc que se poursuive parallèlement un effort de reconstruction et de limitation du Moi, à travers une série de rencontres et d'actes où les mots peuvent commencer à se détacher des choses, et où une réalité intérieure différente de la réalité extérieure peut être reconnue et supportée.

C'est, en principe, l'objectif de l'hospitalisation psychiatrique, avec sa pharmacopée de médicaments et de pratiques. L'expérience en montre l'échec. La figure caricaturale du patient chronique nous le prouve à l'évidence : masque inexpressif auquel seule l'étymologie accorde le qualificatif de personnel. Muet et passif, c'est tout ce que le psychotique hospitalisé au long cours a sauvegardé du naufrage de ses désirs. L'oreille qu'on lui tend est impuissante à saisir autre chose que le silence par quoi il maintient désespérément, entre lui et nous, une indispensable barrière. Vivre, pour lui, c'est détruire intérieurement ses images et, extérieurement, les supports de ces images, ce qui en lui s'intériorise pour s'anéantir : les autres. En le mettant entre parenthèses, l'institution complaisante se montre complice d'un formidable refus de vivre. Avec l'appoint des neuroleptiques et des règlements inévitables, elle enseigne au psychotique à discipliner ses affects de la seule manière qui lui soit possible, en les annihilant ou en les expulsant hors de lui, comme autant d'objets partiels, de résidus fécaux. Qu'il les mette un temps dans les autres ne lui est pas d'un grand secours. La multiplicité des interlocuteurs les fait fuser dans l'anonymat, et ce ne sont ni les réunions de pavillon ou d'équipe ni le maternage abusif dont il est parfois l'objet qui peuvent lui rendre son être. Comme le disait tragiquement un malade pour décrire ce qu'il ressentait : « les continents perdus partent à la dérive »... ou sont hâtivement recollés avec la glu du conditionnement asilaire. Pour être aimé, le patient doit se soumettre à ce qu'ailleurs on juge bon pour lui. Sensible à sa vacuité, l'institution cherche à le remplir et à lui construire, de l'extérieur, une nouvelle identité. Il n'a qu'à en franchir l'étape des essayages avant d'endosser ce nouveau costume, apprêté ailleurs, et à la couture duquel il n'a jamais mis la main mais dans lequel il se réfugie pour y trouver remède à ses angoisses. Le grand nirvana asilaire, ce degré zéro de l'existence où tous les conflits inter ou intrapersonnels finissent par s'endormir, n'est pas en effet – comme on l'a prétendu un peu vite – la seule création d'une société ségrégatrice qui, dans ses fous, enferme ce qui la gêne et commet ensuite ses agents pour les dresser et les faire taire. L'asile est le résultat d'une négociation constante entre le désir de passivité du psychotique (seule protection qu'il connaisse contre l'éclatement ou le morcellement) et les pratiques institutionnelles passivantes, qu'elles soient gratifiantes et remplissantes, ou frustrantes et extérieurement limitantes. La reconstruction narcissique y devient impossible.

On a pensé pouvoir changer l'asile à coups de crédits, d'équipements immobiliers ou humains pour le transformer en un lieu de soin, « hôpital psychiatrique » ou « centre psychothérapique ». Nous avons nous-mêmes participé à cette aventure, dans le sillage de nos aînés, et cru que le changement passait par une libération de la parole, à travers une série de réunions de malades ou d'infirmiers. Bien vite, il nous est apparu que toute tentative pour changer quoi que ce soit au niveau de la parole était vouée à l'échec si, en même temps, ou avant, n'apparaissaient pas des changements plus matériels (et beaucoup plus difficiles à introduire). Pour schématiser, on peut affirmer qu'il est illusoire de faire, dans une institution, une quelconque psychothérapie (qu'il s'agisse de psychothérapie individuelle ou de psychothérapie institutionnelle) si, par exemple, on n'a pas mis de targettes dans les cabinets, si aucune vie privée n'est possible, et en particulier ce moment privé entre tous qui est celui de la miction ou de la défécation. Nous avons vite compris qu'il manquait beaucoup de targettes dans les hôpitaux psychiatriques, qu'à l'inverse il y avait beaucoup de serrures, et que la structure de l'institution, sa fonction sociale, le poids historique qu'elle traînait derrière elle, rendaient vains tous les efforts faits pour la réformer sinon pour la révolutionner. Toutes les tentatives qui se sont déroulées depuis un quart de siècle, à travers le monde occidental, sous des noms différents : communauté thérapeutique, psychothérapie institutionnelle, voire antipsychiatrie, aboutissent au même désenchantement. L'asile ne peut être changé. Plus, il tend très vite à se reconstituer, même au sein des institutions modernes ou d'« avant-garde ».

Il ne suffit pas d'en chercher la cause, ailleurs, dans un système social globalement répressif ou aliénant, ou dans l'avarice des pouvoirs publics. On ne peut pas, certes, mésestimer le rôle néfaste des phénomènes de ségrégation. Comment un ghetto, une poubelle sociale, pourraient-ils alimenter les patients en amour et en estime de soi, comment, au sein d'un espace décrit par le rejet, pourraient-ils apprendre à se revaloriser assez pour contenir, sans en mourir, à l'intérieur d'eux-mêmes, des sentiments d'autocritique, l'hostilité, l'envie, la haine, l'attaque contre les « objets internes », etc. ? Le rejet favorise la projection, ce mécanisme psychique primordial qui consiste à rejeter tout ce qui est mauvais à l'extérieur de soi et à constituer ainsi l'univers comme un interlocuteur irrémédiablement hostile. Sans doute faut-il, pour traiter les malades mentaux, un équipement correct et diversifié, un personnel choisi assez nombreux et convenablement formé, des locaux agréables et l'aménagement d'espaces d'intimité. Mais l'origine du naufrage généralisé des expériences de « communauté thérapeutique » ou de « psychothérapie institutionnelle » est plus spécifique et ne saurait être cherchée, de manière projective, à l'extérieur des murs des institutions. C'est l'asile lui-même qui sécrète l'asile et s'auto-entretient.

Parenthèse sur la théorie des groupes

Un brin de théorie sur les groupes est ici nécessaire. Bion nous a montré que tout groupement d'individus fonctionnait à trois niveaux. Un premier niveau, qu'il appelle *work group*, groupe de travail, se définit par les objectifs conscients communs à ces individus. Ainsi, dans un hôpital psychiatrique, le *work group* soignant se structure autour du désir de soigner les malades (sinon de les guérir), d'avoir de bonnes relations ensemble en éliminant ou en érotisant les conflits, ou plus simplement de gagner son pain, aussi agréablement que possible, et avec le minimum de dépenses énergétiques. Mais sous ce premier niveau s'en établit toujours un second, dit groupe des *basic assumptions* ou « hypothèses de base ». Inconsciemment, ou consciemment, les membres du groupes – quels que soient, par ailleurs, leurs objectifs de travail – se déterminent par rapport à l'un d'entre eux qu'ils élisent, ou que la structure leur désigne comme leader. Collectivement, ce leader sera vécu, par exemple, comme dangereux, et les membres du groupe s'uniront pour l'attaquer ou pour le fuir, ou bien la totalité du pouvoir lui sera attribuée – par le groupe en tant qu'organisme créant son propre pouvoir ou par la structure externe qui emprisonne le groupe et le hiérarchise. Les membres du groupe oscilleront alors entre la dépendance et le refus agressif de cette dépendance (contre-dépendance). Ou encore, le leader sera considéré comme un véritable Messie qui prône l'amour et la compréhension, et les membres du groupe s'engageront dans des activités d'appariage *(pairing)* et constitueront des couples de gratification mutuelle.

On peut alors se poser la question : pourquoi un leader ? Pourquoi, de tous temps, les organisations les plus démocratiques, les plus abandonnées à elles-mêmes, celles sur qui la contrainte extérieure (sociale ou physique) se faisait la plus légère, ont-elles malgré tout fabriqué des leaders, la personne ou la personnalité de ces leaders changeant d'ailleurs au rythme de l'évolution du groupe ? C'est, répond Bion, que les « hypothèses de base » – et le leader qui en est l'occasion – ont pour fonction de masquer une réalité plus profonde et plus archaïque : le groupe psychotique. Tout rassemblement humain de petite taille, dans un espace clos, crée inévitablement les conditions d'une folie collective. Qu'on se rappelle les séquestrés de l'Altona de Jean-Paul Sartre. La groupalité, en elle-même, confronte les membres du groupe à une situation primordiale, originaire, source d'angoisses spécifiques auxquelles la projection – « l'enfer, c'est les Autres » – sert d'échappatoire. Mais quand ce groupe, pour partie, est composé de psychotiques alors surgit un phénomène irrépressible : la peur du fou [1], qui majore les

1. *Cf.* plus loin le chapitre consacré à l'analyse de ce phénomène.

angoisses originaires liées au groupe, et ne laisse pas d'autre issue au collectif que de s'enliser dans des mécanismes de défense qui gauchissent l'institution thérapeutique. J'ai essayé d'en décrire deux, cristallisés en deux lois du fonctionnement asilaire : la loi d'homéostasie et la loi d'homologie [2]. La loi d'homéostasie peut se formuler ainsi : dans l'institution, rien ne doit changer, tout doit persister dans l'immuable, car le moindre changement, le plus petit écart à la régularité risqueraient d'avoir des conséquences aussi incalculables que celles d'un battement d'aile de papillon, capable, dit-on, d'entraîner un cyclone aux antipodes. La loi d'homologie, elle, interdit toute différence et toute différenciation dans l'institution : tout doit revenir au même, ce qui est bon pour un est bon pour tous et réciproquement. On conçoit que, soumise à ces deux lois et à l'appareil bureaucratique qui les fait respecter, l'institution hospitalière perde rapidement toute valeur thérapeutique pour des sujets qui n'ont déjà que trop tendance à écarter l'imprévu et les distinctions.

La voie communautaire

La psychothérapie seule se révélant irréalisable ou tournant au ronronnement mécanique lorsque le nombre de patients est en inflation trop grande, l'hôpital se montrant incapable de restaurer cette économie, il peut sembler intéressant de tenter une négation qui ne se cantonnerait pas dans les mots – les psychotiques crèvent d'une indigestion de mots – mais qui serait agie, et d'élaborer, en dehors des hôpitaux psychiatriques, une institution de soins et de recherche où s'imaginerait une thérapie des psychotiques susceptible de compléter ou de préparer la psychothérapie individuelle, et de faire un jour tomber les hôpitaux en déshérence. C'est avec cet espoir qu'en 1964 un groupe de

2. *Cf.* J. Hochmann, *Pour une psychiatrie communautaire*, coll. « Esprit », Le Seuil, 1971.

jeunes médecins entreprirent de constituer un service de psychiatrie dite « communautaire », dans une ville de la banlieue lyonnaise, Villeurbanne, puis dans les communes adjacentes. L'expérience du XIIIe arrondissement à Paris leur servait de modèle, encore que la multiplication de ces institutions les inquiétait. Redoutant de revoir l'asile sous une autre forme et dépourvus de moyens financiers, les promoteurs du centre de santé mentale de Villeurbanne donnèrent donc priorité à l'exploration et à l'utilisation de ce qui existait dans la communauté avant d'envisager la mise sur pied d'organismes spécialisés.

Nous croyions alors, ou certains d'entre nous croyaient, car jamais l'institution ne s'est laissée asservir à une seule pensée monolithique, pouvoir faire alors l'économie d'un approfondissement technique et conceptuel du soin. Ce que nous cherchions à répandre, à travers une série de rencontres et de groupes, c'était une « bonne parole » du « soignez-vous les uns les autres ». L'absence de structures et de lieux sociaux codifiés comme soignants nous y aidait. Nous campions dans le nid des autres : nos consultations se déroulaient, lorsqu'ils étaient libres, dans des centres médico-sociaux affectés à d'autres tâches (protection maternelle et infantile, médecine du travail ou lutte contre la tuberculose) ainsi que dans des centres sociaux à vocation socio-éducative et culturelle. Faute de place, nous avions déjà entrepris un certain nombre d'actions à domicile, ou à l'intérieur du milieu scolaire. Si les malades, d'emblée, ne nous manquaient pas, et si, en face d'eux, nous nous situions en cliniciens traditionnels qui écoutaient une plainte individuelle et y proposaient remède, notre objectif principal était ailleurs. Avec l'aide des travailleurs sociaux, des enseignants et des médecins généralistes, nous espérions opérer une triple déspécification : celle du malade renvoyé au groupe dont il émerge comme symptôme, celle du soignant psychiatrique devenu un parmi les autres éléments de soutien que la communauté offre à ses membres en détresse, celle du soin dilué dans une action sociale plus générale. L'œuvre de restauration narcissique à quoi nous sentions, encore obscurément, que se résout l'action psychiatrique nous paraissait nécessiter le concours de tous. Sensibles à ce qu'il entre d'humiliant et de dévalorisant dans le statut social de malade et de fou, nous imaginions offrir réparation en disparaissant comme psychiatre (ségrégateur et étiqueteur) et en faisant, du même coup, disparaître le malade psychiatrique. Il fallut bientôt déchanter. Les malades étaient toujours là, et, à être niée dans sa dimension individuelle, leur souffrance ne diminuait pas. Elle réclamait au contraire, et de plus en plus, une réponse particulière offerte en un lieu spécifique par des gens spécialement formés. Tout au plus avions-nous amélioré quelque peu la tolérance à la double déviance du psychotique et du psychiatre, et jeté les bases d'un dialogue possible avec les autres interlocuteurs du malade qui lui évitait l'aliénation d'une prise en charge totale de tous ses problèmes et de tous ses besoins par une seule équipe de spécialistes.

Entre-temps, en effet, d'autres étaient venus nous rejoindre pendant que certains nous quittaient. Trois dispensaires répartis dans le secteur avaient été nommément attribués à l'hygiène mentale. L'équipe s'était diversifiée, comportant psychiatres, psychologues, infirmiers et infirmières, travailleurs sociaux, secrétaires, en tout une trentaine de personnes, les unes à temps plein, les autres à temps partiel, les uns et les autres dépendant financièrement et statutairement d'organismes différents : la préfecture, la municipalité, l'Éducation nationale, l'hôpital psychiatrique. Une association privée à but non lucratif, que nous avions créée et qui était conventionnée par la Sécurité sociale, essayait d'établir entre tous un minimum de coordination et un sentiment d'appartenance à un corps commun. Elle salariait une partie du personnel. La construction d'un ensemble aussi anarchique n'avait été le fait d'aucun plan. Elle s'était réalisée au gré d'une série de bricolages, un peu sur le mode des maisons banlieusardes qui nous entouraient, et où chacun ajoute son aile ou sa décoration, selon ses besoins ou sa fantaisie. Comme ces maisons, elle s'imbriquait dans le tissu environnant et il était assez difficile de préciser où elle s'arrêtait et où elle commençait. Faisait-elle partie de l'équipe, cette assistante sociale de quartier qui, après être venue nous voir pour un certain nombre de malades, et parce qu'une de ses amies travaillait avec nous, avait fini par ouvrir une de ses permanences dans nos locaux et par participer à certaines actions thérapeutiques, aux réunions d'équipe et aux séminaires de formation ? Et cette autre, chargée de l'hygiène scolaire, et qu'on retrouvait auprès d'un infirmier et d'un psychologue dans un groupe d'enfants psychotiques ? Était-elle simplement une interlocutrice ou membre « de la maison », cette institutrice spécialisée dont la classe se composait, aux deux tiers, d'enfants suivis intensivement par nos soins, et avec qui nous étions en contacts presque quotidiens ? Et ce commissaire de police avec qui il n'était pas de semaine sans coup de téléphone, où le situer par rapport à nous ? Dehors ? Dedans ? Ce qui, entre tous ces gens, avait été instituant, ce n'était pas, encore une fois, une planification quelconque et des contrats au sommet entre les grands services de la communauté, mais surtout l'intérêt porté par des praticiens, d'origine et de formation diverses, à un certain nombre de clients, adultes ou enfants, étiquetés malades mentaux, ainsi que leur souci de travailler ensemble à élaborer une réponse (ou des réponses) à une demande proliférante. C'était, en dernière analyse, le client qui, en s'adressant aux uns et aux autres, soit directement et explicitement, soit indirectement par le biais de comportements « d'appel », nous avait rassemblés et nous avait donné notre forme. Rassemblés ne veut pas dire confondus. Dans ces « équipes centrées sur le client » que nous avions appris à constituer le temps d'un problème, nous avions toujours cherché à éviter le totalitarisme, à laisser à chacun, instituteur, assistante sociale, médecin généraliste ou travailleur psychiatrique, sa fonction et son mode de réponse spécifique. Dire que nous y étions toujours parvenus serait mentir. Il n'est pas aisé d'éviter la dilution de l'action thérapeutique (surtout lorsque sa définition n'est pas claire) ; l'asile le montre bien qui accole pompeusement le suffixe thérapie à toute activité qui s'y déroule : loisir, travail, vie sociale, etc. À l'inverse, il n'était pas facile de renoncer, quand la pression ou la démission des autres nous y invitaient, à participer à la pédagogie voire au maintien de l'ordre.

Peu à peu cependant, notre pratique s'affinait et se précisait. Notre domaine se délimitait, sans pourtant que s'érigent entre les autres et nous de trop rigides frontières. Certes l'illusion communautaire s'est dissipée et le poids de l'Association était devenu de plus en plus grand sur notre fonctionnement, une part croissante du personnel dépendant du même employeur, ce qui nous avait fait perdre une certaine souplesse et l'absence originelle de toute hiérarchie. Un médecin hospitalier n'avait ainsi au début aucun pouvoir sur une assistante sociale municipale. Leur collaboration résultait d'un accord à caractère plus amical que statutaire. Il n'en était plus de même quand s'organisait un service d'hospitalisation à domicile, avec un médecin chef, des infirmières, un directeur, etc. Comme les habitations hétéroclites dont je parlais tout à l'heure qui succombent peu à peu, sous le pic des démolisseurs et à l'invasion régulière du béton, notre institution sous sa forme première était peut-être en train de disparaître. Une remise en ordre intérieure et une socialisation par le biais de conventions avec les grands services nationaux, départementaux ou communaux risquaient de lui ôter progressivement son caractère de marginalité. On pouvait se demander ce qui, du reste, dans cette organisation « meilleure », était dû à une nécessité interne de l'institution visant à une plus grande efficacité technique, à la pression des habitudes culturelles et à l'exigence d'asseoir socialement la sécurité de l'entreprise, ou simplement à la constitution de défenses efficaces contre les projections de nos patients et contre leur désir de nous détruire dans nos différences et d'homogénéiser le système. Une certaine flexibilité persistait cependant, et surtout un mode de prise en charge partiel et parcellaire, laissant toute sa place aux autres, du patient avec qui nous continuions à collaborer dans un climat renouvelé par une meilleure appréhension de nos différences.

La formation de groupes d'accueil spécifiques

Acceptant désormais leur spécificité thérapeutique, les Centres de Santé mentale de Villeurbanne, de Bron, de Vaulx-en-Velin et de Meyzieu s'organisent désormais [3] comme des services de

3. Ce présent doit être entendu comme un présent narratif. L'institution, en effet, sous la pression des événements, a continué à évoluer (*cf Après coup,* 1994, p. 145).

soins ambulatoires aux psychotiques. La référence psychanalytique y devient dominante. Elle se traduit par une tendance grandissante à rechercher, derrière le symptôme, l'acte ou la parole du patient, le sens caché, ainsi que par une réflexion sur le contre-transfert institutionnel et individuel. Les psychothérapies formalisées et *a fortiori* les cures psychanalytiques ne s'y pratiquent toutefois que rarement. Ailleurs est notre mission.

À vrai dire, ce souci de préciser l'action psychiatrique auprès du psychotique coexistait, dès les débuts, avec l'ambition communautaire. C'est Marcel Sassolas qui, parmi nous, avait été le plus clairement porteur de cette intention. À partir d'un groupe hebdomadaire réunissant soignants et soignés, groupe informel, sans début nettement marqué et sans fin précise, où, entre 18 heures et 21 heures, on venait quand on voulait et restait aussi longtemps qu'on le désirait, duquel on pouvait temporairement se retirer pour un entretien individuel, il avait insisté sur l'importance d'une manipulation conjointe, par patients et thérapeutes, de l'espace, du temps ainsi que du contenu même du traitement. L'ordonnance, par exemple, classique symbole du pouvoir médical, était devenue l'objet d'une négociation où chacun pouvait dire son mot. Cette expérience s'est progressivement élargie, et le dispensaire de Villeurbanne est devenu, toute la semaine, une structure d'accueil, ouverte de 8 heures à 20 heures, dimanche et jours fériés exceptés. Les patients s'y succèdent, tantôt nombreux, tantôt rares, pour des séjours allant du simple « bonjour en passant » à la journée tout entière. La salle d'attente a été promue par eux en un lieu de réunion, de discussion ou de voisinage silencieux. Les « habitués » y rencontrent les autres consultants, venus pour un entretien, une injection ou une perfusion, ou simplement pour accompagner quelqu'un. Les soignants se mêlent au groupe, entre deux consultations dans un des bureaux adjacents, ou entre deux visites à domicile. Des travailleurs sociaux de la communauté, venus pour nous rencontrer à propos de l'un ou de l'autre, prennent aussi place épisodiquement dans le groupe. Souvent, l'affluence ou un désir d'isolement imposent un morcellement en sous-groupes dans un des locaux vacants, à l'infirmerie, au chevet d'un patient en perfusion, ou dans le bureau de la secrétaire, devenu, pour tous, le point de ralliement et d'échanges d'informations. Le café, laissé à la disposition des clients, et souvent partagé avec les soignants, sert de liant social ainsi que, contre notre gré, dans les périodes de crise et de destruction, l'alcool et l'échange occulte de barbituriques et de tranquillisants. Il faut mentionner aussi l'usage du téléphone, auquel certains se complaisent, et qui, outre le fait qu'on autorise le patient à utiliser un instrument théoriquement réservé aux soignants, maintient ouverts des canaux de communication avec l'extérieur et traduit, jusque dans le dispensaire, la prégnance et la réalité des autres ainsi que les limites de notre prise en charge. Ce n'est du reste pas par hasard que se centralisent autour de cet usage, prétendu abusif, bien des conflits, lorsque reviennent, dans notre contre-transfert, les réactions de prestance, la prétention à maintenir une démarcation nette entre notre espace et le leur, et à résister à une manipulation dont nous ne nous sentons plus maîtres, bref la volonté de redevenir les soignants tout-puissants et totaux que nous avons jadis été, aux beaux temps de l'hôpital. Dans les immeubles collectifs, les conflits naissent toujours au niveau des parties communes et de ce qui circule d'un appartement à un autre (les tuyauteries, les bruits, les animaux domestiques, les odeurs, les enfants). Il en est de même dans le dispensaire, érigé en zone de transfert, c'est-à-dire en espace commun et intersubjectif où peuvent s'articuler le désir des soignants et le désir des soignés, mais où renaissent épisodiquement la peur d'être envahis les uns par les autres, les conflits de frontière et de bornage, maquillés en conflits de pouvoir, la dure confrontation d'identités toujours fragiles.

Souvent, la vacuité de ce groupe a fait l'objet de critiques internes ou externes. La tentation est grande de lui insuffler une vie en y organisant des activités, mais celles-ci n'ont-elles pas pour fonction de masquer abusivement une autre vacuité, ce vide de désir et d'image, qui caractérise l'existence intérieure du psychotique ? Plus exactement le désir du psychotique, ce désir si ténu, si fragile, si difficile à saisir ne trouve à s'exprimer que dans la création de ce groupe, issu au moins autant de la tendance des patients à s'attacher au dispensaire que de notre proposition de les y retenir. Ce serait écraser ce faible désir que de vouloir lui donner forme. Il nous paraît, à l'inverse, de plus en plus important de laisser au groupe comme à l'institution tout entière un caractère aussi peu structuré que possible. Idéalement nous la considérons comme une sorte de substance primaire, de l'eau ou du sable, ou encore un jeu de cubes à la disposition des fantaisies du patient qui avec nous peut continuellement construire et détruire tout ensemble, en éprouvant la pérennité des matériaux utilisés.

Ce qui s'organise alors c'est une série d'actions elles-mêmes réactionnelles à ce que nous croyons percevoir de la demande des patients, actions et réactions qui s'articulent en une phrase institutionnelle à laquelle, après coup, nous donnons un sens (ce qui est déjà une première introduction au symbolique, c'est-à-dire à un langage, à une codification sociale).

Je prendrai un exemple très simple. Lorsqu'un psychotique est hospitalisé dans un hôpital de jour, il est pris en charge par une institution qui lui préexiste et qui continuera à exister après son départ. Cette institution a une inscription sociale, elle est caractérisée par un certain mode de financement par lequel un organisme payeur (la Sécurité sociale, l'État, une collectivité locale, une mutuelle) achète un certain module thérapeutique. Concrètement, cela veut dire que du premier au dernier jour de son hospitalisation le patient devra suivre un programme, se soumettre à une fixité du temps et de l'espace. Sans doute à l'intérieur de ce cadre des aménagements sont-ils possibles. Le patient pourra participer au choix et à l'organisation des activités. Mais l'institution soignante, dans ce qui la détermine, lui restera intangible. Il sera à l'intérieur d'elle ou à l'extérieur, sans transition, et n'aura pas prise sur sa forme symbolique (c'est-à-dire sur son articulation dans le langage que représente la juxtaposition ou la succession des institutions sociales). Le contenu seul sera manipulable, le contenant restera hors de portée.

Lorsque à l'inverse un patient vient au dispensaire de Villeurbanne, il peut longtemps rester en observation. (Contrairement à ce qui se passe classiquement en institution, c'est lui qui observe et l'institution qui est observée.) Personne ne lui demandera rien, ni son nom, ni compte de ses allées et venues. Supposons qu'un jour il s'adresse à quelqu'un (psychiatre, psychologue ou infirmière ou simplement la secrétaire), c'est là un simple entretien qui rentre dans le cadre des activités dites de « dépistage », activités payées forfaitairement par l'État et qui sont donc entièrement gratuites pour le client. Le temps passe. Il continue à venir, à quelques entretiens, çà et là, avec les uns et les autres. Puis une relation plus suivie se met en place avec une infirmière. Une « institution » vient d'être créée, celle des soins infirmiers qui donnent lieu à un remboursement de la Sécurité sociale. La demande augmentant, les soins s'intensifiant, un médecin ou un psychologue s'étant trouvé associé à une prise en charge strictement infirmière au début, des visites à domicile alternant avec des rencontres au dispensaire, on se trouve, sans que le patient ait changé ni de lieu ni d'interlocuteur, dans un nouveau système institutionnel de référence : l'hospitalisation à domicile à temps plein (s'il est vu tous les jours), à temps partiel (s'il ne rencontre un membre de l'équipe qu'un jour sur deux). La même demarche pourra évidemment être suivie en sens inverse. Ce que nous faisons, en décrétant le début ou la fin d'une hospitalisation à domicile, c'est donner nom à l'institution que le patient a créée avec les matériaux institutionnels que nous mettons à sa disposition, c'est-à-dire que nous inscrivons dans une trame symbolique son activité même. Dans un autre registre, cela s'appelle une interprétation. Cette institution reste toujours centrée sur l'individu malade, il en est le maître d'œuvre et dans cette activité il se reconstruit lui-même.

Chaque patient a ainsi un soignant de référence, parfois deux ou trois, issus d'un premier contact, au hasard de la disponibilité du moment, ou choisis par lui, après une phase d'observation plus ou moins longue, dans le groupe. Une fois ce choix fixé sur une personne, il arrive souvent que les habitudes de travail et les affinités de tel avec un tel introduisent dans la prise en charge le ou les membres des sous-équipes qui se sont progressivement constituées. Toutes les combinaisons professionnelles restent alors possibles. Si, le plus souvent, chaque patient a *son* médecin et *son* infirmière ou *son* psychologue ou encore *son* assistante sociale, il arrive que les uns et les autres se retirent temporairement ou définitivement au profit d'un seul. Certains ne viennent plus que pour le médecin, et n'ont recours qu'épisodiquement à l'infirmière ; d'autres, que pour l'infirmière, limitant leur contact avec le médecin au renouvellement trimestriel d'une ordonnance symbolique. Certains aussi, quoique peu nombreux, ont totalement coupé leurs liens avec nous, sans pour autant renoncer à venir, de loin en loin, saluer la secrétaire ou les autres patients, ou encore conservent entre eux des relations entièrement extérieures au dispensaire. Un coup de téléphone, parfois, nous rappelle leur existence.

La prolifération des entretiens duels, patient-médecin, patient-infirmière mais aussi infirmière-médecin, centrés sur un cas précis, s'est faite aux dépens des « thérapies multiples » (deux ou trois soignants en présence d'un patient) mais aussi des réunions d'équipe qui tournent de plus en plus à la réflexion théorique générale et à la gestion de l'organisme. Lieu de reprise et d'analyse de ce qui est vécu, par ailleurs, dans le quotidien de notre vie commune, l'entretien cherche à préfigurer un futur accès à la symbolisation. Il garde toutefois, souvent, une fonction plus symbolique que symbolisante. L'interprétation y reste rare et généralement superficielle, et la plus grande partie du travail proprement psychanalytique se déroule dans la tête des soignants où se métabolise ce que le patient y a déposé. Ce qui est restitué, c'est simplement une disponibilité, une ouverture à la manipulation par le client, qui seraient contre-transférentiellement impossibles si le sens n'en était perçu, compris et accepté. Il fut un temps où nous étions un certain nombre à souhaiter reculer aussi loin que possible les limites de cette disponibilité, de manière à créer avec le patient les conditions de la relation symbiotique qui, postulions-nous alors, lui avait manqué. Nous prétendions continuer à recevoir le malade quand il le voudrait et aussi longtemps qu'il le désirerait, à lui « rendre service » aussi souvent qu'il le demanderait dans sa vie quotidienne (transport dans la voiture d'un soignant pour rentrer chez lui, démarches auprès de la Sécurité sociale, d'une famille ou de voisins intolérants, soutien auprès d'un employeur peu compréhensif), bref, à nous comporter en « bonne mère » gratifiante et réparatrice.

La multiplication de nos clients, mais aussi un vertige devant l'assaut de leur avidité ainsi que des difficultés avec certains sujets difficiles et prompts au passage à l'acte quand ils s'estimaient abandonnés ou insuffisamment nourris et réchauffés par notre amour, ont mis à l'ordre du jour le problème des « limites ». Nous ne l'avons pas résolu mais, à la lumière de l'œuvre de Winnicott, nous avons commencé à réfléchir sur la haine dans le transfert et le contre-transfert. Cette réflexion marque la fin d'une autre illusion, celle de pouvoir établir une situation duelle, magique et édénique, une sorte d'îlot fusionnel de récupération narcissique, tenu à l'abri de toute agressivité, celle des patients comme la nôtre. J'y reviendrai plus en détail. Disons simplement que le psychotique déborde de haine et qu'il a besoin de recevoir « haine pour haine », sans quoi il doit sans cesse tester plus loin la résistance personnelle de celui qui lui fait face. Si nous continuons à penser qu'en un premier temps – que nous dénommons la constitution de l'alliance – il importe de rejeter la haine à l'extérieur et de construire ensemble le mythe d'une relation toute bonne et d'une disponibitité totale, il vient un temps où le problème de la haine doit être affronté. Dans la relation thérapeutique, la haine se manifeste alors par l'institution progressive des limites représentant l'équivalent d'un sevrage. Pour le psychotique, ce ne peut être que par malignité foncière que le soignant se dérobe au moment où lui l'attend. De fait, la mise en place d'un certain rituel (les limites dans le temps, la fixité des rendez-vous, un certain nombre de refus d'agir pour le malade), outre qu'il obéit à des impératifs de réalité, véhicule la haine du soignant. Le problème est simplement de saisir le moment où est possible cette inauguration d'une problématique qui vise à la réintégration de la haine à l'intérieur de la relation, c'est-à-dire à l'accès à l'ambivalence, à la culpabilité, à la relation à l'objet total, à la position dépressive.

La visite à domicile et ses fonctions

Ce qui ici tient lieu d'interprétation, c'est un acte, comme c'est d'actes que s'est nourri jusqu'à présent le narcissisme défaillant du patient. L'importance de ces actes (porteurs de sens) nous la retrouvons au niveau de la visite à domicile qui représente, à côté du groupe d'accueil et de l'entretien individuel, le troisième grand élément du dispositif thérapeutique. Très précocement, le manque de locaux mais aussi un intérêt porté à la manière concrète de vivre de nos patients et à leur cadre de vie habituel nous avaient conduits à multiplier ces visites. Nous y voyions, en cette première étape de désaliénation de la psychiatrie, du fou et du psychiatre, le gage d'une intégration meilleure dans la communauté, pour nous d'abord, mais en corollaire pour nos patients. Nous espérions qu'en devenant un élément du décor aussi familier que l'assistante sociale, l'agent de police ou le curé, le psychiatre retrouverait une fonction de médecin de famille, une sorte de « naturalité », dont nous gardions la nostalgie, et qu'à travers elle la folie conquerrait droit de cité parmi les autres. Ainsi, dans certains quartiers sous-prolétariens où l'accumulation des malades rend notre présence habituelle, nous sommes connus, discutés ou estimés. Telle guérison spectaculaire d'un maniaque nous vaut ici une certaine gloire, alors qu'ailleurs on nous impute un suicide comme un meurtre. Si nos visites fréquentes, ici, aboutissent à désigner comme fou tel qui était tenu simplement comme voisin désagréable, là, elles rassurent un entourage inquiet et permettent de tolérer une déviance qui aurait autrement cristallisé sur elle une somme d'angoisses. Cette présence du psychiatre à l'horizon quotidien n'a pas que des avantages. Elle constitue un rappel de la folie présente en chacun de nous, et s'oppose à son refoulement social derrière les murs de l'asile, mais aussi à sa disparition derrière les défenses de l'oubli. Il ne manque pas de malades qui ont rechuté simplement parce qu'ils nous avaient rencontrés dans la rue ou au café du coin. Dans la mesure où elle serait, pourtant, un élément parmi d'autres d'intégration de l'irrationnel dans la trame existentielle, non seulement de ceux qui ont fait l'expérience de la déraison mais aussi de tous les autres, enfermés dans un conformisme protecteur, châtrés de leur imaginaire et contraints à l'opératoire, elle pourrait, je continue à le croire, participer, à sa modeste place, à une révolution dans la culture.

Restons cliniciens ! Nous reconnaissons aujourd'hui trois

fonctions essentielles à la visite à domicile : une fonction de reconstruction du patient, une fonction d'appui pour ses proches, une fonction de médiation entre le patient et ses objets.

Le patient psychotique a ceci de particulier qu'il accroche des morceaux de son identité à tout ce qui l'entoure. Par le biais de l'identification projective, il est conduit à déposer dans les objets animés ou inanimés avec lesquels il entre en contact une part de son capital imaginaire. Ce qui parle dans le poste de télévision, ce qui sent dans cette fleur, ce qui s'agite derrière ce rideau, c'est encore lui. Cependant, lorsque ces objets sont des êtres humains, une tendance que Woodbury a fort bien dénommée « personnification », fait que les proches du psychotique sont amenés à jouer réellement les rôles qu'il leur octroie ou à se laisser réellement posséder par le sentiment qu'il injecte en eux. Par là, ils confirment le délire à l'aide de leur réalité. À l'inverse, les parents ont mis beaucoup d'eux dans leur enfant et souvent des images contradictoires. C'est à personnifier ce dilemme que le psychotique, à son tour, s'épuise. Au bout du compte, il est vain de se demander qui a commencé, qui est réactionnel à l'autre, du psychotique ou de sa famille. J'ai, en outre, pour simplifier, supposé un seul psychotique avéré au sein de la famille. L'expérience montre que c'est loin d'être toujours le cas, ce qui complique encore le cercle d'interactions que je viens de schématiser. L'hospitalisation comme la cure psychanalytique imposent au départ une rupture de ce cercle dans lequel l'existence psychotique se tient prisonnière. Par là, elles entraînent une blessure narcissique souvent insurmontable qui se cicatrise dans la stéréotypie et la chronicité (aussi bien pour le patient que pour sa famille). Il y a pourtant aussi des chroniques à domicile, ce qui montre la complexité du problème. Je crois néanmoins que si une autonomisation du patient par rapport à sa famille est possible, nous ne pouvons y contribuer qu'en l'aidant à se confronter, dans son milieu même, à ce qu'il a mis de lui dans les autres, à ce que les autres ont mis d'eux en lui, et à ce qui se personnifie, ici ou là, de ces projections dans la réalité de chacun. Les crises sont des moments particulièrement féconds pour la mise en acte de cette aide. Le psychotique, disait Hannah Segal, hait la santé. Pendant la crise, cette haine devient particulièrement violente. Le psychotique s'acharne alors contre ce qu'il y a de sain en lui mais aussi contre ce qu'il imagine de sain (c'est-à-dire de solide et de résistant) dans les autres, famille ou soignant. Son objectif c'est d'attaquer le cadre dans lequel il vit et d'en éprouver la solidité. Si le cadre cède (et en particulier s'il est hospitalisé) le psychotique est confirmé dans l'idée que sa toute-puissance haineuse est capable de détruire non seulement ses objets internes mais les objets externes (réels) qui les informent. Si, au contraire, le cadre résiste, le psychotique peut s'appuyer sur les objets externes et recevoir d'eux un aliment pour son narcissisme (en d'autres termes un renforcement à l'intérieur de lui des « bonnes images »). Encore une fois ce ne sont pas des mots, des interprétations, un accès à la symbolisation de ce qui se passe, qui opèrent la cure, mais des actes. La visite à domicile n'est pas donneuse de sens, elle n'est pas le vecteur d'une interprétation, elle est, elle-même, signe. Elle s'intègre dans une trame symbolique du donné et du reçu (ou plutôt de l'offert et du pris). C'est la régularité, la fidélité, la constance, la disponibilité, qui sont ici les qualités maîtresses, et non l'acuité psychologique. Le jeu que nous menons est un double jeu étrange, la marchandise que nous apportons est une illusion. Chargés d'ambiguïté, nous venons en principe donner au patient des aliments à son narcissisme, c'est-à-dire de l'imaginaire (au sens où les enfants disent : « alors un monsieur imaginaire serait venu »). Nous n'avons en effet rien de réel à offrir, sinon de menus services qui n'ont rien de spécifique, et que n'importe quel voisin de bonne volonté pourrait rendre. Je ne méprise pas ces services. Je connais même des patients dont les possibilités à fabriquer des images et à les conserver sont si faibles que la seule façon qu'ils aient de se prouver ma présence est de m'utiliser pour téléphoner à leur propriétaire à propos d'une fuite d'eau, ou à la Sécurité sociale pour un arriéré de pension. On admettra avec moi que l'apport narcissique qu'une telle démarche représente est localisé ailleurs que dans le simple bénéfice obtenu à partir de cette démarche. D'une part, le patient a pu nous manipuler, prendre quelque chose de nous (du temps, un déplacement qu'il nous impose, un coup de téléphone qu'il nous fait donner). Marcel Sassolas écrivait un jour : « Ce que nous donnons aux patients n'est bon que pour nous, seul compte pour eux ce qu'ils nous prennent. » J'ajouterai : à condition que nous nous offrions à eux comme un objet utilisable. Ce qui ne signifie pas un objet inanimé et sans désir propre. Tout le problème du psychotique est justement de pouvoir utiliser un objet humain, doué d'une vie personnelle, et donc de reconnaître les limites de sa puissance, sans s'écrouler sous le poids de la haine et sans entraîner l'objet ou l'image de l'objet en lui dans cet écroulement. D'autre part, nous sommes des soignants, et le patient le sait. C'est à des personnages particuliers, socialement dénommés, que le patient a pris quelque chose. Ce quelque chose est alors authentifié, de par son origine, comme réparateur, c'est-à-dire thérapeutique. Ce que nous offrons au patient avec notre présence seule ou notre présence matérialisée par des services, lorsque la présence ne suffit pas et qu'il nous faut prouver notre existence, c'est la possibilité de se constituer des images réparatrices par rapport à quelque chose de socialement désigné, de tisser quelque chose de personnel sur une trame objectale, au sens de Winnicott, de s'illusionner, mais de s'illusionner sur une fonction sociale, et par là de se préparer à une ouverture symbolique.

Pour la famille aussi, nous sommes porteurs d'illusion. Il arrive ainsi que dans un véritable mirage on nous confonde avec le patient, et qu'après avoir tenté, à coups de gâteries et de séduction, de nous faire subir son sort, la famille nous rejette. Elle ne saurait en effet longtemps tolérer ces doubles du malade, porteurs d'une autonomie à laquelle il n'a pas droit, capables de sortir et d'entrer, de s'approcher et de s'éloigner, à la fois dedans et dehors. Ombre portée du malade et porteur d'autre chose, le soignant est difficilement localisable. Ce rejet familial entraîne réciproquement chez le soignant le rejet de la famille. D'autant plus que la famille du malade suscite en nous un curieux contre-transfert où nos problèmes mal résolus de voyeurisme, nos difficultés à assumer les fantasmes de scène primitive ont leur place, ainsi qu'une identification à une position maternelle réparatrice (réparatrice de qui et de quoi ?). Je pense en particulier qu'en jouant à la bonne mère et en accusant violemment l'autre, la vraie, la mauvaise, c'est notre propre mère archaïque et tout ce que nous lui avons fait subir que nous cherchons à annuler. Quoi qu'il en soit de ses origines, le contre-transfert négatif vis-à-vis de la famille suscite trois attitudes également stériles (plus une infinité de variantes sur ces trois thèmes fondamentaux).

> *Premier thème* : On décide que la famille est malade. Le patient n'est que le symptôme d'un réseau d'interactions pathologiques. Il nous faut donc soigner la famille, qu'elle en ait envie ou non.
> *Deuxième thème* : La famille est mauvaise, le patient devenu victime doit donc lui être soustrait, la séparation imposée.
> *Troisième thème* : C'est celui de l'identification à l'agresseur. La famille est victime, le patient la détruit. Il faut donc le séparer d'elle pour protéger une famille innocente.

De ces trois thèmes, les deux derniers aboutissent aux pratiques isolantes (hospitalières ou psychothérapiques) dont j'ai dit la stérilité lorsqu'elles représentent le seul mode de réponse à la souffrance psychotique. Le premier est à l'origine des thérapies familiales. Ces trois pratiques ont en commun la véritable manipulation qu'elles font subir au patient et à ses proches, c'est-à-dire qu'elles se révèlent incapables de féconder l'expression d'un désir ou la créativité personnelle. Toutes trois représentent des mesures d'écrasement du désir du patient sous le rouleau compresseur du désir victorieux de ses soignants. Il est frappant de noter combien les plus abstinents des analystes deviennent directifs lorsque la famille est en cause. Comment ne pas voir là l'effet d'un contre-transfert mal analysé et mal assumé ? Il importe, je crois, de ménager la famille. Bien qu'ayant mauvaise presse, celle-ci a droit à notre sollicitude sinon à nos soins. Il serait malhonnête (et destructeur sur le plan narcissique) de prétendre soigner, sans qu'ils le demandent, les parents d'un psychotique. Ce n'est pas par hasard que la dépression familiale s'est localisée dans un seul, et dans celui-ci plutôt que dans celle-là. Un système est mis en place depuis longtemps où les enfants ont appris à se dévouer pour leurs parents et préfèrent rechuter plutôt que de voir une mère (même abhorrée) se décompenser. Il arrive bien sûr qu'une demande précise émerge de l'un ou de l'autre des parents. Le problème de savoir s'il vaut mieux alors faire intervenir auprès d'eux un autre thérapeute que celui de leur enfant reste en suspens. Ayant, par ailleurs, peu de goût pour l'enseignement des modèles de communication, et profondément convaincu de l'inutilité de toute pédagogie en matière de restauration narcissique, j'ai abandonné la thérapie conjointe des familles, telle que je l'avais vu pratiquer aux États-Unis. Notre action auprès des familles est beaucoup plus simple et beaucoup plus discrète. Elle cherche à leur inspirer confiance, à revaloriser ce qui, dans leurs conduites, représente un soutien authentique pour le patient, surtout à être pour eux un recours et une sécurité qui leur permettent de « tenir ». Les liens qui entre nous se forgent, dans les crises surtout, sont de l'ordre de ceux qui unissent les combattants assiégés dans une forteresse où l'ambition de résister et le caractère « héroïque » de la situation forment une très efficace machine à fabriquer du narcissisme, autant d'ailleurs pour nous que pour les parents. Une sorte d'idéalisation réciproque se met en place entre les parents, le patient et nous, qui engage chacun dans un investissement positif des autres. L'urgence de la situation et la gloire qu'il y a à résister représentent alors un moyen de lutte contre la dépression.

La visite à domicile remplit une troisième fonction. Elle fait de nous des médiateurs entre le patient et ses objets. La rencontre du psychotique avec les autres, placée sous le double signe de l'identification projective et de la personnification, est une rencontre douloureuse. Dans les autres, le psychotique trouve (ou s'arrange pour trouver) les personnages fantastiques, déformés par la haine, qui peuplent son intériorité. À l'inverse, il fait peur et cette peur qu'il suscite l'envahit si complètement qu'il peut réellement devenir odieux ou dangereux. Ainsi est-il nécessaire qu'en un lieu intermédiaire et neutre puissent se rencontrer et se négocier les images, les attentes, et les peurs des uns et des autres. Ce lieu, c'est le corps du soignant en tant qu'une fois de plus il est vecteur d'un certain nombre d'actes significatifs ou simplement en tant que présence, que témoin d'un langage qui le traverse, qui est parfois heurté, violent, conflictuel mais néanmoins possible. Ambassadeur de l'un auprès des autres, le soignant navigue d'une bouche à une oreille, et porte des mots qui, à le traverser, perdent de leur dangerosité et prennent un autre sens, dans la mesure encore une fois où il est socialement identifié par son nom de médecin, de psychologue ou d'infirmière.

Folie, langage et institution

Je me permets d'insister sur ce fait. Il est tout à fait possible d'imaginer une psychiatrie non médicale. Après tout il n'y a guère que deux siècles que les problèmes de la folie se posent en termes médicaux. L'important est qu'ils se posent en termes sociaux, l'important (pour le fou comme pour les autres) est que la folie puisse se traduire dans un langage et trouver une réponse articulée. À ce prix seulement la souffrance du psychotique peut être diminuée, ses limites inscrites dans un champ social et son identité personnelle assurée. La psychiatrie n'est pas autre chose (ou ne devrait pas être autre chose) que cet effort de redire la folie dans une langue compréhensible et d'offrir au fou une place dans la trame des échanges sociaux. Cela ne veut pas dire (même si la psychiatrie l'a prétendu un temps) que tout dans le fou soit folie, et que toute sa folie doive être répertoriée et transcrite. Le fou a droit à être fou pour lui-même, et à être autre chose que fou. Il a droit à sa liberté et à son impénétrabilité, et, plus que tout, il a le droit de garder de larges franges de son être à l'abri de la compréhension, de l'explication et de la mise en sens. C'est là toute la différence entre la psychiatrie et un psychiatrisme ou un psychanalysme totalitaires, entre une socialisation (limitée) et un contrôle social. Mais de même que chacun de nous possède un langage privé et communique avec les autres par un langage socialisé, de même il est important d'offrir à nos patients, sans vouloir les rendre totalement transparents à nos entreprises, des conditions matérielles qui soutiennent et différencient leurs échanges entre eux et avec nous. La dialectique entre l'ouverture et la fermeture est ici une manière de rejouer, sur la scène de l'institution, celle, plus universelle, du public et du privé.

Au dispensaire et au domicile, d'autres lieux sont ainsi venus s'adjoindre, habités par des groupes relativement fermés sur eux-mêmes, au risque peut-être de cristalliser une tentation institutionnelle toujours renaissante. Ainsi, le groupe du lundi, dont j'ai déjà parlé, après s'être dissous dans le groupe d'accueil permanent, a éprouvé le besoin de se ressaisir. Une maison a été trouvée qui est devenue foyer, puis qui a été achetée par un collectif regroupant soignants et soignés. Deux autres groupes composés d'enfants et de soignants se sont établis dans des locaux de fortune. L'un d'eux s'ouvre dans la semaine aux parents et fonctionne comme une sorte de jardin d'enfants psychotiques sur lequel s'appuient les prises en charge individuelles qui, ici plus qu'ailleurs, nous paraissent essentielles. Ces micro-institutions ont pour caractère d'être plus fermées que le dispensaire, on n'y entre ni n'en sort comme on veut. L'avenir nous dira quelle oscillation et quelles articulations peuvent s'établir entre le fermé et l'ouvert, l'informel et le formalisé. Ce qui déjà du dispensaire au domicile ou aux foyers circule, c'est une succession d'actes symboliques, au sens où on dit de quelque chose qu'il est symbolique quand il est près de s'anéantir dans le rien, mais aussi au sens où un symbole renvoie à autre chose, selon un système de rapports institués par un code ou un usage. Présence, absence, visite donnée et rendue, repas ou simple café pris côte à côte, ont un effet thérapeutique qui repose sur la continuité et sur ce qu'elle manifeste de notre disponibilité et de notre indestructibilité, mais aussi sur la localisation sociale de notre fonction.

Notre rôle finalement se limite à offrir au patient, à travers cette chaîne, une aire de jeu socialement reconnue, un terrain, les matériaux nécessaires et une collaboration s'il le désire, mais certainement ni plans, ni directives et encore moins des modèles préfabriqués. Il nous semble en effet, pour nous répéter, que, comme le nourrisson, le psychotique ne peut se construire que dans l'action et accumuler du capital narcissique qu'à partir de ce qu'il prend. Là aussi la violence inaugure l'histoire.

Chapitre 2

La Comtesse du Regard
Essai de « familialisme » appliqué

J'ai un bandeau sur les yeux...
Mes yeux voient à travers les murs...
Mes bras et mes mains voient...
Je suis la Comtesse du Regard...

Agnès Merle, 13 ans

Ayant commis un livre [1] où j'exposais les rudiments d'une approche de la psychose centrée sur le milieu de vie du patient, je me suis vu mettre en cause, au nom d'une critique du « familialisme », par G. Deleuze et F. Guattari.

Je n'entends pas ouvrir ou continuer une polémique. D'une part, je tiens *L'Anti-Œdipe* pour un de ces ouvrages piquants qui stimulent la pensée et dont il faut laisser en soi se prolonger les remous sans se crisper dans une attitude défensive. D'autre part, ma propre évolution, au contact quotidien des psychotiques, me préparait à rencontrer les « machines désirantes » et le « corps sans organe ». Enfin et surtout, le projet de Deleuze et Guattari est manifestement différent du mien. Leur livre touche à l'art, à la critique sociale, à la morale surtout. Comme Fourier, à qui ils se réfèrent, et contrairement à Freud, Deleuze et Guattari ne nous disent pas ce qui est mais ce qui devrait être. C'est ainsi que,

---

1. J. Hochmann, *Pour une psychiatrie communautaire*, coll. « Esprit », Le Seuil, 1971.

sur leur chemin, ils rencontrent et attaquent l'institution familiale et ses effets délétères sur le fonctionnement « machinique » de l'inconscient. Il serait vain de leur opposer l'universalité géographique et historique de la famille. La pesanteur aussi a toujours et partout contraint les hommes à garder les pieds sur terre. Puis le rêve d'Icare a fini par se réaliser. Rien n'interdit de croire en l'avènement d'un surhomme que la « schizo-analyse » aurait libéré des contraintes de la famille, de la logique, de cette enveloppe leurrante qu'est le Moi, et qui vivrait une existence sans conflit.

En attendant, ma pratique quotidienne côtoie plus souvent la douleur et la mort que le surgissement merveilleux du Surréel. Or c'est à cette pratique que j'attache ma réflexion. Je n'ai pas honte d'affirmer, contre les caprices de la mode, que mon but est de soigner. Je ne crains pas de me présenter comme faisant une médecine, c'est-à-dire oscillant empiriquement entre diverses tactiques, essayant de soulager et de ne pas nuire, colmatant les brèches et ne tentant qu'*a posteriori* une théorisation, sujette à révision et de toute manière accessoire.

Engagé depuis plusieurs années dans le traitement de ces enfants-énigmes qu'on appelle psychotiques, parce qu'ils parlent un autre langage, raisonnent autrement et se situent dans un espace et un temps différents du nôtre, j'ai été conduit à travailler avec les familles et à essayer de comprendre le fonctionnement familial. L'enfant psychotique participe en effet plus étroitement que quiconque à la réalité psychologique et sociale de la famille, au point de s'y perdre en tant qu'individu autonome et d'éclater aux quatre coins du domicile, accrochant comme des haillons les morceaux de son identité déchirée aux patères des autres, à leur apparence corporelle, à leurs émotions et à leurs paroles. Selon Deleuze et Guattari, ces autres – sous prétexte de préserver l'institution familiale indispensable à l'ordre bourgeois – imposent à l'inconscient de l'enfant un travestissement, « rabattent » en désirs destinés à papa et à maman une production au départ sans autre objet qu'elle-même.

Les choses ne me paraissent pas aussi simples. Entreprise très pratique pour apporter une aide à l'enfant, mais aussi à ses parents et à ses frères et sœurs noués dans une même trame douloureuse, ma recherche me conduit à rester fidèle à la dialectique œdipienne même si c'est, peu à peu, pour l'envisager en des termes nouveaux. Je ne prétends pas en effet qu'il ne faille pas aérer, c'est-à-dire développer la recherche psychanalytique. La psychanalyse ne sent le renfermé que pour ceux qui ont momifié Freud et ne veulent plus rien retoucher à son œuvre.

Or cette œuvre concerne essentiellement la dynamique, l'économie et la distribution de l'énergie psychique à l'intérieur de l'individu. Elle ne traite que de manière allusive les échanges interpersonnels et leur influence sur la destinée des fantasmes inconscients. C'est à cette dernière dimension que je m'attache, sans pour autant répudier l'analyse individuelle et sachant bien les dangers qui guettent toute extrapolation à une situation différente des concepts métapsychologiques élaborés dans la séance psychanalytique.

En guise d'illustration, je raconte ici une psychothérapie à domicile, menée en présence et avec la collaboration des membres de la famille. J'ai préféré ce simple récit à une argumentation plus approfondie. Le lecteur établira de lui-même la ligne des accords et des désaccords avec *L'Anti-Œdipe* que lui suggère mon expérience.

Quant à moi, sensible à l'appel pathétique adressé un jour par Agnès à sa psychothérapeute : « S'il te plaît, remets-moi d'aplomb, j'ai mal au nombril », je continue à tenter de l'aider, elle et les siens, avançant à tâtons, bras et mains tendus, le bandeau encore épais sur les yeux, mais avec l'espoir fou de voir à travers les murs...

Agnès Merle [2] est venue au dispensaire, il y a environ quatre ans. Alors âgée de neuf ans, elle se tenait silencieuse, les yeux baissés, un vague rictus flottant sur les lèvres. Une épaule bizarrement remontée semblait vouloir la protéger d'un coup imprévu, venu de l'extérieur. L'autre, effacée, l'aidait à se confondre au flanc de sa mère dont elle ne pouvait se détacher. Mme Merle dissimulait mal, sous un embonpoint souriant, une anxiété à fleur de peau. Elle succombait sous le poids de la

2. Par souci de discrétion, j'ai changé les noms des personnages et des lieux.

maternité et considérait ses trois enfants – Roger (onze ans), Agnès et Michèle, de deux ans sa cadette – comme des parasites acharnés à sucer sa substance et jamais satisfaits. De fait, tous trois lui posaient des problèmes. Roger, énurétique, se comportait en bébé jaloux et exigeant, toujours au désespoir d'être lésé ou blessé dans son amour-propre, Michèle frappait par son aspect séduisant mais vite affolant de petit papillon coloré et instable, tout en effets de surface. Elle était suivie par une orthophoniste pour une dyslexie grave.

Quant à Agnès, dès la naissance, elle avait manifesté le calme impressionnant des enfants dits « autistiques ». Elle ne pleurait jamais, n'exigeait rien, restait des heures dans son berceau, les yeux fixés au plafond, perdue dans un rêve immobile et permanent. En retard pour parler et pour marcher, elle était néanmoins sortie de ce repli intérieur pour établir avec sa mère une étroite symbiose, refusant la séparation, réclamant la proximité du corps maternel, se faisant porter, s'agrippant, « comme une sangsue ». Bien qu'avec difficulté, elle avait commencé à fréquenter l'école, appris à lire, à écrire, à compter. À sept ans, plusieurs crises survenues inopinément firent porter le diagnostic de « petit mal épileptique », diagnostic confirmé par l'électroencéphalographie. Agnès suivait donc, depuis, un traitement médicamenteux et avait, dans sa famille, le statut d'enfant malade et inadaptée. Un passage en école spécialisée confirmait, peu après, cet étiquetage. Agnès le supportait mal et réclamait un retour à l'école communale fréquentée par son frère et sa sœur. C'était un des rares désirs qu'elle exprimât. Elle inquiétait, en effet, par sa timidité extrême et un quasi-mutisme, dont elle ne sortait que pour quelques récits stéréotypés. D'où la consultation qui faisait conseiller une psychothérapie. Pendant deux ans, à raison d'une séance hebdomadaire et bien qu'Agnès habitât dans une banlieue éloignée et mal desservie, sa mère la conduisit avec une grande régularité.

Pour Agnès, les séances se limitèrent longtemps au dessin répétitif de maisons-forteresses, toutes calquées les unes sur les autres, avec leurs fenêtres soigneusement obstruées de barreaux. Dans ces prisons qui enfermait-elle ? Elle-même ? Sa psychothérapeute ? Peut-être des morceaux mal assemblés d'elles deux, de manière à rendre toute rencontre impossible ou secrète ?

Les choses changèrent lorsque la psychothérapeute eut l'idée d'introduire dans la séance Michèle, la cadette, qui ne demandait pas mieux. Agnès, depuis plusieurs mois, cherchait à développer avec elle une relation fusionnelle, l'imitant en tout, se moulant sur son comportement, s'effaçant jusqu'à se réduire à l'état d'ombre ou de reflet de sa sœur. Par Michèle interposée, une certaine proximité avec Agnès devenait possible et un début de dialogue pouvait s'engager. Mère et institutrice notèrent alors une amélioration. Agnès devenait plus souriante, plus présente, plus loquace.

Aux vacances, estimant Agnès suffisamment améliorée, la mère décida d'interrompre la psychothérapie. Agnès se faisait de plus en plus tirer l'oreille pour venir et le dispensaire était bien loin. Pendant six mois nous n'en entendîmes plus parler...

Et puis ce fut décembre, il y a un an. Mme Merle, en pleine détresse, nous ramenait Agnès. Les vacances s'étaient très mal passées. Angoissée de se trouver au milieu d'un camping, loin de sa maison et aussi du chalet où elle allait habituellement l'été, Agnès s'était mise à tenir des propos incohérents. Il y était question d'un bébé qui se développait dans un ventre, ventre attribué parfois à Agnès, parfois à sa mère, mais aussi à sa sœur, à son père, à son frère, ou en même temps aux uns et aux autres, comme si les séparations, soudain, s'étaient estompées, laissant place à un grand ventre familial, tantôt localisé ici ou là, tantôt flottant et sans limites précises, ventre qu'on pouvait observer de l'extérieur, donnant à voir le développement d'un fœtus étranger, ou de l'intérieur, comme matrice dans laquelle on était lové, ou encore les deux à la fois. Ainsi, dans les mots effrayants d'Agnès, les contraires se conjuguaient, l'extérieur et l'intérieur, le sujet et l'objet, l'être et l'avoir se télescopaient. Privé du support que lui donnent les unités discrètes des corps et des concepts, séparés et différents les uns des autres, le langage se noyait dans un flux où tout se confondait. Quand Agnès disait « je », c'était aussi bien « tu », « il » ou « elle » qu'il fallait entendre et réciproquement. Quand elle parlait du bébé, désiré ou menaçant, qui poussait dans son corps, elle se référait aussi bien à ce qu'elle imaginait du corps de sa mère où elle se trouvait englobée. Une autre grammaire, une autre logique, un vocabulaire fourmillant de néologismes qu'elle formait généralement en effaçant les limites entre les mots, en les condensant ou en trouvant une autre découpe pour son courant verbal, voilà ce qui tournoyait en tous sens, en phrases de plus en plus inquiètes, de plus en plus nombreuses. Car Agnès, la muette, parlait pour douze années de silence accumulé. Agnès la sage, la douce, Agnès comme une image, agneau pascal, enfant inadaptée et tranquille, tranquillement adaptée à son inadaptation et sacrifiée au désir des autres, Agnès était devenue violente. Elle éclatait comme une bombe à la moindre frustration, hurlait, frappait, déchirait et retombait inerte, réduite en lambeaux dérisoires.

La puberté étant à l'œuvre – et probablement à l'origine de cette « crise », par le remue-ménage dans son corps – Agnès partait sans cesse à la découverte des changements qui mettaient à mal un sentiment d'exister, peu assuré. « Je ne suis pas Agnès, tu n'es pas ma mère, tu n'es pas mon père, je suis Nathalie ou Virginie », disait-elle, désespérée et en colère, en se regardant dans la glace et en palpant anxieusement les « bosses » qui lui poussaient à la poitrine et qu'elle accusait rageusement sa mère de lui avoir faites, les « cheveux noirs » qui lui venaient au « bas » et qu'elle assimilait aux cheveux noirs des « jumelles italiennes », les voisines du dessus. « Elles coiffent leurs cheveux toute la nuit », disait-elle, faisant sans doute allusion à ses longues masturbations dont la mère et la petite sœur se scandalisaient. « Va te laver les mains, c'est sale », criait la mère et Michèle faisait écho : « C'est pas beau. » L'autoérotisme se voyait donc assimilé à la saleté et à la laideur, cependant que les tentatives érotiques tournées vers autrui scandalisaient. Éloignée une fois de plus de nos habituelles distinctions, Agnès « faisait du charme » aux hommes rencontrés dans la rue, mais aussi à son père ou à son frère, tout en manifestant son désir de « faire l'amour » avec sa mère ou Michèle qu'elle accusait de se faire entre elles, de lui faire ou de se faire faire par elle, un enfant. Le problème de la différence des sexes la hantait, mais prenait chez elle l'aspect particulier d'allusions nombreuses à l'« os », au « machin », à l'« engin », au « paindedieu » ou à l'« hostidieu » (qu'elle devait, pour nous être agréable et nous permettre de comprendre, décomposer plus tard en l'« os » de Dieu). La fréquente référence aux « jumelles du haut » évoquait peut-être d'autres jumelles, « du bas ». Cela poussait, tombait, allait, venait, entrait, sortait. « L'os que tu m'as mis dans le derrière », le « machin que Roger m'a pris »...

Bref, elle était complètement folle, terrorisait les siens et semblait elle-même la proie d'une permanente terreur. Bien que très tolérante, l'école, au terme d'un premier trimestre difficile, se posait le problème de son renvoi, et le médecin de famille avait parlé d'hospitalisation.

Mais au-delà d'un rejet manifeste et conforme au « bon sens », d'autres lignes de force s'esquissaient, dessinant, entre Agnès et ses proches, d'étranges et étroites relations, une mutuelle dépendance. Elle avait, nous semblait-il, dramatiquement besoin de son environnement pour exister. Hors de cet environnement nourricier, elle était comme le bernard-l'ermite sans sa coquille, le poisson tiré de l'eau. Il nous est possible, à nous mammifères supérieurs, d'emporter avec nous un milieu intérieur stable dans des milieux extérieurs variables. Agnès, qui ne s'était jamais séparée du milieu intermédiaire, à la fois intérieur et extérieur, que formaient pour elle sa famille, sa maison, son quartier et les lieux de promenade ou de vacances, se décomposait en tant qu'être psychique, si on l'en arrachait. Pour maintenir alors superficiellement un semblant de continuité personnelle, il lui fallait, soit se replier dans un autisme effaré, soit se livrer à des activités stéréotypées, boudins de pâte à modeler éternellement recommencés, alignements méthodiques et insignifiants de points de croix sur une feuille de papier ou d'objets sur une table. Sa première psychothérapie, ainsi que l'amélioration du contact lors de l'introduction de Michèle dans la séance, étaient, à cet égard, évocatrices. Une nouvelle expérience, que nous tentâmes au dispensaire, fut concluante. Agnès ne pouvait supporter une séparation, si temporaire fût-elle, qu'au prix d'une mise en sommeil qui revenait à un déni de son existence. Elle ne pouvait vivre psychologiquement, percevoir, sentir, dire, sans la présence des siens ou d'objets familiers, ou alors elle eût laissé sourdre une intolérable souffrance. Lorsque, plus tard, elle eut mis suffisamment d'elle-même dans sa relation avec sa seconde psychothérapeute (A. André), elle put renoncer à cette sorte d'autoanesthésie psychologique et exprimer en termes clairs la douleur de la séparation.

De leur côté, son père, sa mère, son frère et sa sœur avaient tout autant besoin d'elle pour asseoir leur propre existence. C'était surtout évident en ce qui concernait les enfants.

Très dévalorisé par son énurésie, Roger trouvait un réconfort à manipuler Agnès, l'idiote de la famille, comme un toton dépourvu de sens, docile et sans volonté propre. Ouvertement, surtout devant le père, qui se plaçait toujours en tampon protecteur entre Agnès et les autres, il faisait mine de protéger et d'éduquer l'enfant infirme. Plus obscurément, il s'affirmait à ses dépens, et elle décrivait sa réalité lorsqu'elle accusait Roger de l'avoir dépouillée de son « machin ».

Étrangement creuse et incohérente, Michèle avait un temps trouvé un support dans la fonction de modèle qu'Agnès lui avait dévolue. Elle confortait son amour-propre à se voir ainsi imitée en tout et suivie avec dévotion par une sœur plus âgée. Grandissant, elle s'était trouvé des amies et progressivement semblait s'être éloignée d'Agnès. Celle-ci parallèlement s'isolait, peut-être en partie parce qu'elle se sentait rejetée par les nouvelles camarades hors d'une relation fusionnelle avec Michèle, peut-être aussi en raison d'une évolution pubérale qui la différenciait et l'amenait à se poser des questions sur leur identité sexuelle à toutes deux. « Michèle, c'est un garçon, si je l'embrasse, elle me fait un enfant. » Michèle, pourtant, malgré la folie de plus en plus évidente de sa sœur, cherchait à renouer un lien qui visiblement lui manquait. Renversant la situation, c'est elle qui maintenant traînait à la remorque d'Agnès, s'obstinant à lui plaire, à la distraire, sans trop parvenir à se situer par rapport à elle : aînée ou cadette, mère ou fille, institutrice ou élève ? Cette interrogation et son importance pour Michèle apparaissaient quand les deux filles jouaient ensemble. Ainsi, Agnès était devenue pour Michèle, comme pour Roger, une sorte de repère à partir duquel on marque sa place. Curieux repère en vérité, si mal repérable et si peu repéré, pourtant placé comme une borne, sur le chemin de l'amour des parents.

Car, pour être aimé du père ou de la mère, il fallait, dans cette famille, comme dans bien d'autres organisées autour de l'enfant psychotique, se situer et être situé par rapport à Agnès. La maladie était ainsi devenue gage d'amour, et Roger ou Michèle ne se faisaient pas faute d'en user, dramatisant à plaisir leurs moindres « bobos ». Comme ils ne se privaient pas de projeter sur Agnès tous leurs « mauvais penchants ». Ainsi, Roger, qui prenait parfois des colères très violentes où il menaçait sa mère d'un couteau, redoutait l'évolution d'Agnès vers une folie homicide. « Si elle avait un couteau, elle nous tuerait. » Michèle, volontiers aguichante et séductrice, reprochait à Agnès son comportement vis-à-vis des hommes et sa masturbation. Lieu de ce qu'il y avait de plus désirable et de plus détestable à la fois, enviée autant que méprisée, faire-valoir et idéal objet d'amour et d'attention, Agnès apparaissait ainsi comme indispensable à l'équilibre de son frère et de sa sœur, une sorte de démon du foyer à la fois bénéfique et maléfique, qu'il fallait se concilier tout en le persécutant, mais dont on ne pouvait se priver. Si, entre Roger et Michèle, les rivalités s'exprimaient à tout propos et à ciel ouvert, il n'en allait pas de même vis-à-vis d'Agnès, protégée par un invisible tabou et avec qui, du moins officiellement, il était interdit d'entrer en compétition. Ce démon du foyer, cette folle du logis, soigneusement emmurés pendant des années et qui soudain s'étaient mis à parler, en voix multiples, par la seule bouche d'Agnès, exprimaient-ils l'inconscient du groupe familial tout entier, donnaient-ils un autre sens à des comportements apparemment logiques et ordinaires ?

Quelques réflexions de la mère nous laissaient présager que la psychothérapie d'Agnès serait, dans une certaine mesure, la psychothérapie de tous les siens, qu'en nommant les fantasmes d'Agnès, on nommerait quelque chose d'occulte qui se profilait aussi chez les autres. Bien que se prétendant épuisée par la harassante compagnie d'Agnès, Mme Merle supportait aussi mal que sa fille l'idée d'une séparation. L'héroïsme qu'elle témoignait, en côtoyant tous les jours, sans répit possible, les mots et les gestes fous et parfois très violents d'Agnès, faisait songer à une conduite d'expiation destinée à écarter une très ancienne culpabilité. Nous savions d'elle qu'elle avait beaucoup reproché à sa propre mère ses incessantes maladies et l'obligation où, fille aînée, elle s'était trouvée très jeune de la soigner et de tenir le ménage du père. La tragique répétition que le destin lui imposait avait-elle valeur de remords agi ? C'était un peu comme si, en agressant violemment Mme Merle tout en la remettant en position de soignante, Agnès venait personnifier en même temps la méchante fille qui souhaitait la mort de sa mère pour mieux la remplacer, et la punition bien méritée pour d'aussi coupables pensées. Mme Merle se comportait dès lors en mère exagérément dévouée et anxieuse, sans cesse préoccupée de bien faire. Si elle s'autorisait quelque plainte sur le martyre que lui faisait subir sa fille, elle se punissait aussitôt en s'inquiétant d'elle. Elle n'arrêtait pas du reste à Agnès le rythme de ses « identifications projectives » et rappelait complaisamment, après avoir beaucoup vitupéré l'énurésie de son fils, sa propre énurésie prolongée jusqu'à l'âge de quinze ans.

Quant au père, homme doux et timide, il était accusé par sa femme de trop soutenir Roger, son « Dieu [3] », et de combattre son épouse par fils interposé. Il nous semblait surtout occupé à défendre Agnès contre les empiétements et en particulier contre ceux de sa femme et de Roger, à qui il disait souvent : « Laissez-la tranquille », quand l'anxiété et les conduites réparatrices de Mme Merle devenaient trop exigeantes ou quand Roger se voulait exagérément éducatif pour sa sœur. Ligotée dans les injonctions contradictoires des uns et des autres, Agnès trouvait dans l'immobitité la seule issue possible. Elle faisait alors songer à une momie accablée de bandelettes, à qui le père, en la dénouant délicatement, essayait de redonner liberté et vie. Il n'était pas impossible que dans ce rôle de protecteur, quasi maternel et en concurrence avec celui joué par sa femme, il trouvât son compte.

Nous en avons assez dit pour laisser entendre à quel point une séparation, totale ou partielle, bien que la demande en fût au bord des lèvres, eût été traumatisante et nous eût privés des importants leviers thérapeutiques contenus dans la situation familiale elle-même. C'est pourquoi nous proposâmes, instruits

3. Ce qui donne peut-être son plein sens au néologisme l'« hostidieu », « l'os de Dieu », représentant le pénis envié de Roger.

par d'autres expériences similaires et aussi par l'échec avec Agnès de deux tentatives psychothérapiques au dispensaire, que le traitement prenne place au domicile et en présence de ceux avec qui l'enfant vivait. Il fut donc décidé que la psychothérapeute viendrait tous les jours passer une à deux heures avec Agnès, chez elle, et qu'une fois par semaine, en soirée, nous nous rencontrerions dans la salle de séjour familiale, les deux thérapeutes, les parents et les trois enfants (ceci sans obligation de présence pour quiconque, sauf peut-être pour la mère muée en hôtesse). Notre projet était double.

D'une part, nous voulions offrir à l'enfant un personnage « maternel » substitutif, avec lequel elle pourrait établir la relation symbiotique qui, postulions-nous, lui avait fait défaut et qu'elle cherchait désespérément à reconstruire, dans la négation d'une identité personnelle, tout en redoutant de s'y dissoudre. La « symbiose thérapeutique » est alors, si l'on peut dire, une symbiose « réglée », ni insuffisante ni complète. Et Agnès devait nous enseigner l'importance d'une bonne distance. Trop devinée, dans une proximité trop grande, elle s'exclamait : « Mais elle dit tout ce que je fais, elle sait tout ce que je pense », et elle se ruait avec fureur contre sa thérapeute. Pas assez comprise à son gré, elle retournait à son autisme désespéré ou, griffant, tentait d'arracher la peau de la psychothérapeute, cette membrane qui les séparait. Il importe en effet que des germes de différenciation puissent se développer à l'intérieur du « sac symbiotique » (l'expression est de Rudolf Ekstein). C'est le rôle du langage que d'assurer cette ébauche de différence – qu'il se contente de rappeler la réalité de la séparation : « Je suis ainsi et tu es autrement que moi » ou qu'il ambitionne une visée plus interprétative. En nommant ce qu'elle percevait des désirs d'Agnès, la thérapeute leur donnait une réalité autonome et favorisait l'accession de l'enfant à une existence propre.

D'autre part et simultanément, nous souhaitions avoir une action sur la famille. Autour de la psychose d'Agnès et à partir des défenses de chacun et des défenses collectives du groupe, une solide organisation s'était constituée, crispée sur une commune souffrance. Elle n'en était pas moins guettée par des risques d'éclatement. Déjà nous avions vu la mère interrompre un premier effort psychothérapique quand un changement s'était amorcé en Agnès, risquant de remettre en cause un équilibre ancien. Dans la situation présente, beaucoup plus sévère, Mme Merle et Michèle luttaient, chacune à sa manière, contre une dépression menaçante, l'une trouvant dans son abnégation aliment à ses besoins autopunitifs, l'autre virevoltant de-ci, de-là, butinant à toutes les fleurs sans en choisir aucune, emportée par une exaltation faussement joyeuse et malheureusement stérile, mais qui laissait sourdre, parfois, une tristesse inconsolable, un vide angoissé. Roger, lui, devenait de plus en plus ombrageux et semblait mal à l'aise dans sa peau d'adolescent qui refusait de grandir. Seul le père paraissait « tenir le coup », mais la mère nous avait fait plusieurs confidences sur des ennuis de santé qu'il souhaitait garder secrets.

C'était comme si chacun prenait sa part, minimisée, de ce qui, rassemblé et grossi, éclatait dans la pathologie d'Agnès. Cet entrelacs de conflits, en résonance les uns avec les autres et dont beaucoup nous échappaient, aurait pu se résoudre, comme c'est fréquent, par l'expulsion de la malade bouc émissaire. C'en aurait alors été probablement fini d'Agnès, recluse au fond de quelque asile dans un autisme définitif, un délire enkysté et monotone ou contrainte d'endosser la personnalité d'emprunt d'une petite folle disciplinée. L'expérience nous enseigne qu'une telle « solution » ne réduit pas pour autant la détresse personnelle des autres membres de la famille. Elle les laisse, le plus souvent, avec une culpabilité indélébile dont les conséquences sont graves, et pour eux et pour leur descendance. L'intolérance entraîne l'intolérance. L'inconscient désormais localisé dans celle ou dans celui qui a été définitivement rejeté devient inaccessible, « oublié », contraignant les membres « sains » de la famille à une hyperrationalité douloureuse et rigide et parfois à ces conduites de réparation, guidées par un sens du devoir étouffant, dont les associations de parents donnent l'affligeant spectacle. Pour éviter cette évolution, dont on a vite fait d'accuser les parents au nom de quelque malignité foncière, mais qui semble tragiquement inscrite dans la logique d'un combat solitaire et sans appui avec la folie d'un proche, il convient d'inclure la famille tout entière dans le programme thérapeutique.

Pour nous, cela signifiait le souci de soutenir la mère, le père, Roger et Michèle, dans les difficultés rencontrées avec Agnès et plus profondément avec les émotions et les fantasmes que son discours en chacun évoquait. Placés comme interprètes entre Agnès et les siens, nous tentions de traduire ce langage et d'en dévoiler, dans la mesure où nous la comprenions, la logique interne.

Cet effort portait toutefois plus loin que nos pauvres mots, souvent impuissants à rendre les irisations d'un kaléidoscope verbal au seuil duquel il nous arrivait, à nous aussi, de demeurer interdits. Il nous instituait comme tampons protecteurs, permettant un contact moins dangereux avec cet ultramonde soudain dévoilé, comme filtres, autorisant un regard sur l'éblouissante vérité qu'Agnès nous criait.

Par l'intérêt et le soutien que nous apportions à la lutte pour accepter la déraison d'Agnès, nous espérions faciliter pour chacun l'intégration de sa propre folie. Je me souviens ainsi d'un jour où la mère, désespérée, après une tirade particulièrement incompréhensible et bruyante d'Agnès, bouillon de sexe, de sang et de mort, gémissait : « Avant, elle ne parlait pas comme ça. » Nous fîmes alors remarquer qu'avant, elle ne disait rien, et que peut-être ce qui nous troublait dans ses propos, c'était qu'elle disait maintenant, tout haut, cette chaîne de pensées absurdes ou inconvenantes qui flottaient dans nos rêves ou dans nos rêveries à tous mais que nous nous gardions bien de révéler. La mère sourit, avec un air de connivence, et il nous sembla que nous avions évoqué pour elle quelque chose, et qu'en tout cas nous l'avions rassérénée.

Nous avions, sans doute, une fonction un peu magique. Parce que nous étions là, venions régulièrement, étions disponibles en cas d'urgence (il y en eut quelques-unes), l'angoisse irrésistible et irrationnelle, suscitée par la présence si évidente de la folie à domicile, pouvait être maîtrisée. Le langage d'Agnès était moins fou puisque nous paraissions le comprendre ou, pour le moins, il était moins dangereux, en notre compagnie, d'essayer de l'écouter. Mais au-delà du soutien que nous représentions, nous accédions à une action plus proprement interprétative. Non pas en considérant les autres membres de la famille comme des « malades », ce qui eût été intolérable et mensonger, mais en tentant de montrer le côté « porte-parole de l'inconscient de tous » du délire d'Agnès. Plus ou moins explicitement, nous formulions l'hypothèse suivante : quand, pour une raison ou une autre, et généralement pour une multitude de raisons en grande partie inconnues, un épisode psychotique éclate dans une famille, il révèle des processus inconscients à l'œuvre dans toute famille et inhérents à la structure familiale elle-même. Si le discours psychotique est analysé en présence des autres membres de la famille et en référence à eux, supports des objets partiels avec lesquels joue le délire, il est possible d'accéder, indirectement, à l'inconscient de chacun et au mythe familial, conçu à la fois comme déposé à l'intérieur de cet inconscient et comme écran sur lequel se superposent les projections individuelles.

Dans la pratique, la psychothérapeute, au cours de ses visites quotidiennes, passait une grande partie de son temps seule avec Agnès, mais n'en faisait pas un principe. La mère vaquait à ses besognes ménagères, sans renoncer à se joindre momentanément à l'échange psychothérapique, médiatisé par le jeu ou le dessin. Roger ou Michèle s'y associaient à leur tour, lorsqu'ils étaient à la maison. Quant aux séances collectives du lundi soir, d'abord centrées exclusivement sur Agnès et sur ses relations avec les autres membres de la famille, elles prirent peu à peu une tournure plus complexe. Le côté « explication pédagogique » du délire et du comportement délirant d'Agnès n'en fut jamais totalement absent, au point que nous nous reprochions une objectivation de l'enfant à qui nous craignions d'avoir donné un statut nouveau mais tout aussi aliénant, l'ayant transformée de folle incompréhensible en un « cas démonstratif et typique de psychose infantile ».

Il y eut en particulier toute une séance consacrée à rêver ensemble sur le canari (un oiseau abandonné recueilli par la famille) qui nous permit de comprendre et de dire que, comme le canari, nous avions mis Agnès en cage, derrière les barreaux de nos mots sur elle. Elle en sortit alors après avoir hurlé orgueilleusement : « Je sais parler moi », pour jouer avec nous, devant la famille, au début mal à l'aise, puis progressivement intéressée et s'essayant à la participation, une sorte de jeu psychodramatique. Après qu'elle eut identifié le thérapeute mâle à un saucisson qu'on fait griller, qu'on découpe, puis qu'on dévore avec du beurre dessus, elle se mit à marier deux pommes qui se trouvaient sur la table et, de leurs corps combinés, fit un bébé qu'elle lui offrit. Nous tentâmes de répondre dans son langage, sans trop nous préoccuper de rester fidèle à la logique, mais en nous laissant dériver vers une association libre aux métaphores qu'elle nous proposait. Il s'ensuivit des possibilités nouvelles de contacts verbaux entre elle et nous et, par notre canal, entre elle et les siens. Au lieu de la traduire en mots courants, à usage conscient, et par là de la mettre en fiche, pour nous et pour ses proches, nous avions entrepris de parler avec elle, espérant favoriser, entre tous ceux qui se trouvaient là, une communication d'inconscient à inconscient. Cependant, d'autres rencontres plus « raisonnables » étaient consacrées davantage à Roger, à Michèle, voire, et de manière allusive, aux difficultés des parents. Elles représentaient peut-être une pause, une prise de distance protectrice par rapport à la folie.

Ayant ainsi restitué Agnès à son cadre et ayant décidé de ne pas séparer l'action individuelle de l'action collective, dans la mesure où Agnès n'était pas séparée de sa famille mais se trouvait incluse, avec elle, dans un « sac symbiotique », nous nous trouvions à un poste d'observation privilégié pour saisir sur le terrain la dialectique intersubjective. Une fois chez elle, Agnès se révélait très différente de l'être totalement désorganisé que nous avions connu au dispensaire. Elle reprenait vie, en étendant le territoire de sa subjectivité, le Moi séparé du Non-Moi, à son appartement et à ceux qui l'habitaient avec elle. Cette extension des limites corporelles apparaissait à l'évidence au lever d'Agnès auquel la psychothérapeute assistait souvent. Au sortir des rêves de la nuit et de cette interruption dans la conscience d'un corps fermé que représente le sommeil, Agnès devait faire le tour du « propriétaire ». Entraînant sa psychothérapeute, contre laquelle elle se serrait, comme pour prendre appui sur son corps et s'en nourrir par osmose, elle allait de chambre en chambre, touchant les objets familiers, cherchant dans ses vêtements abandonnés, épars, des morceaux d'elle-même, se reconstruisant pièce par pièce. Puis la mosaïque reconstituée, elle allait devant la glace et passait de longs moments à s'explorer et à se reconnaître, tout en se coiffant voluptueusement ou en se masturbant. C'est dans ce miroir qu'elle guettait le visage de sa thérapeute, se tournant alors vers elle pour la palper anxieusement et reconnaître la proximité et la distance de ce corps semblable et différent.

Cette extension de l'individualité d'Agnès ne s'arrêtait pas, du reste, à la porte du logement, mais s'attachait au quartier, au nom de son pays, devenu mot magique pour détourner des affres de la séparation. Agnès habitait une commune que nous appellerons Chazaud. Cet ancien village de maraîchers s'urbanise vite et les grands ensembles y poussent au milieu des champs en friche, sans unité réelle les uns avec les autres, évoquant ironiquement, dans leur morcellement, celui d'Agnès. À ces bouts de banlieue tendus les uns vers les autres sans parvenir à former un tissu cohérent, il a fallu trouver des dénominations. Plutôt qu'une ville, Chazaud est un conglomérat de parties sans relations : Chazaud-le-Haut, Chazaud-le-Bas, les Frênes, etc. Agnès habitait Chazaud-Mairie et ne supportait pas de s'en écarter. Un jour que sa psychothérapeute, dérogeant aux habituelles séances à domicile, lui avait proposé une promenade, elle se mit à tempêter : « Tu me ramènes à Chazaud-Mairie, Chazaud-Mairie », puis de plus en plus désespérée, « Chazaud-mère, Chazaud-mère », pour terminer après ce cheminement dans l'espace imaginaire, par un déchirant « je veux ma maman », exprimant alors plus clairement son angoisse de ne plus retrouver sa mère, d'être détruite en même temps qu'elle l'aurait détruite. Signalons, au passage, que cette utilisation de la métaphore et l'impossibilité d'aborder autrement que par ce détour les personnages réels était tout à fait caractéristique d'Agnès. Nous la retrouvons chez d'autres enfants psychotiques pour qui elle représente la nécessaire mise à distance des affects et des objets qui les suscitent, et le maintien d'une indistinction protectrice entre la réalité et le rêve, le vivant et l'inanimé.

Quand la situation permet à ces métaphores de se déployer, brodant leurs fantasmagories autour des objets qui leur servent de prétextes, quand cette nébuleuse métaphorique tournoie dans son milieu propre, il est possible d'entendre le délire de l'enfant et parfois de le comprendre. Agnès ne laissait pas aisément percer son mystère. Sa mère nous avait dit : « Elle prend toujours des chemins détournés » et son langage fourmillait d'énignes. Le Sphinx, quand il pose la question à Œdipe, a quelque chose de si précieux à préserver qu'il se tue, en se jetant à bas de sa roche, lorsqu'il se voit deviné. Sans doute l'espace intérieur d'Agnès était-il si mal délimité qu'elle vivait comme une intrusion intolérable et un risque d'éclatement, ainsi que comme mise en échec de sa toute-puissance, nos efforts d'élucidation. Elle attribuait ainsi à sa psychothérapeute une puissance surnaturelle, tantôt maléfique, tantôt bénéfique, quand les interprétations éclairaient son propos. Elle s'exclamait alors : « Mais tu es magicienne toi », et c'est seulement à l'intérieur du cocon familial qu'elle pouvait entendre sa vérité.

Parallèlement, l'ésotérisme de son discours, garant de son incommunicabilité, lui permettait d'échapper à la confrontation avec son propre désir. Comme sa mère racontait une scène où elle s'était montrée particulièrement violente, elle commentait : « Je suis somnambule. » Très souvent, elle ajoutait à ses « je veux » un « je veux pas... », des « c'est pas vrai... » ou des « c'est pas moi... » qui annulaient tout ce qu'elle venait de dire. De la même manière, elle défaisait aussitôt toutes ses productions, pâte à modeler ou dessin, comme pour nier que quelque chose ait pu émerger d'elle. Jouant d'une confusion entre je, tu et elle, elle échappait continuellement à toute tentative de lui reconnaître la propriété de son corps qui aurait pu se mouvoir, frapper, pénétrer ou être pénétré, bref apparaître dans une mise en scène angoissante et dangereuse. Ainsi, elle projetait volontiers ses désirs sur sa mère et décrétait, un jour où elle avait refusé de se rendre à l'école : « C'est elle qui n'a pas voulu. » Mais peut-on parler de projection dans un univers aussi indistinct ?

Elle nous entraînait, en effet, dans un plasmode fusionnel où des morceaux d'identité cristallisaient çà et là, dans lesquels notre « normocentrisme » nous poussait à reconnaître et à nommer des individus entiers : le père, la mère, Roger ou Michèle.

En fait, semblables à ces personnages du rêve vite défaits et changeants, plusieurs sous un même visage ou masques composites empruntés à plusieurs personnes et finalement projections contradictoires de nous-mêmes, les membres de la famille, perdus dans les fantasmagories d'Agnès, se confondaient, se partageaient, se reconstruisaient selon d'autres modèles. Il est alors difficile de parler de « complexe d'Œdipe », si par là on entend restrictivement l'amour exigeant pour le parent du sexe opposé, la haine jalouse contre le parent du même sexe, devenu rival abhorré, et, en fin de compte, la culpabilité et l'angoisse de castration. Agnès n'avait qu'une conscience diffuse et malheureuse de la différence des sexes, son père et sa mère ne se différenciaient certainement pas pour elle selon des frontières bien nettes et échangeaient sans doute entre eux leurs attributs. Surtout, amour ou haine impliquent un sujet qui aime, qui hait ou les deux à la fois et Agnès décomposée en « objets partiels », liquide et fluctuante dans la grande symbiose familiale ne vivait que dans l'instant d'un désir éclaté avec une subjectivité qui aussitôt lui échappait. C'est ainsi que ses yeux, ses cheveux, ses bras ou ses mains n'étaient pas à elle. Lorsqu'elle parlait de son regard, ce regard qui devait prendre tant d'importance, c'est à ses yeux et non à elle qu'elle en attribuait l'intention : « Mes yeux voient à travers les murs. »

Et pourtant les choses vont peu à peu changer au fil des séances et la castration, la haine et l'amour émerger peu à peu, au sein d'un discours chaotique, se nouant dans une curiosité exacerbée qu'il faut bien qualifier d'œdipienne, puisqu'elle a trait au problème de la génération. Rappelons que la grande énigme à laquelle Œdipe se confronte n'est pas tant celle du développement individuel que le Sphinx lui pose et qu'il résout facilement, mais celle de sa généalogie et de son identité sur laquelle il interroge Tirésias, jusqu'au dénouement fatal.

Au début de la cure, Agnès restait silencieuse, murée dans des activités stéréotypées qui semblaient destinées à montrer son impossibilité à créer quelque chose de personnel. Ou bien, elle ne laissait sourdre que de rares paroles d'où l'on pouvait conclure à son refus désespéré d'exister. Peu à peu, le bébé dans le ventre se mit à représenter son angoisse fondamentale, celle du changement introduit dans le corps par l'accession à un sexe différencié (ou la découverte d'une différence entre les sexes). Plaçant un rouleau de pâte à modeler dans une casserole, elle l'écrasait furieusement : « C'est un jambon ; il va grossir. »

Désormais séparée de Michèle, l'impubère, elle exprimait sa nostalgie de leur ancienne fusion qu'elle tentait de reproduire à rebours avec sa psychothérapeute, au corps féminin sexué, plus proche du sien. Elle voulait alors soumettre la psychothérapeute au processus de « marionnettisation », dont si longtemps elle avait été la victime, lui enjoignant différentes attitudes, l'entraînant dans des jeux multiples dont elle s'exerçait d'abord timidement puis de plus en plus violemment à occuper le pôle actif. Il nous semblait qu'elle avait projeté sur sa psychothérapeute le personnage amputé et prisonnier qu'elle avait si longtemps été et qu'à présent elle refusait. Car dans cet éclatement qui la caractérisait il entrait quelque chose de farouche qui était bien de l'ordre du désir et pas seulement de l'impuissance à se trouver en ses divers éléments. Quand elle s'écriait rageusement : « Je ne suis pas Agnès, vous n'êtes ni mon père, ni ma mère », cela avait sans doute plusieurs sens : « Je n'ai jamais pu être qui que ce soit, soumise que j'étais à votre désir, et d'ailleurs votre désir est que je ne sois personne mais seulement un morceau de vous, le mauvais morceau, le bas morceau qu'on néglige et dont on a honte », mais aussi : « J'en ai assez d'être limitée par vos désirs, je veux être autre chose que celle que vous avez faite et qui n'est plus rien puisque son corps, la seule chose d'elle qui existait, a changé, est devenu autre, je veux être moi. »

Mais pour être elle, il lui fallait jouer à être les autres. Empruntant, jusqu'à la caricature, les attitudes de sa mère, de son frère ou de ses institutrices successives, elle mettait en scène, pour exorciser ses démons, des jeux d'école ou de prison, prison où, en cherchant elle-même à se libérer, elle enfermait sa psychothérapeute. Ce faisant, elle nous montrait le caractère tout à fait réversible des relations symbiotiques qu'elle établissait. Il n'y avait pour elle ni objet, ni sujet, seulement un équilibre thermodynamique, à tout instant réversible. Qu'elle commandât ou fût commandée revenait rigoureusement au même, l'important étant dans la relation de commandement.

Ce monde, auquel on a donné le nom d'unité duelle (T. Benedek) est un monde clos qui exclut les autres hors de ses frontières rigides, et les premiers dessins d'Agnès la représentaient avec sa psychothérapeute, dans une monade à deux, soigneusement encerclée et défendue contre l'extérieur par un trait rigide, rejetant et détruisant le Père Noël (que le médecin, doté d'une barbe, pouvait représenter). De ce monde, elle essayait aussi d'exclure sa mère dont pourtant elle ne parvenait pas à se séparer. Incarnation d'un Surmoi menaçant qui pourchassait la masturbation et ses succédanés, l'oisiveté, la rêverie, Mme Merle confirmait parfois certaines des angoisses les plus profondes d'Agnès, par ses attitudes. Mais généralement, elle ne devenait dangereuse qu'à la mesure de la haine qu'elle suscitait chez sa fille, par sa seule présence. Le désir de l'enfant ne trouve, dans un univers replié sur lui-même comme celui d'Agnès, que les membres de la famille à investir. Ce sont donc eux qui vont représenter, quelle que soit leur texture personnelle, tous les personnages secrets de son drame intime, tous ses monstres intérieurs et cachés. Peu à peu, confrontés à la folie, ils vont en venir à jouer réellement ces rôles projetés ; à l'origine desquels ils sont pour une part car, eux aussi, ont pu inoculer leurs fantasmes inconscients à l'enfant. C'est à ce cercle vicieux où il est impossible de démêler qui a commencé, et vain de chercher des responsables, que nous avons, après Marcel Colin, donné le nom de sociopathie familiale. On y trouve en œuvre un processus particulier qui est celui de la confirmation réciproque des fantasmes de l'un par la réalité des comportements de l'autre. Cette confirmation est facilitée par un mode de raisonnement magique qui fait confondre fantasme et réalité, ainsi que par la structure fusionnelle de la famille où les communications se font aisément d'inconscient à inconscient et où la transmission de pensée, imaginaire mais dans une certaine mesure réelle, est de règle.

Haineuse et violente, Agnès suscitait en retour haine et violence, le tout dans une atmosphère de culpabilité. Elle se plaisait à imaginer sa mère dans des situations délicates ou dévalorisantes : « Elle est tombée de la voiture, elle a fait la guerre de Cent Ans », mais éprouvait aussitôt le besoin d'annuler cette haine et cette affirmation de Soi. « Je ne suis pas une bête, tu n'es pas ma mère et puis je n'ai plus de parole. » Alors, les paroles étant devenues trop dangereuses, elle passait à l'acte et devenait très agressive avec sa psychothérapeute ou sa mère qui devaient maîtriser son déchaînement.

Ainsi commença à émerger un conflit fait de rivalité, mais d'une rivalité dont l'habituelle terminologie œdipienne ne rend qu'imparfaitement compte. Car, pour Agnès, il ne s'agissait pas de supplanter sa rivale pour avoir du plaisir, il s'agissait beaucoup plus fondamentalement d'exister. Et exister, c'était anéantir autrui. Ainsi, un jour où elle était entrée en conflit avec sa sœur Michèle au sujet d'une boîte de pâte à modeler, elle criait : « Je ne suis pas vivante, les autres m'ont tout pris », ce qui peut s'écrire aussi : « J'ai tout pris aux autres, ils sont morts, ils ne sont pas vivants. »

Peu à peu, elle s'était mise à dessiner autre chose que les barreaux rigides qui fermaient, au début, la prison où elle s'était enfermée. D'étranges personnages colorés, au regard tendu, aux cheveux jetés comme des tentacules, apparaissaient au fil de ses pages. Ils devenaient l'occasion de contes fantastiques où des enfants perdus ou abandonnés essayaient de survivre « en inventant un rêve » et rencontraient des maisons en flammes, destructrices et dangereuses (des mauvaises mères) et d'autres chaudes et accueillantes où « ils se remettaient d'aplomb ». Nous y prîmes tant de plaisir et d'intérêt qu'Agnès, un temps, devint pour nous « la poule aux œufs d'or ». Ce fut une période difficile où, voulant nous satisfaire, les membres de la famille, Mme Merle en tête, imposaient à Agnès de dessiner et où nous nous jetions sur ses dessins, y cherchant émerveillement et réponse à nos propres questions. Elle en eut finalement assez, décréta une fois de plus qu'on lui avait tout pris (la psychothérapeute, en emportant les dessins, confirmait les angoisses de castration et de morcellement), qu'elle n'avait plus rien et s'enferma dans l'isolement le plus complet. Nous avions tué la poule aux œufs d'or. Nous confessâmes alors notre erreur à Agnès et à ses parents, déclarâmes comprendre l'animosité de l'enfant qui, de se voir reconnue comme sujet, tira, peut-être, quelque profit.

Combien de fois utilisons-nous ainsi, à notre insu et au sien, le psychotique, pour illustrer nos théories, vivre par procuration nos désirs les plus fous, emplissant son vide de notre volonté de puissance. Le mouvement antipsychiatrique, parfois intéressant, mais souvent bien superficiel, que l'engouement un peu naïf de l'intelligentsia parisienne et l'ire cocasse de psychiatres amidonnés ont récemment popularisé, en donne maints exemples. Nous ne faisons pas à Deleuze et à Guattari l'injure de confondre leur livre avec ce *Reader's Digest*, relié en rouge, qu'est la littérature antipsychiatrique anglo-saxonne, mais leur schizo-analyse échappe-t-elle à la perversion de la « poule aux œufs d'or » ? Le psychotique nous oblige, plus que tout patient, à une remise en question de nos attitudes profondes, à l'analyse de ce qu'il évoque en nous et de ce qui nous fait agir, et que Freud appelle le « contre-transfert ».

Franchir le seuil de l'intimité familiale réveille en particulier, chez le thérapeute, toute une imagerie liée à son propre « complexe d'Œdipe », à son besoin de voir et de savoir, à son désir et à sa honte de violer le tabou mystérieux dont ses parents entouraient leur vie sexuelle. Bien des positions « antifamilialistes » s'appuient peut-être sur ce magma de sentiments inconscients. Vivre avec Agnès et avec sa famille devait, parfois, nous mettre personnellement à l'épreuve.

Toute cette phase est en effet marquée par l'éclosion érotisée d'une agressivité considérable contre la mère : « Je suis la plus forte, elle veut être fée, elle veut être la reine d'Angleterre, pour qui se prend-elle ? », et de proclamations sans équivoque destinées à la psychothérapeute : « La femme du curé est morte, je suis la femme du curé, je suis vivante. » Ce qui prend tout son sens, rapproché d'une soirée où elle fait au médecin (le curé) une cour très évidente et provoque son père. Puis elle neutralise, à son habitude, la culpabilité : « Tu n'es pas ma mère, tu as tué ma mère », phrases que l'on peut comprendre sur l'arrière-fond de la dialectique vie-mort et de la confusion entre le « je » et le « tu ».

Cette mère dont elle voulait ainsi prendre la place, voici qu'elle se met à l'imaginer en relation avec le père, ou un père, en même temps que, de manière plus précise, elle introduit le corps dans ses fantasmes. Entre son père, sa mère, ses frère et sœur, Agnès va désormais jouer une partie mythologique où nous prenons place tantôt comme médiateurs (« Tu es la médiatrice », dit Agnès à sa psychothérapeute), qui aident à la circulation des affects intrafamiliaux bloqués, tantôt comme nourriture, tantôt comme incarnation des différentes menaces, tantôt aussi comme corps témoins auxquels Agnès entreprend de se confronter.

C'est à travers sa relation à nous et plus particulièrement à sa psychothérapeute qu'Agnès va s'interroger sur ce qui se passe dans la chambre des parents, à quoi la psychanalyse a donné le nom de « scène primitive ». Elle commence par redouter une pénétration et se plaint qu'à l'hôpital on lui ait mis « un os dans le derrière », puis s'interroge sur son ventre : « Je vois dans mon ventre, ce n'est pas bien, j'ai mal au ventre, j'ai un bébé (ou je n'ai pas de bébé) dans le ventre. » Elle dessine à ce moment un curieux petit personnage maléfique, de noir vêtu, qu'elle appelle « le petit noir » et qui évoque un excrément. La castration l'inquiète de plus en plus évidemment. Les dents que Michèle a perdues l'été dernier, elle les déclare cassées par le père. Elle questionne sa psychothérapeute : « Tu as des yeux est-ce que ça devient bleu, en lavant les cheveux est-ce qu'on enlève l'os, fais voir l'os de tes bras, est-ce qu'on t'a enlevé l'os, c'est gonflé sous ta robe », et comme la psychothérapeute cherche à l'assurer dans sa féminité récente par référence à elle-même qui se reconnaît femme, Agnès répond : « On n'est pas des jumelles, on n'est pas des juments », jeu de mots où elle traduit autant sa quête que son refus d'une identité sexuelle. La psychothérapeute étant venue un jour habillée en noir, Agnès la confond avec le « petit noir » qu'elle voudrait rejeter hors de son corps, et l'agresse violemment. Ses dessins reproduisent alors une longue théorie de personnages incomplets et asexués, couverts d'une longue robe aux manches ballantes, sans pieds ni mains. En même temps, elle se montre de plus en plus préoccupée par son corps et ce qu'il y a dedans, ce corps à l'intérieur duquel elle se sent enfermée. « Je suis dans un cercueil, je vois tout à travers. J'ai des boyaux, je vois ce qu'il y a dedans. J'ai une main, c'est pas ma main. »

Elle dessine un corps-machine où les organes réunis par des fils font tic-tac, puis se ruant sur sa psychothérapeute : « Je vais manger ton cœur, on a pris le cœur de mon papa. » Et comme s'il lui fallait mettre les points sur les i, elle ajoute, haletante : « Tu ne vois pas que je suis en train de faire l'amour. »

C'est ainsi qu'utilisant sa psychothérapeute, comme un personnage en quête d'auteur auquel elle fait jouer différents rôles, elle peut nous exprimer sa conception des relations sexuelles, comme un combat autour d'un organe qu'on peut prendre, dévorer, expulser par l'anus ou qui peut au contraire pénétrer comme un lavement et se développer dans les boyaux, un organe qui subit mille vicissitudes et parfois se casse sur « l'assis-Dieu » ou devient du « vomi tout sale », un organe que la psychothérapeute représente à certains moments où elle disparaît comme personne totale. Mal localisable, mal identifiable, c'est tantôt un os, un engin, un excrément, le bébé, une main, le cœur de papa ou les bijoux de maman dont un jour elle pare la psychothérapeute, pour l'accuser ensuite de les avoir volés et les réclamer, armée d'un imaginaire et symbolique pistolet. Pénétration anale et destruction orale sont ses deux grandes préoccupations. Chaque fois qu'elle perd un objet, elle dit, anxieuse : « Je l'ai avalé », l'objet perdu, devenant susceptible de se développer, à l'intérieur d'elle, comme « une bombe ».

Ce monde mystérieux et grouillant, seul le regard pourrait l'apaiser et le tenir à distance respectueuse. Tout, dans Agnès, va devenir regard : les yeux, mais aussi les cheveux, les bras, les mains. On dit : « Je suis tout ouïe. » Agnès, en se présentant comme Comtesse du Regard, est tout regard, regard qui traverse les planches du cercueil et les murs de la chambre des parents. C'est par le détour de celle de Roger qu'elle va nous conter ce qui s'y passe. Installée dans la chambre de son frère et ayant emprunté ses voitures (symboles possibles de l'organe qu'elle n'a pas et qu'elle envie), elle dit : « On va jouer à la voiture. » La première est dans une boîte transparente. Elle en sort une feuille de mousse et décrète . « C'est son lit. » Elle fait rouler la voiture plusieurs fois, en direction de la psychothérapeute puis contre la boîte. « Tu as vu, dit-elle, c'est rentré dedans, c'est rentré où il fallait. » Elle prend ensuite deux autres voitures et soudain : « Il y en a une de trop, enlève-la. » La psychothérapeute, instruite par des jeux antérieurs, nomme alors les trois voitures : « Il y a papa, maman et Agnès. » Agnès ne répond rien mais range une des voitures dans le « lit ». La psychothérapeute ajoute : « On met Agnès au lit, papa et maman veulent être tranquilles. » Agnès se réfugie alors dans une autre pièce et se met à crier : « Je n'aime pas ça, je n'aime pas ça. » La psychothérapeute : « Tu n'aimes pas ce que papa et maman font ensemble ? » Agnès, comme chaque fois qu'elle veut faire taire quelqu'un, met un disque sur l'électrophone. Puis au bout d'un moment, violente, elle s'écrie : « Ce n'est pas vrai, je dirai que tu ne vois pas clair. » Peu après et selon un rituel bien établi, Mme Merle vient chercher la psychothérapeute pour lui offrir une tasse de café. Agnès a depuis peu conquis le droit de participer à cette cérémonie domestique. Elle s'installe et déclare à la cantonnade : « Tu m'as coupé les bras, je dirai à mon papa de te tuer. »

La psychothérapeute est devenue, pour elle, une réincarnation de la Mère maléfique, lectrice omnisciente des pensées cachées, toute-puissante et castratrice, contre laquelle il faut appeler le père à la rescousse. De l'interprétation, passé la première angoisse et la première dénégation, elle retiendra toutefois autre chose qu'une pénétration dangereuse et une condamnation plus destructrice que culpabilisante. Le lendemain, en effet, elle prend la poupée que son père lui a récemment donnée. Elle se promène avec elle dans l'appartement puis annonce : « Elle se marie. » Elle habille alors la poupée avec la robe de sa sœur, la montre et se montre à la psychothérapeute : « Regarde comme elle est belle. » Puis : « On va jouer au roi et à la reine. » Elle entre alors dans sa chambre, se couche sur son lit et, très provocante, séductrice, appelle la psychothérapeute à venir s'étendre auprès d'elle. La psychothérapeute ayant refusé, elle va mettre en scène ce qu'il lui est impossible de réaliser. Elle reprend la poupée qu'elle avait abandonnée nue sur le lit (« Elle s'est mise en aimanudiste », avait-elle déclaré). Elle prend aussi une des voitures de la veille et conduit la psychothérapeute dans la chambre de ses parents. Elle s'assied au milieu du lit. Nouvelle invite, non déguisée : « Couche-toi », nouveau refus de la psychothérapeute qui s'assied simplement auprès d'elle. Elle pose alors la poupée face à la glace qui est au pied du lit et pose la voiture à côté : « Regarde, dit-elle en montrant la glace, elle est belle, c'est la télé. » Elle fait tomber plusieurs fois la voiture. « Ils font ça, ils sont drôles, pourquoi il est sur elle ? », s'esclaffe-t-elle, puis, brusquement sérieuse : « Et si je ne veux pas ? » Elle touche la poupée, étale la robe, regarde longuement la glace, commente : « J'ai beaucoup d'argent, l'argent c'est partant revenant, la tirelire ça fait vomir », et interroge : « Qu'est-ce que ça fait ? » La psychothérapeute à la fois interprétant la curiosité d'Agnès et lui donnant sa légitime réponse rétorque : « Ça fait : Roger, puis Agnès, enfin Michèle. » Agnès se saisit alors de la poupée. La voiture tombe. « Tu n'as pas le droit, gémit-elle, c'est un poupon, tu n'as pas le droit de crever le poupon. Qu'est-ce que ça fait si tu le crèves ? » Elle tourne et retourne la poupée puis crie vers sa mère qui vient d'entrer : « Elle a crevé le poupon » et quitte la pièce.

Elle vient de nous exprimer sans détour, à travers le jeu et l'utilisation des lieux, la représentation qu'elle se fait des rapports sexuels de ses parents mais aussi l'agressivité jalouse qu'elle déploie contre un corps où la mère, le père et l'enfant se confondent. Sa psychothérapeute est devenue pour elle l'agent de son désir et elle l'accuse d'avoir « crevé le poupon », c'est-à-dire de s'être appropriée, comme elle souhaite le faire, l'intérieur de la « tirelire », le pénis du père contenu dans la mère, ce pénis qui est aussi le frère envié ou la sœur rivale. Ainsi, elle se confronte au mystère des origines et à la loi (« Tu n'as pas le droit »), c'est-à-dire à l'Œdipe.

Lorsque à la séance suivante Agnès reprend ses préoccupations sur la scène primitive, elle paraît bien mal en point. Elle joue un moment à faire pleurer la poupée. La psychothérapeute s'adresse alors à la poupée : « Pourquoi tu pleures ? » puis se tournant vers Agnès : « Est-ce que tu sais pourquoi ? » Agnès rétorque : « Attache-lui les mains. » La psychothérapeute : « Pour qu'elle ne crie plus ? » Agnès reprend la poupée, la fait à nouveau pleurer et soudain va « expliquer » pourquoi elle souhaitait qu'on attache les mains de la poupée (c'est-à-dire ses mains à elle, plus exactement le mauvais désir localisé dans ses mains). Elle se lève en criant : « J'ai l'hostie pain de Dieu, pas toi. » (Nous savons que l'hostie Dieu, l'os de Dieu, représente l'objet partiel convoité.) Puis elle court dans la salle de séjour, appelle sa mère. En sa présence, elle se jette sur la psychothérapeute, lui tire les cheveux (symbole pour elle de puissance et susceptible de se transformer en os) et se plaint : « Elle m'a cassé l'os sur le pain de Dieu. » La psychothérapeute lui interdit de la frapper : « Tu peux parler. » Agnès, superbe, rétorque : « Je ne crois pas en Jésus-Christ », effaçant toute loi possible, dans le blasphème. (Elle a reçu une instruction religieuse et fréquente une école tenue par des sœurs.) Puis elle se réfugie dans la chambre de son frère, en proclamant : « Tu n'as pas le droit, tu as pris mon cœur, il m'appartient. » Pendant que Mme Merle prépare le café, la psychothérapeute rejoint Agnès qui sanglote et lui explique en reprenant ses termes : « Tu veux faire l'amour avec moi, ce n'est pas possible, tu veux faire l'amour avec ton père et ce n'est pas possible, tu veux garder ton père ou ta mère ou bien les deux ensemble pour toi toute seule et ce n'est pas possible. » Agnès continue à pleurer et se calme peu à peu. Elle devient moins anxieuse et plus à même de se confronter à la fantasmagorie qui la traverse. Les explications « normalisantes » qui lui ont été données risquent-elles de la réduire à un conformisme médiocre ? ou l'aident-elles, au contraire, à se repérer dans sa nuit ?

Agnès n'est ni Nietzsche ni Artaud, quelle que soit la fulgurante poésie qui parfois jaillit de ses phrases. Sa complainte monotone, c'est celle d'Œdipe déchiré entre des exigences contradictoires, d'un Œdipe qui se perd au milieu d'un univers peuplé de monstres sans visage, enfantés par l'inconscient, qui se débat sous la pression anarchique des désirs primitifs et qui, en même temps, rencontre, en différents points, un père, une mère, un frère, une sœur. C'est qu'Agnès n'est pas simple. Elle est ce nourrisson apeuré, éclaté à tous les coins du monde qui a mal au nombril et rêve d'une fusion réparatrice. Ce nourrisson, épileptique de surcroît, et dont l'univers se morcelle au moment des crises, ne connaît des autres que des détails qui le frappent et qu'il voudrait s'incorporer ou rejeter : « un engin », un « machin », un « bébé ». Mais elle est aussi une fille de treize ans, en pleine puberté et qui, depuis longtemps, connaît ses parents, Roger ou Michèle, comme des individus entiers et différenciés. Et c'est probablement de l'opposition insoluble entre ces deux manières d'être que naît sa douleur.

Pourquoi en serait-il autrement pour ses parents ? Eux aussi, encore que notre analyse sur ce point ne soit pas aussi poussée, connaissent à leur manière ce flux de désir et ce flou d'images où cristallisent des objets partiels, à la fois menaçants et enviés, destructeurs et détruits, à travers une série de relations réversibles, une sorte de « furet du bois mesdames » dont les passages successifs suscitent l'angoisse et le plaisir, l'envie et la gratitude.

Agnès, Roger, Michèle matérialisent les fantasmes des parents par leur configuration, leur place dans la fratrie, l'intuition des ressemblances et leur comportement, qui n'est pas entièrement leur fait mais pas uniquement non plus la résultante de l'éducation reçue. Ainsi s'organise un ballet auquel tous participent et qu'il faut bien qualifier d'œdipien, même si les différents rôles n'y ont pas la sage et logique distribution de la tragédie grecque. Échangés, confondus, divisés, remultipliés, formés de morceaux hétéroclites, empruntés aux uns et aux autres, les membres de la famille sont – pour une part – la personnification labile des angoisses, des terreurs et des « espoirs » de chacun, les supports temporaires d'« objets partiels » détachables et transférables. Mais ils sont aussi des individus entiers qui impriment leur marque personnelle aux rôles dont ils sont affublés. Leur réalité personnelle confirme ou modifie les fantasmes qui les environnent en même temps qu'ils trouvent dans la réalité des autres la confirmation ou la modification de leurs propres fantasmes.

Leur désir à l'état naissant, leur « production désirante », ne peut plus alors se dissocier de la forme prise, une fois passé à travers le crible familial, constitué des effets du désir des autres. Il s'ensuit une situation continuellement conflictuelle qui ne peut être dépassée que vers de nouveaux conflits et s'exacerber, parfois, jusqu'à entraîner un appel à l'aide. C'est alors qu'on parle de pathologie... et qu'on s'interroge. Qui est coupable ? La constitution biologique d'Agnès ? sa maladie épileptique ? ses « mauvais » parents ? la société capitaliste ?

Questions qui n'ont pas de sens. La biologie a d'autant meilleur dos qu'elle est plus mal connue et dispense de toute remise en cause. Quant à l'explication sociogénétique qui rapporte la folie à la méchanceté des parents ou à l'ignominie d'une condition sociale, elle revient à dénier au fou le droit de s'exprimer personnellement, fût-ce sous la grimace du délire. Agnès ne saurait en effet être restreinte à la coquille de l'œuf fécondé, à la coalescence du territoire paternel et du territoire maternel. Elle dévoile tout autre chose que le chevauchement, le recouvrement de deux désirs étrangers dont la maîtrise lui échapperait. Sphinge et Comtesse du Regard, c'est un discours bien à elle qu'elle nous jette au visage, entraînant son Œdipe aveuglé, en d'interminables parties de colin-maillard...

Chapitre 3

Les dents de la mère
Récit d'une aventure avec des adolescents réputés psychopathes [1]

À mes camarades de Villeurbanne qui, avec moi, subirent les morsures de nos patients communs.

Le problème des « psychopathes » est à l'ordre du jour, et de nombreux articles ou réunions ont, ces dernières années, attiré l'attention sur des patients auxquels les actuelles structures psychiatriques de secteur paraissent complètement inadaptées.

Aiguë aujourd'hui, la question est pourtant ancienne. Depuis qu'aux alentours de la Révolution française l'hôpital général a éclaté en deux moitiés : la prison d'un côté, l'asile de l'autre ; il y a ainsi des gens pour osciller de l'une à l'autre, aussi mal supportés ici que là. Les errances bien connues du marquis de Sade, de la détention à des lieux de soins puis des lieux de soins à la détention, inaugurent une longue série.

Je voudrais ici abandonner une discussion purement spatiale qui cherche à définir des « endroits où les mettre », pour m'interroger – à partir d'une expérience clinique de plusieurs années – sur le curieux destin de garçons éternellement rejetés de toutes les institutions qu'ils fréquentèrent, y compris de celles où nous eûmes un temps l'ambition de les accueillir.

---

1. Dans la nosographie psychiatrique, le terme – discuté – de psychopathe désigne un patient qui n'est ni « fou » (un psychotique) ni un névrosé, mais qui se situe entre les deux et s'exprime surtout par les passages à l'acte, la violence, la délinquance.

Mon projet s'intègre dans une recherche plus générale sur le soin psychiatrique, sur ce qui le fonde, sur sa technique et aussi sur ses indications. Chaque institution se trouve un jour ou l'autre confrontée au problème de ses limites et, par là, est conduite à définir ses objectifs et ses moyens, renonçant au rêve mégalomaniaque de tout comprendre et de tout traiter.

Celui qu'elle rejette contribue alors à dessiner son champ d'action. Il en dit aussi long sur l'institution que celui qu'elle accepte. D'une certaine manière il est sa vérité dernière, la part ultime où s'effondrent les prétentions et où se manifeste la dure réalité.

Il n'est pas interdit – mais parfois douloureux – de vouloir reculer les limites de cette réalité. Malheureusement, pareille entreprise débouche souvent sur un échec. Mais l'échec est fécond s'il permet de réenvisager l'institution, sa théorie et sa pratique, dans une perspective critique et de redonner vie à ce qui tend à mourir sous le fardeau des habitudes ou à se statufier en idéal inaccessible et d'autant plus déprimant.

La biographie de nos adolescents « psychopathes » offre d'étranges similitudes. Un père inconnu, ou tenu éloigné, ou encore complètement dévalorisé et renvoyé aux piteuses compensations de l'alcool par l'enflure démesurée du champ maternel. Une mère folle, parfois cliniquement, parfois de manière latente, oscillant entre le rejet le plus cru et les conduites réparatrices d'un maternage sans bornes, changeante, imprévisible, n'offrant à l'enfant aucune sécurité émotionnelle mais l'alternance entre un paradis fusionnel, apaisant de tout besoin, et le renvoi aux ténèbres extérieures, à la froidure d'un univers dominé par la haine. Une grand-mère maternelle, protectrice, idéalisée, refuge temporaire contre l'angoisse, mais que l'âge et la maladie rendront bientôt incapable de pallier les incertitudes de la relation à la mère. Entre la mère et la grand-mère, un échange ambigu fait de rivalités dont l'enfant est l'objet mais qu'il apprend bien vite à susciter. Entre le père, lorsqu'il existe, et la mère, le néant d'un lien d'inclusion pure où le père, simple prolongement, parfois docile, parfois rebelle, propose le modèle d'un corps avalé, contenu dans l'intérieur maternel et qui ne peut se défendre contre l'absorption totale qu'en détruisant violemment ce qui le contient. Une telle structure barre définitivement l'accès au symbolique et à la loi. La loi, comme système de référence, comme code étranger et préexistant à la fois à la mère et à l'enfant, également imposée aux deux, n'a plus ici aucun sens. Tout système légal renvoie, au fond, à deux interdictions fondamentales : l'interdiction du parasitisme dont la forme positive peut s'énoncer : « Tu te sépareras de ta mère et cesseras de te nourrir de son corps », et le tabou de l'inceste qui s'écrie encore « Tu chercheras partenaire sexuel en dehors de ton sang ». Toute loi signifie donc une expulsion hors d'une enceinte : celle corporelle de la mère d'abord, celle institutionnelle du clan familial ensuite. Or la mère du psychopathe est, à elle seule, une institution. C'est elle qui délimite le champ social de la famille, confondu ou presque avec le champ de son corps. Son fonctionnement mental propre (à l'origine duquel on peut trouver toute une série de traumatismes personnels et culturels, et en particulier les incertitudes liées à un statut socio-économique marginal, ce qui explique peut-être la plus grande fréquence des psychopathes dans les zones frappées par la pauvreté) impose à ce champ placé sous le signe de la toute-puissance une constante palpitation. Dans une alternance angoissante, tantôt elle englobe, comme autant d'éléments de son corps nourris de sa propre substance, tous les membres de sa famille, ses voisins, l'école, les services sociaux, judiciaires ou psychiatriques ; bref, tout ce qui entre en contact avec elle et les siens – tantôt elle se replie sur elle-même, laissant les autres à leur solitude, abandonnés et suffoquant comme des poissons rejetés sur le sable par le retrait de la vague. Tout ce qui ne fait pas partie d'elle est contre elle et doit périr. Aussi ne peut-elle tolérer les menaces d'autonomisation de ses rejetons et l'expression, si faible soit-elle, de leur désir qu'elle ressent comme une mise en accusation personnelle. N'a-t-elle pas pour devoir de satisfaire le désir avant même qu'il ne s'exprime ? Pour le futur psychopathe soumis à la double force contradictoire de son désir naissant et de l'interdiction maternelle de tout désir autonome (interdiction qui s'assortit ici très concrètement d'une menace d'annihilation), le choix restant est donc entre la symbiose et la mort, et le seul développement autorisé ne peut se poursuivre, comme celui d'un parasite, que dans le corps maternel. Les limites entre soi et non-soi s'appréhendent de l'intérieur, et le corps de l'enfant dessine un creux dans le tissu maternel. L'intervention du monde extérieur se fait désormais à travers la mère dont les caprices imprévisibles représentent la seule loi. Tant que l'enfant peut s'y soumettre, le système fonctionne sans trop de heurts. Vient un jour où la maturation impose la recherche d'une certaine indépendance. À la loi fantastique de la Mère, le psychopathe grandissant ne peut opposer alors que sa seule fantaisie. Privé de tout soutien légiférant, et doté par les aléas de son existence première d'une insécurité fondamentale, d'une identité mal assise, bref, d'un capital narcissique insuffisant, l'enfant va chercher, à l'instar de sa mère, à se proclamer seul représentant de la loi. La loi c'est moi. Y réussirait-il qu'il deviendrait pervers, artiste, délinquant de haute volée ou tout simplement mère de psychopathe. C'est son échec quasi congénital à incarner la loi, à être la loi au gré de ses pulsions, seul moyen pour lui d'échapper à la loi maternelle, qui détermine sa chute et inaugure son destin.

Nuançons ce qui vient d'être dit. Une telle structure familiale ne peut être reconstruite qu'*a posteriori*. Il est impossible, lorsque nous l'observons déjà réalisée, d'y démêler la cause de la conséquence, ce qui, en elle, a déterminé le comportement psychopathique et ce qui représente l'effet sur les autres de ce comportement, très précocement exprimé. La famille (la mère) du psychopathe, si elle lui a donné naissance, a été aussi créée par lui.

Quoi qu'il en soit, cette structure ne peut longtemps rester fermée sur elle-même. La gageure de la mère du psychopathe – contenir les siens à l'intérieur d'elle et leur imposer sa seule loi – est impossible à tenir. Au fur et à mesure de la montée de ses pulsions personnelles, l'enfant ne peut qu'agresser ce corps qui le contient et le limite, et son agressivité devient d'autant plus forte que les limites sont plus étroites et surtout plus variables, imposant un continuel chaud et froid, un passage de l'intimité apaisante à la déréliction absolue. La structure va donc s'ouvrir sur la société. C'est même cette ouverture précoce qui la caractérise par opposition à celle du patient dont le destin s'organise sous le signe de la psychose. Alors que le trouble psychotique restera longtemps contenu dans la famille et ne se publicisera que plus tard, le trouble psychopathique déborde très tôt les possibilités de l'entourage. Commence alors une chaîne quasi immuable de recours institutionnels. On objectera que l'enfant psychotique comme l'enfant débile amènent également les parents à faire appel à des tiers. Mais l'aide qu'ils réclament est d'un tout autre type. Elle est d'emblée dominée, même si elle recouvre un rejet inconscient, par le souci d'obtenir pour l'enfant des soins (comme dans toute autre maladie) ou une éducation (comme pour n'importe quel enfant). Elle n'a pas ce caractère spécifique de recours à une contrainte, à une limitation externe qui vienne combler les déficiences de la famille. Elle ne signifie pas aussi automatiquement une démission, une quasi-déchéance de l'autorité parentale. Dans la famille du psychopathe, l'appel au tiers n'est pas reconnaissance d'un support légal mais recherche d'un substitut à la seule loi maternelle. Nos clients ont ainsi accumulé, au long de leur enfance, les séjours dans des internats de rééducation, des centres d'observation de mineurs délinquants ou prédélinquants, voire déjà dans les pavillons pour mineurs des établissements pénitentiaires. Le juge des enfants, les services d'éducation surveillée ont marqué leur histoire avec l'assistance des services médico-psychologiques. Ils ont connu une multitude d'examens et d'expertises, mais fort peu d'interventions thérapeutiques. Et puis un jour, vers seize ou dix-sept ans en général, ils entrent à l'hôpital psychiatrique.

Cette pénétration dans la culture psychiatrique se fait souvent de manière violente. Elle représente l'aboutissement d'une cascade de rejets, non pas une indication particulière et positive de soins spécialisés, mais un geste de découragement définitif devant l'accumulation des échecs. Le diagnostic de folie est alors doublement un diagnostic d'exclusion : exclusion des autres systèmes de prise en charge (services pénitentiaires, services de l'éducation surveillée), exclusion du cadre de la délinquance « normale ». C'est parce que ce qui « réussit » avec les autres a échoué pour lui que le psychopathe est décidé tel. Un nouveau délit, un comportement plus agressif, un peu plus spectaculaire que de coutume, une nouvelle tentative de suicide, l'émergence d'une toxicomanie, peut-être simplement l'accumulation des crises dans l'institution qui l'abritait et qui soudain devient moins tolérante, représentent les gouttes d'eau qui font déborder le vase.

L'hospitalisation est alors comme le baccalauréat que certains pays appellent « examen de maturité ». Elle seule ouvre, après les classes primaires et secondaires, le chemin de la faculté où le psychopathe va apprendre son métier et recevoir ses diplômes. Plus ou moins rapidement, le candidat psychopathe va en effet découvrir un certain nombre de faits qui feront de lui un psychopathe avéré :

— D'abord, qu'il touche le fond. Toutes les institutions qu'il a connues et en premier lieu l'institution maternelle avaient la ressource de se débarrasser de lui et de le renvoyer ailleurs lorsqu'il devenait insupportable. À présent, le seul « ailleurs », c'est le retour temporaire dans la communauté suivi d'un retour en catastrophe à l'hôpital, c'est-à-dire le passage par une chaîne court-circuitée – le psychopathe est presque partout « brûlé » – qui ne fait plus intervenir qu'une relation rapide resserrée sur deux ou trois institutions : hôpital psychiatrique, prison, service d'urgence d'un hôpital général, foyer ou maison de repos ;

— Ensuite, que, pour la première fois, il peut s'imposer quelque part et s'y incruster, réalisant enfin son vieux rêve de parasitisme absolu. La loi qui régit l'internement des malades mentaux, lorsqu'elle lui est appliquée, met en effet le psychopathe dans la position qu'il a longtemps recherchée sans jamais parvenir à la trouver, cette position d'être parfaitement dépendant, lové dans le corps maternel et mis à l'abri de l'effet des pulsions rejetantes de la mère. Interné par décision de l'autorité de police ou du juge des enfants, le psychopathe ne peut, en effet et quoi qu'il arrive, être mis à la porte par les médecins, les infirmiers ou l'administration hospitalière. Ses interlocuteurs quotidiens doivent s'incliner devant une force qui les dépasse et, bon gré mal gré, le supporter, l'entretenir, le soigner. Ainsi se trouvent mises en place les conditions d'un jeu psychodramatique agressif et mégalomaniaque : agressif, parce que le psychopathe peut enfin se venger sur le corps institutionnel des dommages fantasmatiques ou réels vécus jadis par une expulsion trop précoce du corps maternel – mégalomaniaque, parce qu'il garde l'illusion toute-puissante de pouvoir prolonger à sa guise et quasi éternellement son séjour dans ce corps malgré les destructions incessantes qu'il lui fait subir. Contrainte de contenir la haine et la rage, l'institution représente alors une Mère idéale immortelle, indestructible, qu'il y a plaisir à attaquer pour se venger, tout en la découvrant chaque jour plus forte que les attaques dont elle est l'objet. Comme un chien féroce qui tirerait sur sa chaîne et se rassurerait de la sentir résister à ses efforts et de voir sa furie meurtrière retenue, le psychopathe teste continuellement la résistance de l'institution ;

— La loi d'internement (ou la simple fréquentation des circuits psychiatriques) a un autre « intérêt ». Elle assure au psychopathe l'impunité. Elle décourage les poursuites policières sous le couvert d'une loi qui n'en est pas une, d'une loi d'exception qui favorise, au lieu de l'interdire, l'éternel retour aux situations parasitiques, tout en protégeant des rigueurs de la loi.

Placé sous le régime de l'internement, le psychopathe peut ignorer la loi qui régit les échanges entre les autres citoyens et s'abîmer dans l'illusion rédemptrice que tout lui est permis ;

— Enfin, et cela n'est pas négligeable, l'hôpital psychiatrique, surtout depuis qu'il s'est libéralisé, s'offre au psychopathe et à ses exploits comme un théâtre privilégié. Le personnel y est insuffisant en nombre. L'évolution des modalités de prise en charge, mais aussi l'angoisse qu'elle détermine, en privant les infirmiers de leurs anciennes références et en leur imposant une relation plus égalitaire et plus proche avec les patients, entraîne une répugnance générale à sévir, mais aussi une désorientation lorsqu'il s'agit de soigner. Avec les malades qu'il connaît bien, les vieillards, les psychotiques chroniques, voire avec certains jeunes psychotiques dont la folie fascine, l'infirmier a toutefois le sentiment d'exercer son métier et parvient à répondre à la demande thérapeuthique. La demande du psychopathe, elle, cristallise tous les problèmes liés à une libéralisation, parfois mal acceptée. Elle engendre souvent cette double formation réactionnelle au sadisme répressif que sont l'humilité masochique et la démission de toute fonction légiférante.

Apparemment, le psychopathe ne demande rien à l'infirmier, sinon sa complicité, sa tolérance et son silence, sinon de supporter en fermant les yeux ses écarts à la loi, ou alors, à l'inverse, il demande tout, une présence de tous les instants, une attention illimitée, une disponibilité totale, la réponse immédiate à son caprice. La structure des hôpitaux psychiatriques et l'alternance des équipes infirmières fournissent alors un rythme très spécifique de l'existence psychopathique à l'hôpital. Avec une équipe (à valence maternelle), le psychopathe va jouer au nourrisson malheureux, il se fera consoler de ses misères, exigera pansement à ses blessures. Avec l'autre équipe (à valence paternelle), il jouera au « dur » et, se regroupant en bande, partira à travers l'hôpital pour de folles équipées.

De son enfance et de la structure particulière des relations qui le liaient à sa mère, le psychopathe a gardé une terreur de l'espace. En limitant l'aire de son champ d'action, les « murs de l'asile » apaisent son angoisse. En plus, l'hôpital lui offre une population de victimes incapables de se défendre et incapables de le dénoncer. À peu de frais, le psychopathe y fera régner la loi de la jungle, sa loi et sa force. Cette délinquance est surdéterminée. En rançonnant, en pillant, en frappant les chroniques et les psychotiques, le patient psychopathe se défend contre son désir et sa peur de devenir psychotique et chronique. Il détruit le modèle auquel il redoute de ressembler tout en y aspirant. En même temps, il peut, sans trop de risques, se chercher une identité de grand criminel dans un espace protégé par les murs, par un statut d'irresponsable. Surtout, il attaque l'institution qui le contient dans ce qu'elle a de plus spécifique : la folie, et se bat contre ses rivaux plus heureux auprès des infirmiers et des médecins, les « vrais malades mentaux ».

Le psychopathe ou la vérité de l'hôpital. Le champ qu'il décrit par sa violence, le champ qu'il exclut de son corps en s'adressant agressivement à lui comme à une source de profits potentiels, un sein à dévorer, un arbre à dépouiller par le charme, les pleurnicheries ou la menace, ce champ qui l'exclut à son tour, le psychopathe en dessine les limites de l'intérieur. Corps étranger, contenu dans l'institution et inassimilable par elle, le psychopathe reste bien un parasite, douloureusement supporté ou énergiquement rejeté. Un parasite utile sans doute et sur qui se cristallise tout ce qui, dans l'institution, n'a pu être métabolisé et qui devrait magiquement être expurgé avec lui. Il est ainsi habituel dans un service d'hôpital psychiatrique, lorsqu'un psychopathe qui y faisait régner la peur a été mis à la porte, de voir la violence surgir de tous côtés et l'intolérance mutuelle faire rage. Le bouc émissaire demeurait efficace tant qu'il était là comme vecteur de la négativité. Le voilà parti, mais la négativité reste.

Entre le parasite et le corps parasité il y a en effet des échanges, des contaminations. Longtemps soumise aux toxines des psychopathes, une institution se psychopathise. En d'autres mots, ce que le psychopathe au long d'un séjour révèle peu à peu, ce sont les dimensions psychopathiques des autres membres de l'institution, leur agressivité et leur propre parasitisme. En particulier, le psychopathe, surtout si le médecin s'intéresse à lui, entre en compétition avec l'avide demande d'amour des autres malades et des infirmiers. Il devient spécifiquement le parasite du médecin, ce parasite que les infirmiers rêvent aussi de devenir. Aussi la haine qu'il déclenche s'adresse-t-elle, par-delà lui, au médecin, trop frustrant dans son incapacité à aimer ses infirmiers comme des nourrissons gloutons. Le rejet dont il est l'objet, les crimes dont il est accusé visent au moins autant le médecin que son encombrant client.

Lui parti, la place est à prendre et la concurrence fait rage. Ce qu'il contenait ou justifiait par sa présence (la violence appelle la violence et devient légitime défense) se déchaîne avec crudité.

À l'inverse, au contact de l'institution psychiatrique, le psychopathe change, au moins superficiellement, et se met à lui ressembler. Parfois il va se transformer, abandonnant sa quête d'amour et ses fredaines, en un gentil chronique passif et oublié. Plus souvent, c'est la dérision de l'institution qu'il va personnifier avec un humour aussi féroce qu'involontaire. L'hôpital psychiatrique a pour mission première de discipliner et de faire taire le symptôme dans ce qu'il a de socialement indésirable. Pour cette entreprise de dressage il utilise diverses méthodes, généralement très empiriques, qui s'articulent selon trois registres : les entretiens à visée plus ou moins psychothérapique (mais qui se limitent généralement, dans l'état de la culture hospitalière, à des exhortations, des menaces ou des encouragements), les médicaments et l'utilisation de la vie institutionnelle comme laboratoire social. À toutes ces méthodes, le psychopathe aura recours, mais à sa manière, pour en montrer le ridicule et les limitations, en les parodiant. On lui vante le bénéfice des activités de groupe, il fait du groupe une bande. On prône devant lui l'aide que les malades peuvent s'apporter, il n'a de cesse qu'il n'ait recruté et entraîné d'autres garçons comme lui dont il devient le double inséparable et qui se moulent à son ombre pour commettre avec lui larcins et déprédations ou pour partager ses ivresses. Il arrive d'ailleurs qu'il joue alors auprès de ses pairs un rôle d'objet contraphobique et parfois d'authentique soignant. On lui propose des médicaments, il devient toxicomane, vole dans la pharmacie, se livre à tout un trafic occulte de tranquillisants et de somnifères. Quant aux entretiens, s'il en réclame plus que son dû et s'il y exhale son éternelle plainte, son angoisse et son vide douloureux, il entend que ce soit hors de toute référence professionnelle. Avec le médecin homme ou l'infirmier, c'est une relation de « copain » qu'il recherche, sinon de complice. Avec le médecin femme ou l'infirmière, il joue tantôt les séducteurs et tantôt les bébés souffrants. Les secrétaires et les assistantes sociales ont souvent sa faveur dans la mesure où elles ne participent pas aussi directement d'une définition thérapeutique et permettent plus facilement la poursuite d'un jeu ambigu.

Surtout ses écarts de conduite et sa pauvre verbalisation vident de telles rencontres de tout ce qui pourrait aller dans le sens d'une prise de conscience et les ramènent à des séances de charme ou d'« engueulades » qui forment entre elles une parodie de psychothérapie. Je pense, en particulier, à un patient qui prétendait « faire une psychanalyse » avec moi et venait se vanter quotidiennement devant moi de ses vols de voitures en me disant : « C'est sûrement sexuel », ou qui me réveillait la nuit pour me téléphoner, complètement ivre, d'un bistrot voisin de l'hôpital : « Vous ne croyez pas que mes troubles ça viendrait d'un complexe ? »

Matérialisation de tous les conflits, injure permanente, rappel sardonique de notre incapacité à l'atteindre et à l'aider, tôt ou tard, le psychopathe finit par se faire mettre à la porte de l'hôpital et part ailleurs faire montre pour un temps de ses pauvres armes et exprimer la violence mécanique qui l'habite.

Aussi est-ce autant sous la pesée de l'intolérance hospitalière que pour proposer une solution de rechange que nous avons tenté de soigner les psychopathes dans la communauté.

Notre projet se fondait, au départ, sur plusieurs considérations critiques :

— La levée de l'hospitalisation mettrait fin, pensions-nous, à une situation d'irresponsabilité, d'abandon et de parasitisme dans laquelle nous voyions un véritable encouragement à la délinquance et une pérennisation des comportements psychopathiques comme seule solution aux conflits intrapsychiques. Nous espérions qu'en rencontrant directement les représentants de la loi sans que s'interpose une institution protectrice, les psychopathes feraient une salutaire épreuve de réalité. Devenu plus risqué, le passage à l'acte cesserait d'être leur réponse favorite ; d'autres modalités de dégagement de l'angoisse apparaîtraient et, en particulier, une mentalisation accessible à l'analyse psychologique ;

— À l'hôpital, nous avions voulu éliminer les mères et cru pouvoir introduire une séparation chirurgicale d'avec un milieu nocif. L'expérience nous avait convaincus de la vanité de nos efforts. « Ma mère, c'est comme l'alcool, je sais que ça me détruit mais je ne peux pas m'en passer », proclamait l'un de nos patients lors d'une première rencontre. Huit ans plus tard, il menait toujours auprès d'elle une existence émaillée d'hospitalisations dramatiques, suivies d'un éternel retour à la maison. L'expérience aussi nous avait montré l'importance des mères pour la survie de leurs fils et la nécessité où les uns et les autres se trouvaient de maintenir un lien, fût-il de destruction mutuelle.

Nous savions enfin que l'hôpital se trouve inévitablement amené à jouer un rôle maternel, et donc à entrer en concurrence avec la mère, sans espoir de gagner la partie.

En entreprenant un traitement dans la communauté, nous espérions pouvoir collaborer avec les mères de psychopathes, comme nous collaborions déjà avec les familles de psychotiques et, au prix d'un travail intensif, parvenir à faire évoluer le système familial psychopathique.

Conscients de ne rencontrer à l'hôpital qu'un sujet en réaction qui dessine les limites ou la caricature de l'institution mais tait sa propre parole, nous espérions, à le suivre dans son milieu d'origine, entendre un autre discours. Parmi les membres de sa famille, ses voisins, ses amis, entouré de ses complices et de plaignants enfin loquaces, nous pensions que le psychopathe nous tiendrait un nouveau langage, celui auquel on n'accède jamais ni dans les observations médicales, ni dans les rapports d'expertises, ni dans les procédures, ni, bien sûr, dans les écrits psychiatriques ou criminologiques.

À ce langage, nous souhaitions donner une réponse au niveau d'une activité soignante purifiée. L'hôpital est un organisme de prise en charge totale où tous les besoins du client doivent être pris en compte ; besoin d'être soigné certes, mais aussi besoin d'être nourri, chauffé, vêtu, besoin de loisirs et d'occupation, de relations sexuelles et d'amitié. L'institution hospitalière étant pratiquement le seul interlocuteur du malade lui fournit, outre des soignants, des compagnes et des compagnons, des nourriciers, des moniteurs et une police intérieure. Les rôles sociaux les plus divers qui, pour un citoyen normal se répartissent entre la famille, l'école, l'entreprise, etc., sont tenus par la seule institution hospitalière, d'où le concept de « *total institution* » que Goffman a si judicieusement mis à l'honneur. On conçoit combien un tel fonctionnement favorise le parasitisme essentiel du psychopathe en reproduisant celui, tout-puissant, de sa mère.

La fonction soignante en psychiatrie repose, selon nous, sur l'établissement avec le patient d'une relation indestructible où puissent se jouer le drame existentiel primordial de l'amour et de la haine, l'exigence d'une réparation au niveau d'un « défaut fondamental » (M. Balint) datant des premiers mois de la vie. Cette réparation s'obtient à travers la possibilité d'exprimer sa demande d'amour mais aussi sa haine, sa dépendance mais aussi son désir d'autonomie, sans pour autant entraîner un rejet et un abandon, c'est-à-dire sans que l'institution, le soignant et le patient lui-même ne soient mis trop réellement en danger de disparaître. Lorsque le soignant ne peut s'abîmer temporairement avec le patient dans cette relation à deux et doit continuellement songer à d'autres fonctions, et en particulier à la défense et au maintien de son institution ainsi qu'à l'entretien du corps du patient et de celui de ses autres clients, le soin devient impossible, et c'est bien ce qui se passe généralement à l'hôpital.

En développant au contraire un système de prise en charge partielle et parcellaire dans un cadre suffisamment informel pour se prêter à toutes les fantaisies, une sorte de château de sable susceptible d'être toujours détruit et reconstruit, nous pensions qu'il serait possible d'accepter la régression de nos patients sans devoir l'interrompre sous la montée de leur avidité. Un peu naïvement nous pensions aussi qu'en offrant à leur faim douloureuse et agressive d'autres aliments que la seule institution de soins, nous diluerions une charge affective autrement intolérable. À côté de nous, les soignants, il y aurait les autres. Débarrassés des fonctions maternelles ou policières, déchargés des autres soucis nous pourrions nous consacrer exclusivement au soin.

J'ajouterai que, développant un organisme nouveau, en rupture de ban avec l'hôpital, il ne nous déplaisait pas d'y accueillir les échecs des autres pour prouver notre savoir-faire et exercer notre puissance. À l'hôpital, nous avions vu dans le psychopathe la résultante de la pathologie maternelle et des erreurs des institutions qui nous avaient précédés. Dans la communauté, nous apprenions à considérer la famille et surtout la mère avec beaucoup plus de bienveillance, mais aussi nous tendions à n'envisager le comportement psychopathique que comme un effet de l'asile. Une fois supprimé le recours au milieu hospitalier et à ses vices, nous imaginions que, devenu sans objet, ce comportement disparaîtrait.

Commence ici le récit d'une désillusion qui, en démantelant ces hypothèses, nous permet aujourd'hui de mieux cerner notre problématique.

Ils étaient une dizaine, mêlés à nos autres clients, des psychotiques adultes ou des enfants autistiques pour la plupart. Il y avait là deux frères, Alain et Gilles B., que nous appelions entre nous les Dalton, par référence à des personnages de bande dessinée. Ils avaient connu tous les circuits habituels et menaient auprès d'une mère prototypique et d'un vieil alcoolique dégradé de beau-père, une existence faite d'ivresses, de délits mineurs, de bagarres et de casse qu'entrecoupaient de fréquents internements. Dans leur sillage, Hubert, Alain G., Georges, Bob, Christian, Léon et d'autres avaient connu des expériences similaires. C'était Gilles le chef, sans doute le plus intelligent et le plus fin, le plus destructeur aussi. Sur eux régnait Ma Dalton, la mère des B., personnage impressionnant par la mégalomanie qui l'habitait, le mélange d'accueil illimité et de haine mortifère qu'elle offrait à tous. Quelques filles du même acabit, objets sexuels de transition, partagées et cibles de tous les coups et de toutes les avanies lorsque l'homosexualité masculine revenait triomphante, erraient autour d'eux. Parfois contraintes à la prostitution, elles avaient souvent une fonction de mères nourricières substitutives, et Ma Dalton rêvait toujours de se débarrasser sur elles de sa charge crucifiante, tout en supportant mal leur concurrence. J'ai moins parlé des autres mères, reflets fidèles de celle des B. et soumises à son leadership comme les fils l'étaient à celui de Gilles. Nos relations privilégiées avec les B., les premiers dont nous nous soyons occupés et que nous connaissions depuis 1966, expliquent sans doute en partie leur position nucléaire et la forme exemplaire de leur pathologie.

De notre histoire commune je ne résumerai que trois années, celles où nous avons, le plus honnêtement possible, voulu mettre nos hypothèses en action, celles où le démenti fut le plus cinglant.

Une première période s'étale d'octobre 1970 à février 1972. Je viens d'abandonner, pour deux ans, la direction d'une unité de soins hospitalière pour me consacrer à plein temps au travail de dispensaire et à domicile. Pensionnaires épisodiques de cette unité, tenus pour mes protégés, les B. m'ont suivi et ont regagné le domicile maternel. Malgré mes résistances à m'engager avec eux dans un programme de soins intensifs (je redoute d'être dévoré), je finis par céder à l'insistance d'une infirmière, qui les a pris en charge. Nous entreprenons donc des visites régulières, avec, en arrière-plan, le pari d'éviter désormais le recours à l'hospitalisation et de les aider ainsi que leur mère à franchir les périodes de crises sans passer inéluctablement, comme naguère, par l'internement. C'est, alors, surtout Alain qui est l'objet de nos soins. Il s'est marié avec une patiente de l'hôpital et a tenté de quitter sa mère. Le couple s'est installé dans un petit appartement (trouvé par la mère) qu'Alain a meublé et installé en souscrivant un grand nombre de traites, avec encore la garantie maternelle. La jeune femme travaille (irrégulièrement). Alain oscille entre le domicile de sa mère et son logis. Quelques semaines d'une vie sans histoire et apparemment heureuse passent, dont il conservera toujours la nostalgie et gardera, après le naufrage, quelques bibelots-souvenirs. Puis les ivresses succèdent aux ivresses. Pris dans les querelles entre sa femme et sa mère, Alain frappe l'une et l'autre, et entreprend de casser le mobilier de sa mère, tout en respectant le sien. On retrouvera toujours, chez lui et chez les autres, cette curieuse alternance entre deux lieux, celui de la réparation, celui de la destruction, composant entre eux un couple d'oppositions irréductibles. Les lieux changent, la structure reste.

Gilles, pendant ce temps, auprès de sa mère, continue ses bamboches, vole quelques voitures, casse quelques figures. Il travaille et ne nous voit que de loin en loin. Sa mère du reste se place entre lui et nous. Il est son fils préféré, elle sait comment le prendre et elle nous engage à nous occuper plutôt d'Alain, auquel seul elle confère le statut de malade. Si elle cherche parfois à faire interner Gilles, c'est plus pour lui permettre d'échapper aux poursuites policières ou pour se protéger, elle, de sa violence, que pour réclamer des soins. Dans Alain elle voit au contraire un fou dont la place est derrière les murs. Chaque semaine elle exhibe de nouvelles ecchymoses, montre ses meubles fracturés et exige notre intervention. Nous nous bornons à écouter ses imprécations et à manifester par notre présence attentive, mais aussi par notre refus d'agir, qu'elle ne peut ni nous décourager, ni nous détruire, ni non plus nous actionner à sa guise. Nous pensons ainsi limiter, au regard de ses fils, sa toute-puissance envahissante et dangereuse, et faciliter pour eux une ébauche de différenciation. Cependant la même attitude indéfectible, la même écoute aideront Alain, nous l'espérons, à dépasser l'utilisation incessante du passage à l'acte.

Notre seule entorse à cette volonté de non-intervention

consiste à déjouer les manœuvres de la mère lorsqu'elle cherche à obtenir l'internement de l'un ou l'autre de ses fils. Un coup de téléphone au commissaire de police suffit en général à prévenir le déclenchement d'une procédure. Il donnera à Alain et à Gilles la preuve (antitoxique) que nous sommes plus puissants que leur mère, mais fera malheureusement croître en eux l'illusion de notre totale bienveillance à leur égard. Sans nous en rendre compte, nous en viendrons à remplacer à leurs yeux la loi de 1838 comme garantie d'impunité et de protection contre les foudres judiciaires. L'attitude des services de police, et plus généralement de l'appareil répressif, confirmera peu à peu leur impression d'être au-dessus et à côté de la loi. Sitôt arrêtés, nos clients prendront l'habitude d'exhiber comme un talisman une ordonnance, ou plus simplement de donner notre adresse ou notre numéro de téléphone et la police s'inclinera, la machine judiciaire s'arrêtera. Qu'on en juge. Gilles et un de ses camarades du nom de Georges errent toutes les nuits dans les rues d'un quartier de Villeurbanne, armés d'une carabine. À plusieurs reprises ils font irruption dans des cafés, menacent « de faire un gros coup » et proclament que de toute manière on ne les arrêtera pas puisqu'ils sont malades. On les soupçonne d'avoir fait un vol de nuit, à main armée, dans une pharmacie de garde. Un soir qu'ils déambulent, ivres et bruyants, ils sont arrêtés par une patrouille et conduits au poste de police. Le lendemain, le commissaire du quartier reçoit la lettre suivante :

> « Monsieur le commissaire. J'ai été interpellé dans la soirée de dimanche à 22 heures à D... par une patrouille en compagnie d'un camarade. Les policiers nous ont emmenés au poste de police où je fus fiché avec mon camarade. Ensuite un fourgon est venu nous chercher pour nous transférer dans un commissariat de Lyon dont je ne saurais préciser l'endroit. Là, j'ai vu un commissaire qui m'a dit que vous aviez téléphoné car, d'après lui, vous désiriez avoir un entretien avec moi. Je n'en vois pas l'utilité car je suis actuellement, comme vous le savez, sous traitement. Je crois vous avoir tout dit. Recevez néanmoins mes salutations. Gilles B. »

Cette lettre est de celle qu'on adresse à un thérapeute avec qui on est en froid et non à un commissaire de police qui mène une enquête, doit faire respecter l'ordre public et possède le pouvoir de vous convoquer, si besoin, par la force. Et de fait, une curieuse compétition s'établit, pour la plus grande joie du psychopathe, entre les services de police et les services de soins. Je pense à un autre commissaire de police de ma connaissance qui suggérait à un voleur de venir le voir régulièrement pour parler de ses problèmes et lui prescrivait des tranquillisants (ceux que lui-même utilisait).

Il m'est, à l'inverse, arrivé de me trouver placé dans la situation parfaitement aberrante et illégale d'être celui qui prescrit l'incarcération. Renvoyé de l'hôpital après maintes incartades et dûment prévenu de mon refus de le « couvrir » au cas où il se ferait prendre, Georges continuait à voler des voitures. La présence, aux parages de la bande, d'un délinquant beaucoup mieux structuré et qui se vantait d'avoir commis un meurtre resté impuni, l'angoissait : « Que fait la police ? il n'y a donc plus d'ordre dans ce pays », gémissait-il au fil des entretiens qu'il avait avec moi, trois fois par semaine, au dispensaire. L'inquiétude devenait si forte qu'il s'imaginait à la merci d'une vengeance. Sans doute le meurtrier le sachant au courant allait-il aussi l'abattre. Dans la bande, cette inquiétude devenait contagieuse, chacun se méfiait de l'autre et se jouait, dans sa tête ou pour la galerie, un film policier. On ne sortait plus que la nuit, on rasait les murs. On communiquait par de mystérieux papiers ou par des mots de passe. Le plus fragile, Georges, prit ce jeu au sérieux. Il alla, une fois de plus, voler une voiture et deux ou trois jours durant servit de chauffeur et de garde du corps à Ma Dalton, la mère des B., qui se croyait, elle aussi, menacée. Puis un dernier soir, ivre et terrorisé, il se livra à un poste de garde, comme pour obliger la loi, enfin, à se manifester. Le lendemain j'avais un inspecteur de police au téléphone qui me demandait de réhospitaliser Georges. Je dus longtemps expliquer mon refus, motiver mon appréciation de la situation. Essayant de me « fléchir », l'inspecteur me passa mon client au téléphone et je dus expliquer à Georges pourquoi je ne voulais pas de lui à l'hôpital, c'est-à-dire pourquoi, en fait, je prenais, moi, arbitrairement, la décision de le mettre en prison. Aurait-on voulu le convaincre de ma toute-puissance et de son statut particulier de « hors-la-loi » qu'on ne s'y serait pas pris autrement. Huit jours plus tard, le juge d'instruction, ému, remettait Georges en liberté provisoire sous un contrôle judiciaire parfaitement fictif qui ne devait pas l'empêcher de continuer à voler des voitures et à agresser des petits boutiquiers.

Il y a à cette tolérance bien des explications. J'ai déjà mentionné la concurrence qui s'établit au niveau d'une activité soignante. Les campagnes de presse sur les suicides en prison ou dans les commissariats de police font, de plus, redouter comme gêneurs potentiels tous ceux dont le comportement paraît anormal. Et puis le psychopathe dérange, et par sa présence remet aussi bien en cause le fonctionnement de la justice ou de la police que celui de la psychiatrie. Naguère on l'internait, et le commissaire en lui appliquant la loi sur les aliénés pensait faire son travail. Aujourd'hui on prétend le soigner en dehors des institutions. Faisant de la surenchère, les fonctionnaires de police et les tribunaux renoncent à lui appliquer toute autre loi et le laissent vaquer en position marginale.

La situation d'irresponsabilité à laquelle nous pensions mettre un terme en « externant » nos clients se renouvelle donc dans la communauté. Qu'en sera-t-il de nos ambitions thérapeutiques ?

Peu à peu rassurés sur l'inaction de la police, méprisant les convocations dans les commissariats ou au tribunal, accumulant, sans risque aucun, de petits délits, nos psychopathes s'infiltraient en effet de plus en plus dans l'organisme de soins. Ils colonisaient les bureaux du dispensaire que nous avions voulu accueillants, faisaient le siège des secrétaires, volaient notre temps aux autres clients en réclamant constamment notre attention. Au « Foyer du Cerisier[2] », Alain B., séparé de sa femme, avait emménagé avec ses quelques meubles. Il y avait retrouvé son ami Christian, et Philippe, un psychotique, qui s'efforçait d'échapper à sa folie en calquant servilement son comportement sur celui des B. Hormis quelques ivresses et quelques intoxications barbituriques épisodiques, la situation restait supportable. Nous avions nos parasites certes, mais des parasites qui

2. Un foyer d'accueil pour malades psychotiques créé à Villeurbanne par Marcel Sassolas et son équipe.

ne mettaient pas en péril notre survie et notre fonctionnement. Le dispensaire et le foyer restaient même des lieux protégés, des matrices idéales où la destruction n'était pas encore de mise. C'est chez la mère des B. que la bataille faisait rage. Nous continuions à y aller régulièrement, comme témoins impuissants du désastre.

Brusquement tout va changer. Le soir de Noël 1971, un repas au foyer réunit des soignants, certains des membres de la bande et un noyau de malades psychotiques, pour la plupart cliniquement guéris. Ces derniers forment ce qu'on appelle parfois « la deuxième équipe soignante ». Liés à Marcel Sassolas, l'animateur du foyer qui fut leur médecin personnel, par des liens très forts, ils ont pris une part prépondérante dans la création de l'institution. Les « psychopathes », eux, font figure de nouveaux arrivants. Leur passé est différent. Leurs investissements personnels ailleurs. Surtout ils ne partagent pas l'idéologie communautaire et n'ont vu dans le foyer qu'un gîte dans lequel ils se sont imposés, à la construction et à l'entretien duquel ils ne participent que médiocrement. Le repas se passe mal, dégénère en beuverie et en bagarre. Le charme est rompu. Le lendemain matin la bataille éclate au dispensaire pour un prétexte futile, et Gilles, déprimé, commente amèrement : « Si ici aussi on commence à se battre... » On ne faisait en effet que commencer !

Janvier 1972-juin 1972 : la période des batailles

C'est la crise, une crise dont je ne pourrai mieux rendre compte qu'en donnant quelques extraits du journal qu'alors je tenais [3].

---

3. Mon journal peut donner, au lecteur, l'impression – fausse – que j'étais seul en cause dans ce conflit. En réalité, l'équipe tout entière fut prise à partie par les Dalton, et mon amour-propre ne fut pas mis à plus rude épreuve que celui des autres soignants. Mais dans une situation pareille, comment réagir autrement que par l'inflation narcissique qui transparaît dans ces notes prises sur le vif ?

18 avril 1972

Je suis en consultation dans mon bureau. D'en bas montent les bruits. Une atmosphère collégienne, des ricanements. Entre deux clients, je descends. Sur la table de la salle d'attente, Gilles dessine, très à son affaire. Les autres plaisantent, jouent à Al Capone. Ça sent la bière. Alain et Philippe sont manifestement éméchés. Quelqu'un a caché la bière au secrétariat où, repoussées par les quolibets et les plaisanteries douteuses, une infirmière et une assistante sociale se sont réfugiées. Philippe fait le trajet entre la salle d'attente et le secrétariat, et chaque fois tous boivent goulûment. Les plaisanteries vont bon train, comme si on chahutait un pion.

ALAIN : On joue à Al Capone et on fait comme si une caméra nous filmait.

ROBERT (s'adressant à moi, il interprète) : C'est plus la peine puisque vous êtes là, maintenant on a un spectateur.

Et c'est vrai, nous ne sommes plus que des spectateurs dépossédés de tout pouvoir réglementaire ou thérapeutique. Un peu avant, la bande a refusé à un médecin l'usage d'un bureau, prétextant avoir besoin du téléphone... pour jouer.

CHRISTIAN (à moi) : Tu m'amèneras ton livre demain [4], je voudrais le lire.

ALAIN : Moi j'écrirai un livre sur des gars qui, à force de vouloir nous comprendre, ne se comprennent plus eux-mêmes. On pourrait enfermer les psychiatres, et les malades seraient autour.

CHRISTIAN : Et on se partagerait ton pognon...

Prétextant un malade à voir (un vrai qui joue mon jeu et ne le tourne pas en ridicule !), je m'éclipse, cependant qu'Alain me lance « Tu me mettras dans ton prochain livre. »

Réunion d'équipe

L'ambiance est affectueuse, mais aussi dépressive. On n'y comprend plus rien. Qu'est-ce qu'on fait là ? Philippe se dégrade de plus en plus. Gilles, Alain et Christian ont pris le pouvoir, nous excluent et excluent les autres. Tout ce que nous pouvons proposer, traitement, interprétation ou activité, ils le changent en « merde ». Ils s'infiltrent, s'incrustent partout, nous volent nos ordonnances, lisent les dossiers, jouent avec le téléphone ou avec la machine à écrire, reçoivent à notre place (ou presque) les autres consultants. Bref, ils nous singent. Nous avions voulu

4. Mon livre, *Pour une psychiatre communautaire*, est paru depuis peu. On en parle beaucoup parmi les clients, et un peu dans l'équipe, avec un mélange de fierté collective, d'envie et de dérision.

ouvrir une institution libérale et accueillante, ils l'envahissent pour la parodier. Que faire ? Les engager comme soignants ? Leur donner une responsabilité plus concrète dans la marche de l'institution ? Se faire relayer par les associations de quartier ? Questions encore sans réponses.

19 avril 1972

Je suis occupé à parler d'une petite fille psychotique avec une infirmière et une assistante sociale. Irruption de Philippe, ivre, suivi de Robert. « Il faut que je vous voie. » Je me fâche, lui dis que je n'ai pas le temps maintenant. Comme il insiste, j'ajoute que je ne vois pas l'intérêt de discuter avec un pochard. Il est furieux, il venait m'annoncer qu'on avait volé le vélo de Robert devant le dispensaire. En descendant entouré de Hubert, Gilles, Alain, Robert, il hurle « Hochmann est un con. » Peu après, je descends à mon tour ; ils sont tous sur le trottoir. Très agité, Philippe explique que l'on a volé le vélo de Robert. Je m'excuse auprès de Philippe. J'ai des remords. Si quelqu'un nous avait interrompus pour une hématémèse, j'aurais fait quelque chose. Le vol du vélo du copain pour Philippe, un psychotique, c'est pareil. Je n'ai pas compris. Mais j'avais encore dans l'oreille les exigences de la semaine passée où tous les quarts d'heure il venait me voir pour me répéter la même chose en éructant les mêmes odeurs de vin. Je lui en veux de se dégrader. Et puis je pense à ce que l'on a dit en réunion d'équipe. Faut-il interdire ? En fait, on interdit sourdement, on essaie de reconstruire quelque chose à nous, sous différents prétextes. Le café dont la distribution était libre est maintenant sous clé. La pharmacie est également fermée à clé depuis que nous avons découvert qu'ils se servaient librement. Les dossiers font problème et nous cherchons comment leur en refuser l'accès.

À quand les W.C. des soignants [5] ? J'explique à Philippe que je ne suis pas le bon Dieu et que je ne peux pas faire réapparaître le vélo. Le mot de « pochard » est dans l'air comme une accusation collective. Alain est gêné. Gilles et Hubert sont sombres. Robert sourit doucement, le vol de son vélo ne l'affecte pas. Je suggère une plainte au commissariat de police. Je pars, ils remontent. Philippe est toujours à cran.

---

5. C'est une tradition hospitalière bien connue et lourde de sens que de réserver des WC particuliers aux membres du personnel et dont ils ont seuls la clé. Par réaction contre le système hospitalier et ses nombreuses clôtures, nous avions décidé de ne rien mettre sous clé au dispensaire. On voit là un effet de l'idéologie « anti », alors à la mode.

L'après-midi

J'ai un long entretien avec Philippe où je peux encore m'excuser à loisir et en même temps lui expliquer ma gêne devant son alcoolisme. Lui : « Je n'ai que les B. comme copains. » Il parle d'un voyage à Paris avec eux et Christian. C'est Christian qui doit payer. Puis il me parle de Nicole (une infirmière), du désir, des filles. Auparavant j'avais trouvé Christian tapant à la machine dans le secrétariat, qui faisait pour moi une ordonnance d'Équanil 400 et de Moditen. « Il y a bien des psychiatres qui prennent de l'Équanil. »

Un peu plus tard, Alain m'invite à m'asseoir dans le cercle où l'atmosphère est semblable à celle d'hier. Je décline l'invitation et je m'en vais.

Dans la rue, je rencontre Philippe et Robert, ils viennent du commissariat.

PHILIPPE : Les flics sont plus sympas que la société.

MOI : Que les psychiatres ?

Ils rigolent.

20 avril 1972

Et le cirque continue. Hier après mon départ ils se sont saoulés à mort, puis sont venus envahir le bureau d'Annette (une infirmière). Annette était avec Olivier (un éducateur) et a refusé d'emmener Alain au foyer. Elle le trouvait trop entreprenant et redoutait de rester seule avec lui dans la voiture. De la même manière elle a refusé d'emmener Gilles chez lui... puis les a mis dehors. Gilles a emprunté 10 F à Marie-Noëlle (l'orthophoniste) et a couru les porter à sa mère qui depuis trois jours, selon elle, ne mangeait plus, faute d'argent. Le père aurait dilapidé 200 F en vingt-quatre heures, on ne sait trop comment. Ce matin, le concierge m'attend sur le pas de la porte. « Il faut que je vous parle, j'ai trouvé hier des bouteilles vides, ils étaient tous soûls, j'ai dû faire un rapport à la mairie. » Il ajoute que Gilles fait une cour pressante à sa femme et qu'il ne saurait le tolérer. Je monte, le groupe est réuni : Philippe est un peu soûl. Gilles excité mais conscient, Robert souriant, Benoît énigmatique. Élie, Ahmed, Annette. Arrivent F., puis V. Ainsi se trouvent mêlés psychopathes, psychotiques et soignants. Je leur explique ce que le concierge vient de me dire, je leur dis que personnellement je n'ai aucun moyen d'empêcher ceux qui le désirent de boire si cela leur fait plaisir, encore que ça m'« emmerde », mais que la mairie va finir par intervenir s'ils boivent ici et fermera le dispensaire. Philippe : « Où est-ce qu'on peut boire alors ? » Je fais remarquer qu'il y a d'autres lieux. Philippe se moque qu'on ferme le dispensaire, prononce des phrases assez confuses où je crois discerner qu'il y a toujours l'hôpital psychiatrique comme solution de rechange, à la fois souhaitée et redoutée. Arrive Alain complètement soûl. G. fait remarquer que si le dispensaire ferme on n'aura plus d'endroits pour se réunir, plus de médecins gratuits. Alain s'en prend à V. Annette et G. essaient de rétablir l'ordre. Alain demande à me voir individuellement. Il se plaint d'avoir été maltraité par Annette hier. Peu après il ira se coucher sur un divan dans un des bureaux. Je vois Gilles un moment, toujours au sujet de l'incident d'hier soir. Puis Yves (un psychotique) qui avait rendez-vous avec moi et qui se scandalise très fort de voir « Monsieur B. aîné boire alors qu'il a les nerfs malades ». Survient la mère des B. À Alain : « Tu me dégoûtes », à Gilles « Je vais de ce pas à la préfecture pour te faire ramasser par la police. » Gilles lui conseille de se faire « endoffer » par les flics. Puis soudain il veut se battre avec Alain. J'apprendrai plus tard qu'ils se sont disputés hier soir, puisqu'ils ont passé la nuit au foyer où Ahmed est resté pour les empêcher de se battre. Le même Ahmed qui tout à l'heure répétera dans le groupe sans cesse, en souriant, « Y a qu'à se suicider. » Je pousse Mme B. dans l'ascenseur, sentant sa présence provocatrice. Nous partons déjeuner et laissons tout notre monde. Gilles est sombre depuis la visite de sa mère. Retour vers 14 heures. Je suis seul avec eux. Alain dort, veillé par Ahmed et Bob. Benoît fait de la photocopie pour la secrétaire. Robert erre en souriant. Dans la salle d'attente, Philippe, avec une bosse, est de plus en plus soûl. Gilles assez éméché. Je trouve un litre de whisky au chevet d'Alain. Je me mets en colère et je donne la bouteille à Gilles pour qu'il nous en débarrasse, en disant qu'ils n'ont vraiment rien compris, que j'en ai marre, et à nouveau j'évoque le spectre de la fermeture. Philippe me dit que de toute manière je gagnerais plus d'argent en cabine privé. C'est vrai, et au moins j'aurais la paix (c'est ma réponse). J'ajoute qu'il me dégoûte [6]. Il me traite de con, et je fais remarquer que c'est exact que nous sommes tous des cons de supporter leur spectacle sans bénéfice aucun ni pour eux, ni pour nous. Philippe se saisit de la bouteille et avale spasmodiquement le whisky. Bob un peu soûl et Ahmed essaient de la lui enlever. Bob est très inquiet au sujet d'Alain qu'il réveille sans cesse parce qu'il a peur qu'il ne meure. Peu après Philippe s'écroule à son tour, Bob et Ahmed l'installent à côté d'Alain sur des fauteuils et des coussins. Gilles est de plus en plus soûl. Les bouteilles de whisky ont disparu. J'apprendrai plus tard qu'elles ont été volées dans un supermarché.

6. Reprenant, sans m'en rendre compte, une expression de la mère B. (note 1994).

Vers 17 heures, je décide d'aller voir Mme B. et propose à Gilles de l'emmener. Après des hésitations il accepte de venir, fait de multiples arrêts dans l'escalier. Il est terrorisé. Finalement nous entrons. Mme B. est assez calme, propose à Gilles de rester pour regarder la télévision, de manger, de dormir. La menace des flics, c'était pour le faire rentrer, car il n'est pas rentré depuis quarante-huit heures. Il y a dessous une question d'argent. Gilles soupçonne sa mère d'avoir subtilisé un mandat de la Sécurité sociale (il est en longue maladie). Elle jure ses grands dieux. Elle a peur que Gilles ne tue Alain. À ce moment, elle se tuera.

Retour au dispensaire. Philippe est dans le coma et nous devons l'hospitaliser au service d'urgence où un psychologue l'emmène dans sa voiture transformée en ambulance. Annette et moi allons raccompagner Alain au foyer. Annette passe un soulier, je passe la chemise, car il est à moitié nu. Gilles commente ironiquement, et vante ce médecin et cette infirmière si dévoués qui ne dédaignent pas de chausser son frère. En moi, la haine monte et gronde.

Alain émerge de son sommeil éthylique ; il est assez ombrageux ; il ne sait plus où il a mis ses clés, son portefeuille. En l'aidant à chercher dans ses poches je découvre une plaquette d'Équanil. J'ai la tentation de la prendre, et puis je la lui laisse. Philippe aussi dormait avec de l'Équanil dans les bras. Nous conduisons Alain au foyer où F. (un des habitants) se lave à grande eau. Il est furieux de nous voir ramener Alain dans cet état. Il fait remarquer qu'il a travaillé toute la journée ; Christian est encore au travail. Nous déposons le paquet et partons. Je suis excédé, je ne sais plus quel jeu nous jouons ; j'ai l'impression de m'être embarqué dans une aventure démagogique et profondément inutile, une sorte d'héroïsme antipsychiatrique. Où est-ce que tout cela mène ? Et pourtant vacille une faible idée : il faut continuer dans ce sens, non pas pour expier je ne sais quelle culpabilité mais pour leur offrir une autre face de la relation médecin-malade.

Il faut continuer, mais jusqu'où et pourquoi ?

24 avril 1972

Réunion d'équipe, dépressive, centrée sur les Dalton encore une fois, d'où il ressort qu'ils veulent nous détruire pour homogénéiser le système. Faute de pouvoir être comme nous, ils veulent nous rendre comme eux. Gilles me dit dans le couloir, chaque fois qu'il me rencontre : « Prends du Valium. »

25 avril 1972

Au dispensaire vers 12 heures. La matinée a été chaude. Annette a engueulé les Dalton, disant qu'elle ne les supportait plus. Gilles désorienté arrête J. Dill (un psychologue) : « Qu'est-ce qui se passe ? Vous avez tous changé. »

À 14 heures, je suis en train de parler avec Ahmed ; Gilles entre et exclut ce pauvre Ahmed et je cède. Ai-je peur ? On s'explique :

LUI : J'ai engueulé Dill ce matin.

MOI : Je sais, il me l'a dit.

LUI : C'est ça, vous vous dites tout maintenant. Tout se sait, vous êtes comme ma mère.

Perception d'une équipe unie, toute-puissante et rejetante où tout le monde dit la même chose, tient le même discours omnipotent, celui de la mère.

LUI : Ou je délire, ou vous êtes tous vraiment devenus comme ma mère.

MOI : Il y a une troisième solution, c'est que tu nous forces à être comme ta mère.

Et j'explique qu'ils ne peuvent plus supporter que nous ne soyons pas comme eux, qu'ils veulent nous rendre fous.

LUI : Tu comprends, vous, vous avez la maîtrise, nous on l'a pas. Si vous la perdez, alors c'est vous qui serez les malades et nous on vous regardera. Comme s'il testait, pour se rassurer, notre solidité, notre résistance.

Bref, ce ne sont plus des individus qui se rencontrent ici, mais deux groupes en voie d'homogénéisation. Nous-Eux. Deux groupes en lutte pour cet avoir qu'ils nous jalousent et veulent nous prendre. On finit par se réconcilier, et je les incite à nettoyer. Ce qu'ils font « pour rendre service ». Et je m'en vais.

À 16 heures tout recommence. Colette (l'amie de Gilles) a reçu un coup de poing « parce qu'elle voulait faire l'homme ». Il est probable que ce coup de poing était destiné à Annette qui, ce matin, avait pris une attitude différente de celle qu'elle a d'habitude.

26 avril 1972

Les portes des bureaux sont fermées à clé. Seule la salle d'attente est ouverte. Nicole a interdit l'usage du téléphone. Nous reprenons possession de notre espace et voulons le défendre. Il faudrait arriver à deux espaces (le dispensaire à nous, le foyer à eux), faute de parvenir à un espace commun. Il faudrait aussi, soit retrouver le morcellement du début, soit faire une véritable équipe où on peut se différencier. Actuellement, dans cette équipe à grumeaux les rivalités et les tensions qu'ils suscitent entre nous sont trop fortes pour que nous puissions trouver, désireux que nous sommes de maintenir l'unité, autre chose qu'un discours compromis, avec la morne stéréotypie du symptôme névrotique. Je rencontre Alain dans la rue. Il a peur de faire un delirium tremens. Je le rassure et lui rappelle que nous avons rendez-vous vendredi.

Visite de Mme B. sans voix. Elle est venue au dispensaire dans l'après-midi engueuler Alain et me dire qu'il l'a menacée avec un revolver. Alain nie mollement. Le soir, je passe chez eux. Gilles est là, assez en forme. L'appartement est propre et Gilles prend soin de tout. C'est maintenant le dispensaire qui est devenu le lieu dégradable et dégradé, comme s'il fallait toujours une matrice préservée et un cloaque. Ce n'est pas gai d'être devenu cloaque et difficile à manipuler pour nous. Du reste ce qui est le plus mal supporté, ce n'est pas finalement leur ivresse et leur dégradation, c'est la dégradation qu'ils font subir au dispensaire, c'est-à-dire à un morceau de notre espace ou, du moins, à un espace que nous considérons comme nôtre.

27 avril 1972

Depuis que le concierge a fermé les portes des bureaux à clé de midi à deux heures, et l'après-midi lorsqu'il n'y a pas de consultation, un certain calme est revenu. Un pouvoir légiférant externe nous a tous ramenés à la réalité. Jusque-là nous nous disputions un espace, le nôtre, le leur.

À nouveau, Gilles et Christian : « Tu as tout, on a rien. Ton pull, ton imper, ta femme. » Et ils font intrusion dans mon bureau au cours d'une réunion d'équipe en se sentant pourtant de trop. Christian, quand j'étais avec une cliente ce matin, a frappé, s'est excusé et est reparti. Gilles veut faire une réunion commune la semaine prochaine. C'est que maintenant tout ce qui se passait dehors, dans la famille avec la mère, se passe avec nous. Une sorte de psychopathie de transfert que nous avons peut-être favorisée. Mais pour que cette psychopathie de transfert soit interprétable, il faut que nos agis respectifs puissent se développer dans un espace neutre, intermédiaire, ni à eux ni à nous, et c'est cet espace qui a été décrit et institué par le geste du concierge.

2 mai 1972

Vendredi soir, la réunion commune est décidée. Gilles annonce à Annette qu'il y aura une pré-réunion au foyer le 1er mai, un lundi. Ils parleront entre eux, puis viendront ensuite nous cracher nos vérités à la figure et nous dire tout ce qu'ils pensent de nous. Il annonce une sorte de classement, les bons, les moins bons, les mauvais. Hélas, samedi soir, Bob arrive au foyer, trouve Gilles et Christian drogués. Christian finit par avaler un tube de Gardénal. Ils appellent les pompiers. Gilles et Christian sont hospitalisés au service d'urgence. On apprend tout ça, ce matin 2 mai en rentrant, par Robert qui a vu Bob. La réunion prévue n'aura pas lieu.

3 mai 1972

La fête bat son plein. Hier au moment de partir, je rencontre Dominique (un psychotique) ; il veut me voir pour un arrêt de travail. Après mon départ, Bob complètement soûl le force à prendre du Mandrax, le soûle, et finalement lui fait deux injections intramusculaires de Valium. La deuxième est empêchée par l'intervention de Claude (une assistante sociale) alertée par un autre malade. Dominique a été dépouillé de 20 F.

Aujourd'hui réunion d'équipe houleuse où les passions se déchaînent. Ça ne peut pas durer, c'est le règne de la violence, il faut faire quelque chose. Le dispensaire est devenu un bouge. À nous de réagir ; nous sommes ici chez nous, assistons terrorisés à ce qui se passe et ne faisons rien. Je propose de réfléchir avant d'agir et d'analyser comment nous en sommes arrivés là. Mais je suis mal reçu. Ne faut-il pas séparer les psychopathes des psychotiques ? Il n'y en a que pour un petit noyau qui, par-dessus le marché, est abandonné. Finalement on se quitte en plein marasme. Impression d'une querelle de ménage déclenchée par l'inconduite des enfants où chacun des conjoints se renvoie la responsabilité. Nous sommes tous découragés. Il me semble que nous avons décidé : 1° de nous réunir avec eux (on ne le fera jamais !) – 2° de revenir à des prises en charge individuelles, chacun ayant ses malades et refusant de s'occuper de ceux des autres (ce qui marche déjà avec certains, spontanément, mais pas avec les vedettes) – 3° de désigner une équipe disponible pour l'accueil du matin, pendant une heure et demie – 4° de demander au concierge de continuer à fermer les bureaux l'après-midi, et peut-être d'interdire la porte du dispensaire aux « vedettes » en dehors des heures d'accueil ou de rendez-vous individuel (ceci est resté en suspens).

Annette en sortant : « Les soignants deviennent aussi fous que les soignés. »

Nous avons voulu fixer les « désordres sociaux » de nos patients au dispensaire, moyennant quoi ils n'ont pas trop de problèmes à l'extérieur, ne commettent plus de délits, ne frappent plus la mère des B. Mais voilà que nous ne supportons plus qu'ils agissent chez nous, et avec nous leur destructivité.

Il est assez amusant (ou triste) de penser aux projets de *Free*

Clinic qu'avaient certains d'entre nous qui tolèrent si mal aujourd'hui ce qui se passe sous nos yeux [7]. Il est assez amusant aussi de voir les gauchistes de service devenir les plus répressifs et reprocher les vomissures sur les moquettes. Il est frappant de constater que nous tolérons leur effrayante puissance de destruction lorsqu'elle s'extériorise ailleurs qu'ici, surtout si elle se fait sans saleté. Les murs et les tapis seraient-ils plus importants que les individus ?

J'ai mal à un rêve, à un rêve qui deux ou trois mois durant, l'espace d'un été, s'était presque réalisé. J'entends déjà ricaner les experts : mauvais réglage de la distance, mauvais contrôle du contre-transfert, attitude séductrice, etc., comme c'est facile de critiquer... de loin. Ce sont ceux qui sont le moins présents qui tolèrent le moins bien, et qui tiennent rigueur de ce qui se passe à ceux qui sont là le plus souvent.

Arrivent Gilles et Christian. Gilles est angoissé, Christian a le visage défait. Je les salue juste. Ils disent : « On s'en va. » Leur rêve aussi est brisé.

4 mai 1972

Enfin une réaction. Dans une certaine mesure je suis soulagé. Ce qui n'était que danger mythique, évoqué, redouté, espéré, est devenu réalité. En arrivant je trouve un mot de la secrétaire : « Il faut rappeler d'urgence le Docteur X à la préfecture. » Au téléphone, X (médecin-inspecteur de la santé) est aimable. « Il faut que je vous voie sans tarder. Le maire menace de fermer le dispensaire. » Je suis étonné que malgré tous nos efforts de bon voisinage, le maire s'adresse directement à nos employeurs et pas à nous, humainement, mais par la voie hiérarchique. Mystère de la bureaucratie. Rendez-vous pris pour mardi. Dans la salle d'attente, plusieurs patients, des doux et des durs ! Je leur explique la situation et leur demande de transmettre aux autres. Je prépare notre « défense ». Dans un dispensaire antituberculeux, il est logique qu'il y ait des B.K. Dans un dispensaire d'hygiène mentale, de l'alcool. Vouloir soigner les fous, c'est accepter de les rencontrer avec leurs symptômes. Bob propose qu'on relance l'idée de réunion commune de Gilles pour préparer une organisation. Il la voit comme à « l'armée », un responsable de chambrée qui veillerait sur la discipline. Une salle *rien que pour eux* avec des jeux de cartes. Christian essaie de tenir la vedette. Il se sent l'accusé. J'essaie de discuter avec lui et lui dis que chaque fois qu'il commence à construire quelque chose,

7. Les *Free Clinics*, aux États-Unis, sont des lieux d'accueil sans rendez-vous préalable essentiellement destinés aux toxicomanes.

il le détruit. Il répond : « Tu m'as fait mal, tu as dit que j'étais un raté. » Menace de se suicider. Peu après V. vient me voir pour réclamer davantage d'autorité de la part des médecins. Il faut que les médecins soient médecins, les malades malades. Cela fait penser à Spinoza et à un passage de Deleuze et Guattary : « Les opprimés aiment et souhaitent l'oppression. » Cela renvoie aux avatars du désir qui ne coïncide pas toujours avec l'intérêt. Freud aussi avait dit cela en parlant des bénéfices primaires et secondaires de la maladie. Nos anti-psychiatres ont tendance à l'oublier. Un univers géré par les fous serait mille fois plus oppressif que le nôtre. Hitler l'a bien montré. N'est-ce pas Marcel Sassolas qui comparait notre situation à celle des démocraties devant la montée du nazisme ?

10 mai 1972

Réunion d'équipe : Dialogue de sourds. Je n'en dirai pas plus, sinon que dans ma tête tournait le titre de Ionesco : « Comment s'en débarrasser ». Si seulement *ils* n'étaient pas malades, *nous* serions si heureux ensemble. Les détracteurs de la psychiatrie communautaire y voient la menace d'un contrôle social nouveau et plus subtil, et nous comparent souvent à des policiers de la santé mentale. Ironie du sort ! Notre problème n'est pas d'aller débusquer chez eux des malades qui s'ignorent et de contrôler les mouvements des déviants en les contraignant à suivre nos consultations. Il est bien plutôt de limiter une demande qui ne fait que croître et de mettre un terme à une consommation avide dont nous ne savons plus, épuisés, dévorés que nous sommes, comment nous déprendre.

À midi, Irène (un médecin) a hospitalisé Bob (pour une intoxication au Nozinan). Elle était hors d'elle. Gilles, Alain et Robert ont accompagné Bob à l'hôpital général. Ils sont allés voir Ahmed qui avait fait une T.S. Ils en parlent. Finalement la parole circule, mais il n'y a pas de lieu de reprise collective, et je pense de plus en plus à notre réunion d'équipe inutile. Arrive Gilles qui vient rendre de l'argent emprunté à Annette. Gilles et Alain me fuient depuis que les portes sont fermées et voient en moi le grand chef en colère. Entre eux et moi le dialogue ne passe plus.

Visite chez Mme B. Elle commence, très agressive : Gilles vient de la frapper et de casser un meuble, la destruction reprend donc chez elle depuis qu'elle diminue chez nous. Elle est ulcérée et exprime sa haine vis-à-vis de son fils. Puis peu à peu elle s'amadoue. Elle explique alors que Colette est redevenue l'amie de Gilles qui couche avec elle, quand la mère n'est pas là, dans le lit maternel (et ça a été, je pense, l'origine de la bagarre). Ils s'embrassent devant Alain, qui fut l'amant transitoire de Colette.

« Il est bien, lui. Quand c'est pas l'un, c'est l'autre. » Elle plaint beaucoup Alain, sa dépression, sa solitude. Reproche à Gilles de se donner en spectacle. Nos timides essais interprétatifs rapprochent la position de Colette entre les deux, de la sienne et de la nôtre. Ce n'est pas entendu. Gilles a le projet de vivre avec Colette. Alain ira au foyer, le papa à l'hôtel. Elle-même pourra enfin se faire opérer après avoir « liquidé le docteur », c'est-à-dire après m'avoir rendu l'argent qu'elle me doit [8]. Je commente la phrase (à double sens) et elle s'esclaffe. L'atmosphère est détendue quand nous nous quittons.

12 mai 1972

Nouvel incident-seringue avec Dominique, Bob et Gilles, incident qu'Annette a pris calmement en confisquant la seringue et en fermant l'infirmerie. Cette histoire de seringue soulève tout un tas de problèmes dont il faudra bien discuter avec tout le groupe concerné. Pour l'instant nous en sommes à l'heure des contacts individuels, par où passe, selon moi, l'essentiel de l'appui thérapeutique, mais qui laisse de côté la difficulté fondamentale des rapports de groupe à groupe. Comme disait Dill : « On ne résout pas un problème de groupe en multipliant des contacts individuels. » Mais nous sommes si peu affermis, si conflictuels dans notre propre conscience de groupe que nous hésitons à rencontrer leur groupe.

Visite chez Mme B. où se trouve Colette. Mme B. est d'abord mourante, souffre du ventre, a la diarrhée, dit que tout est sale de nouveau chez elle. Gilles a, selon elle, cassé la télévision en couleurs. Finalement il ne s'agit que d'un fil sectionné. Colette, manifestement inquiète, guette son homme derrière les rideaux. Mme B. raconte, avec ce mélange de déclamation tragique et d'humour dont elle a le secret, les incidents de la veille. Christian est venu avec Alain et un bouquet de roses dans la main, un géranium dans l'autre. Elle a été émue aux larmes. Elle a voulu les retenir pour un déjeuner « enfin calme ». Soudain arrivent Gilles et Bob, fin soûls. Elle les invite quand même à manger. Et puis l'incident éclate. Christian n'a plus son portefeuille. Mme B. dit qu'on n'a jamais rien volé chez elle et exige une fouille générale. Bob ne le supporte pas, se met tout nu et agite son sexe avec insultes et gestes obscènes en direction de Mme B. qui hurle : « J'ai cinquante-sept ans. » Elle voit rouge et envoie un coup de tête à Bob qui s'écrase contre la porte et perd connaissance : « J'étais en légitime défense. » Elle est ulcérée

---

8. « Liquider le docteur », liquider le transfert. C'est justement cela qui est impossible.

parce que Gilles prend le parti de Bob, se bat avec Colette, jette des objets par la fenêtre et enfin s'attaque là où ça fait le plus mal, au poste de télévision, non payé, non assuré. Tout le monde s'emploie à ranimer Bob. C'en est trop pour Christian qui commence à perdre connaissance. Il est épileptique. On s'active autour de Christian. Bob, qui entre-emps a repris ses esprits, lui dégrafe la chemise et le pantalon et se met à fourrager à l'intérieur. Gestes à l'appui, Mme B. décrit la scène évoquant l'homosexualité, disant qu'à cinquante-sept ans elle n'avait jamais vu ça. Selon elle, l'excitation sexuelle occasionne de nouvelles crises chez Christian, crises qu'elle mime. Tout son récit se termine en rigolade. Elle reprend son sérieux pour me redemander, pour la forme, qu'on interne Gilles. De toute façon ce n'est pas sur moi qu'elle compte pour ce genre de besogne, et manifestement elle se contente de me cantonner dans ce rôle de témoin inactif, inefficace et impuissant, ce que je suis réellement en l'occurrence.

Dans l'escalier, je rencontre Gilles qui s'inquiète de savoir si sa mère ne crie pas trop fort. Selon lui, c'est des cris de sa mère que vient tout le mal, c'est pour fuir ses cris qu'il boit. Je lui tiens un discours vaguement moralisateur auquel ni lui ni moi ne croyons beaucoup mais qui fait partie de la stéréotypie de nos échanges en ce moment. Il roule dans une voiture volée, avec Bob, et je lui dis qu'il va se faire prendre et se retrouver en prison. Il s'en fout ! En quoi il a raison, la police n'intervenant jamais pour limiter ses débordements.

Lundi 14 mai 1972

Gilles, Alain, Christian et Bob ne se montrent plus au dispensaire. Par contre, au foyer les destructions sont de plus en plus importantes. L'équipe du foyer parle de fermeture. Alain qui s'était promis d'assister à la réunion du lundi soir [9] n'y est pas allé. Il reste cloîtré chez sa mère, et boit et « entend des voix ».

Jeudi 17 mai 1972

Survenue de F., terrorisé par ce qui se passe au foyer où Bob a élu domicile, de plus en plus soûl et de plus en plus menaçant. À son tour il exige quelque chose, des médicaments. Il se rue sur la voiture d'Annette à coups de pied. J'essaie de calmer F. qui part au foyer pour revenir un instant après. Alain a étendu Bob d'un coup de poing, Bob baigne dans le sang. J'appelle police secours...

---

9. Une réunion qui se tient chaque semaine au foyer entre soignants et soignés.

Vendredi 18 mai 1972

Consultation bondée comme à l'accoutumée. Survient Alain accompagné de sa mère. Il est soûl et veut tâter le terrain et voir si rien n'est brisé avec moi. Ce dont je l'assure en le raccompagnant en voiture au foyer où les soignants causent avec les voisins à propos des incidents d'hier soir. Je pense que cet acte qui consistait à le ramener en voiture, comme autrefois, a été important, beaucoup plus important que ne l'auraient été des paroles. Alain et Bob hospitalisés par la police sont ressortis rapidement du service d'urgence de l'hôpital. Christian entre à l'hôpital psychiatrique. Tous sont terrorisés à l'idée de la fermeture du foyer qu'ils tiennent pour acquise (et qu'imposent les doléances du voisinage). F. revient épisodiquement au dispensaire faire du scandale. C'est, en fait, l'émissaire des autres qui se tiennent à distance.

19 mai 1972

Maurice (un psychotique) : « J'ai quitté le foyer parce que j'avais peur... » Cela aussi ça existe, cette terreur devant les Dalton.

31 mai 1972

Chez Mme B. Gilles et Colette très à l'aise jouent aux petits chevaux. Gilles vient de faire enfin sa demande pour une formation professionnelle. Alain allongé sur le divan a l'air très déprimé, inquiet. Va-t-il pouvoir repartir en maison de repos ? Il voudrait aller voir Christian à l'hôpital. Mme B. explique sa détresse, elle va être expulsée de chez elle. Elle veut attaquer sa voisine qui a porté plainte contre elle et ses fils, fait bloc avec ses enfants contre la méchante société. « C'est la société qui est peuplée de fous, il y a plein de gens soignés à l'hôpital psychiatrique dans la maison. » En même temps, fine mouche, elle prépare les manœuvres juridiques de retardement qui lui permettront de gagner du temps et d'éviter l'expulsion.

9 juin 1972

Longue consultation. Gilles vient faire un tour, c'est son jour de rendez-vous. Il lui est très difficile de « venir pour parler ». Aussi place-t-il l'entretien sur un médicament-prétexte, le Théralène, qui lui donne des crispations et que je lui avais proposé pour remplacer, sur sa demande, le Nozinan. Alain passe aussi, il va partir en maison de repos, sans enthousiasme. Mme B. était venue peu avant, d'une part pour me réclamer une convalescence pour Gilles qui, selon elle, ne pouvait pas venir au dispensaire où il rencontre des ivrognes et se met à boire ; d'autre part pour m'emprunter de l'argent afin d'envoyer Alain en maison de repos.

Le désengagement

Le Foyer temporairement fermé, Mme B. expulsée de chez elle et en quête d'un nouvel appartement, le dispensaire menacé de fermeture... L'été 1972 commence assez mal. Il inaugure pourtant une période de retour au calme et amorce la reconstruction entre nos clients et nous d'une relation mieux réglée. Surtout il représente, pour nous, un temps de réflexion qui nous permettra de ressaisir conceptuellement la chaîne des événements.

Nous avions pensé parvenir à force de disponibilité à modifier les conditions de la rencontre de tous nos clients, quels qu'ils fussent, avec les institutions psychiatriques. Point d'articulation entre la société et les malades, nous étions prêts à accepter que se jouent entre nous et eux leurs difficultés essentielles et, par conséquent, préparés à assumer aussi le passage à l'acte et l'absence de verbalisation. Avec eux, nous espérions toutefois signer un contrat minimal, construire un cadre communément accepté et protégé par un engagement réciproque à le maintenir tout en le modifiant sans cesse ensemble. Surtout, nous refusions, d'entrée, toute sélection nosographique, tout critère d'exclusion ou d'inclusion hors de ou dans notre visée thérapeutique. Lieu d'accueil, le dispensaire serait ouvert à tous ceux qui désireraient l'utiliser. Notre seul souci était de répondre individuellement et « sur mesure » à la demande de chacun, adulte ou enfant. Sous la pression des faits, nous avons appris à dessiner les limites de notre disponibilité et découvert que si notre attitude d'accueil nous permettait, assez bien, de venir en aide à certains patients (capables de prendre une part active dans notre travail de soins), elle était rapidement débordée par d'autres. Entre nous, nous avons appelé « psychotiques » ceux qui savaient ou apprenaient à se servir de nous et à collaborer avec nous pour leur mieux-être sans repousser jusqu'au point de rupture l'élasticité institutionnelle, et « psychopathes », ceux qui nous remettaient en cause au-delà de notre tolérance et de la tolérance sociale à l'ensemble en folie que nous formions avec eux, ceux qui n'avaient vis-à-vis de nous qu'une attitude parasitique. Une nosographie naïve était reconstituée, c'est-à-dire une tentative de justification de notre engagement thérapeutique avec certains, de notre essai de désengagement avec d'autres.

Au dispensaire, nous avons donc retrouvé tout ce que nous connaissions à l'hôpital, le parasitisme, la destruction et surtout la dérision. Habiles à nous forcer dans nos retranchements, les « psychopathes » moulèrent sur une institution nouvelle une nouvelle parodie. Les extraits du journal l'ont sans doute fait saisir. Nous avions voulu laisser aux patients une place aussi grande qu'à nous dans l'institution ; nous avions prétendu ouvrir une aire de jeu où le temps, l'espace et la réalité même du traitement pourraient faire l'objet d'une négociation constante et d'une manipulation commune. Ils commencèrent par prétendre occuper les lieux de manière quasi exclusive pour se poser comme seuls objets de nos soins et de notre attention. Puis quand le dispensaire et le foyer ne se prêtèrent plus aussi complètement, aussi totalement, aussi définitivement à leur avidité, ils passèrent à l'action... à leur manière, pour en faire un champ de bataille, un tas d'immondices, une ruine fumante sur laquelle ils plantèrent le drapeau pitoyable de leur mégalomanie, de leur désir de toute-puissance, blasonné de leur totale impuissance à créer quoi que ce soit. L'espace, ils l'envahirent et le démolirent, en expulsant tous les autres. Le temps, ils se l'assujettirent et le nièrent du même coup. Ne venant jamais aux rendez-vous mais toujours à leur heure, n'acceptant de moments des soignants que des moments volés, incapables de trouver une situation intermédiaire entre une présence constante, exigeante, totale, et une absence, ils montrèrent leur incapacité à maîtriser et à mesurer le temps ; ils se firent du temps thérapeutique un passe-temps, une distraction, c'est-à-dire un temps immobilisé. En ne parvenant plus à nous asservir à leur faim d'amour, ils nous transformèrent en spectateurs médusés de leurs débordements. Incapables de constituer une vie fantasmatique ayant une durée et de faire face à leur imagerie interne, ils s'engagèrent dans la morne répétition d'un scénario policier, un cinéma répétitif de gendarmes et de voleurs... (« On joue à Al Capone. ») sous le regard d'une caméra impuissante : nous. Quant aux médicaments dont nous avions prôné la libre disposition, ils les transformèrent en drogues ou en armes, c'est-à-dire en instruments de destruction et aussi en marchandises.

Nous ne nous faisions pas trop d'illusions sur la puissance de nos interprétations. Les rares fois pourtant où nous leur en fîmes, ils les parodièrent en les rejouant immédiatement dans la réalité. À plusieurs reprises nous essayâmes ainsi de leur faire prendre conscience de leur agressivité à notre égard. Dociles et ironiques, ils entreprirent de casser nos meubles et notre institution. Je pense aussi au jour où j'avais tenté de montrer à Georges son irréductible ambivalence pour les figures maternelles, son mélange d'amour et de haine. Il me quitta, ravi en apparence, rentra chez lui et rossa sa mère... ce qu'il m'annonça, triomphant, le lendemain.

L'attaque se poursuivit au niveau non pas de nos corps que, curieusement, ils continuaient à respecter, mais au niveau de nos convictions les plus intimes qu'ils avaient été prompts à dépister. En nous obligeant à instaurer une loi et à nous comporter de manière répressive, en nous montrant les limites de notre disponibilité, en nous forçant surtout continuellement à passer à l'acte en réponse à leurs passages à l'acte, ils nous amenaient à quitter notre terrain pour venir nous battre avec eux sur le leur. Cette tentative d'homogénéisation de notre groupe et du leur, par incapacité à accepter une douloureuse différence, apparaît bien dans leur volonté de nous rendre malades, de « nous faire perdre la maîtrise ». Elle apparaît aussi dans l'atmosphère de louche complicité que notre statut favorisait.

Dans la mesure, en effet, où notre institution était marginale, en lutte contre les structures établies et en particulier contre l'hôpital, dans la mesure où la plupart d'entre nous avions des sympathies ou des engagements politiques à gauche ou à l'extrême gauche, un compromis ambigu pouvait s'établir entre eux et nous. Un clin d'œil, et leur destruction pouvait passer pour une contestation, leurs pirateries pour des actes révolutionnaires, leurs attaques pour des prises de position anti-institutionnelles. Une semblable confusion, en mai 1968, quand les étudiants virent leurs universités envahies par les « trimards » fit croire, un instant, à la coïncidence de deux luttes pourtant radicalement différentes. L'une s'attaquait à l'institution de l'extérieur pour la modifier, la changer, voire la détruire pour reconstituer autre chose. L'autre, de l'intérieur, empoisonnait lentement le corps qui la contenait, hors duquel et sans lequel le psychopathe ne peut pas vivre.

Une fois de plus, donc, les psychopathes réduisaient une institution à sa caricature, caricature de prise en charge thérapeutique (médicamenteuse, institutionnelle et psychanalytique), caricature d'entreprise révolutionnaire. Une fois de plus, ils apparaissaient comme à la limite interne de l'institution, enveloppés en elle, nourris d'elle, mais étrangers : des parasites.

Reprenons le récit. Les mois, puis les années qui suivent sont marqués par la mise en place d'un système de cohabitation relativement confortable, pour eux comme pour nous. Nos investissements sont désormais ailleurs. L'institution est devenue ce qu'elle visait à être, une institution pour psychotiques. Vis-à-vis de nos psychopathes nous avons renoncé à toute espérance. Ils sont notre échec et nous le savons. Il faut vivre avec ses échecs et s'en accommoder, et c'est peut-être parce que nous n'avons plus d'ambition thérapeutique pour eux et que nous nous contentons d'aménager entre eux et nous une relation qui nous les rendent supportables, que nous avons conservé à leur égard une utilité toute relative.

Alain B. a passé une année à l'hôpital où il a renoué avec sa femme. Un petit appartement leur a été concédé à l'intérieur de l'institution. Ils y ont mené une existence tranquille. Le dimanche, ils allaient rendre visite à Ma Dalton qui, elle aussi, avait retrouvé un logement et les recevait avec plaisir. Pris en charge, sur un mode à la fois très maternel et très directif par une infirmière de l'hôpital, ils ont fini par sortir. Ils ont trouvé une conciergerie et y mènent actuellement une existence assez calme, émaillée d'assez rares beuveries. Seules, l'infirmière et la mère ont conservé un contact avec eux et prennent pour eux toutes les décisions importantes. Avec leurs deux pensions d'invalidité ils vivotent assez agréablement. Leur « réussite » n'est pas sans évoquer la chronicité douce et sans histoire, le parasitisme réussi et assumé où s'abîme le psychotique chronique brisé par vingt années d'existence asilaire. Mais au fond, nombre de nos concitoyens ne sont-ils pas obligés de se satisfaire d'une vie semblable ?

C'est contre l'attrait de ce gouffre vertigineux que Gilles continue à résister. Ses passages à l'acte ont une fonction protectrice, et il reproche – souvent « activement » – à son frère de s'être définitivement résigné. Il a continué, un temps, à errer entre l'hôpital et l'extérieur. Puis nous avons fini par lui interdire définitivement l'accès des lieux de soins, aussi bien de l'hôpital que du foyer ou du dispensaire (ce qui est illégal puisqu'il s'agit, au moins pour le dispensaire, d'un lieu public en principe ouvert à tous. Il nous force donc dans la délinquance). Assez curieusement, il respecte nos interdictions – les seules peut-être qu'il reconnaisse – et vient simplement les vérifier de temps à autre, réapparaissant pour se faire chasser. Entre le logis de sa mère et celui d'amies ou d'amis de rencontre, il s'est organisé une sorte de roulement, et c'est chez lui qu'il reçoit, à la demande, la visite de Nelly Rebatel, un des médecins de l'équipe qui m'a relayé auprès de lui. Il n'a pas pour autant renoncé à ses ivresses, ses toxiques et ses petits vols. La police reste toujours inopérante.

Quant à Georges, son compagnon de débauche, je le vois assez régulièrement. J'ai essayé de lui fixer des rendez-vous et je refuse de le recevoir au dispensaire à d'autres moments. L'hôpital lui est en principe interdit, mais il essaie de tourner la loi et de forcer son entrée en se faisant interner d'office entre deux séjours en prison [10]. Depuis que nous le connaissons, il cherche d'ailleurs à nous utiliser pour tourner en dérision toute possibilité de loi ou de règle. Sitôt qu'il nous a amenés à énoncer un interdit, il essaie de nous le faire violer et paraît déçu lorsqu'il y parvient. Ainsi, une décision a été prise : ne plus lui prescrire

10. Suivi régulièrement à domicile par un assistant social et un psychologue, il parasite assidûment le service d'urgence de l'hôpital général.

de médicaments parce qu'il en abuse ou en fait commerce. Un jour qu'il manifeste une anxiété particulière, je finis par me laisser fléchir et lui fais une ordonnance de tranquillisants. Je découvrirai quinze jours plus tard qu'il n'a pas utilisé cette ordonnance, l'important était de m'obliger à la prescrire, de me détruire en tant que personnage assez fort pour lui résister. Quand il parvient, malgré moi, à se faire hospitaliser, il s'enfuit aussitôt du service, etc. Remarquons au passage, et en cela il n'est pas unique, que toute menace, toute interdiction verbale n'ont chez lui aucun sens, ou plutôt, l'obligent compulsivement à en vérifier la réalité en se mettant en situation de transgression. La parole est creuse, seul l'acte est important. Les représentants de la loi ont beaucoup de mal à comprendre cet appel à une manifestation concrète de la puissance légale qu'est le passage à l'acte du psychopathe.

Avec Alain G. la situation est plus difficile. Charmeur, séducteur, il a poussé à la perfection le système de la complicité. Visiteur occasionnel, il nous tient au courant de tous ses méfaits, s'abrite derrière notre secret professionnel et son statut de malade, cherche à écouler auprès de nous le produit de ses larcins. Nous sommes pour lui des paradélinquants, des « caves » sympathiques qu'il tente – en artiste – de mettre dans son jeu.

Christian a connu des jours plus heureux. Engagé dans un cirque *(sic)* comme aide-machiniste, il a fait un long périple en Italie, puis en Grèce. Il est revenu il y a peu et – après diverses aventures dont une tentative de suicide par le feu – a réendossé l'uniforme asilaire. C'est un collègue, J. Cottraux, qui a repris auprès de lui le rôle du père qu'il a longtemps voulu me faire tenir et qu'il m'en veut d'avoir abandonné.

Aux dernières nouvelles, Bob était en prison pour vols et incendie volontaire.

La situation s'est fixée au présent. Nous sommes sortis de l'histoire. Comme le sapin a son lichen qui ne l'empêche pas de grandir, nous avons nos parasites, plus ou moins inévitables, adaptés à nous comme nous nous sommes adaptés à eux [11]. Nous

11. De parasites internes qui empoisonnaient sourdement notre corps institutionnel, ils sont devenus des parasites externes et s'agrippent à notre surface.

nous absorbons à autre chose (le soin aux psychotiques), et il nous arrive de vivre avec les psychopathes en les oubliant. Sans nous, ils n'existeraient pas ou existeraient autrement, peut-être plus dangereusement pour eux ou pour la société. Nous sommes leur théâtre, leur public et, bon gré mal gré, leurs partenaires. Nous leur avons ouvert les chemins d'un plaisir insoupçonné, et peut-être leur avons évité une structuration dans une délinquance organisée. Quand nous prenons de manière plus aiguë conscience de notre inefficacité, il nous arrive de penser que, solides délinquants, ils eussent vécu avec plus de vigueur et peut-être plus de bonheur. En les maintenant dans la situation de garnements sans envergure, la psychiatrie leur a-t-elle rendu service ? Socialement, ils sont moins dangereux, c'est certain. Mais humainement, que penser d'une existence dont le périmètre est aussi restreint, d'un trajet emmuré entre leur logement, le dispensaire et l'hôpital avec quelques incursions au foyer, l'ensemble couvrant à peine un kilomètre carré ? Dans leur cas, n'avons-nous pas simplement reculé les murs de l'asile ?

Et où sont ces discours plus authentiques que nous pensions entendre, ce sujet « véridique » que nous cherchions à saisir hors des institutions qui, croyions-nous, le déformaient et le psychopathisaient ? Force nous est de constater, ici aussi, l'échec de notre projet. Ce qui surgit dans un cadre autre, c'est simplement un autre parasitisme, d'autres modalités réactionnelles à une autre institution (même élargie et assouplie), au point qu'il nous arrive de penser que nous enseignons simplement une nouvelle manière d'être psychopathe. L'objet à voler et à consommer gloutonnement, ce n'est plus seulement le vin, la voiture ou la drogue ; la parure, ce ne sont plus les seuls tatouages, les bijoux ou les vêtements dérobés à l'étalage ; la force, ce n'est plus uniquement d'écraser les plus faibles quand ils ont cessé de servir. Le psychopathe est devenu un malade, il se soigne, ou plutôt il vole du temps médical, il avale des médicaments. À l'hôpital, il refusait les soins, comme dégradants, voici qu'il en redemande et s'en fait une gloire tout en les privant de sens, c'est-à-dire en les détruisant. Talisman, l'ordonnance est aussi une cocarde.

Conclusions
À la recherche d'une personnalité psychopathique

Tout au long de ce travail, nous avons été amenés à définir le psychopathe par son parasitisme. Dans des situations différentes, la famille, l'hôpital, le dispensaire ou le foyer, c'est la répétition, jusqu'à l'épuisement, des conduites parasitiques qui nous est apparue caractéristique. Le psychopathe s'est montré incapable d'inaugurer un contrat thérapeutique avec un autre statutairement différent, impuissant à reconnaître un objet total source de plaisir différé, et prisonnier d'un objet partiel source de satisfactions immédiates.

Au parasitisme, nous avons trouvé comme cause probable une relation précocement perturbée à la mère, la rupture trop brutale de l'équilibre symbiotique initial et la recherche d'une réparation fusionnelle à laquelle aucun père n'a fait obstacle. Il nous a toutefois paru utile de nuancer notre propos : même caricaturale, la structure familiale du psychopathe peut être consécutive à la psychopathie aussi bien que causale. J'aimerais aller un peu plus loin et m'interroger sur l'échec dont témoigne, vis-à-vis de sa mère comme vis-à-vis des institutions soignantes, le comportement brutal du psychopathe ; bref, chercher dans la relation transférentielle un au-delà du principe du parasitisme.

Enfant, le psychopathe n'a pas su jouer. Le jouet lui est apparu comme signant la fin d'une symbiose heureuse ; il a représenté un substitut inadéquat d'un sein maternel devenu soudain vide après avoir été bienheureusement gratifiant. Rappel douloureux du sein, mais sa caricature inefficace, déjà le jouet met en route chez l'enfant ce que sera le processus parodique. L'enfant ne peut alors supporter que le jouet soit différent de l'image qu'il s'en fait (et qui est le souvenir d'un sein perdu). Il le suce en vain, le mord, et lui en veut de résister par son opacité objective à son contrôle omnipotent. Le jouet peut être manipulé (et le psychopathe apprend avec lui ce qui sera chez lui un comportement fréquent vis-à-vis des autres), il ne peut être changé. La volonté de l'enfant échoue dramatiquement à ressusciter le sein à travers lui. Embarrassé de cet objet encombrant, l'enfant le tourne et le retourne, essaie de voir ce qui se passe à l'intérieur, puis le casse en le jetant contre un mur, espérant peut-être faire resurgir le sein hors de cette ridicule carcasse. Devenu plus grand et plus actif, le psychopathe agit de même avec sa mère. La rancune qu'il exprime contre elle, la haine qu'il ressent à son égard sont suscitées par l'incapacité de la mère à redevenir celle qu'elle était, par l'échec du psychopathe à la rendre à nouveau totalement bonne et totalement disponible comme le sein des premiers mois. Parce qu'elle n'est plus la bonne mère totale des débuts, parce que ce qu'il voudrait reconstituer en la manipulant ne peut réadvenir, le psychopathe bat sa mère.

Brisant son enveloppe, il espère retrouver, comme à l'intérieur des poupées russes, ce qui, croit-il, s'y cache : l'idéal et mythique souvenir qu'il porte en lui. Michel-Ange, au soir de sa vie, s'écriait : « Quand en aurai-je fini avec ce marbre qui me sépare de ma statue ? »

La nostalgie du paradis perdu infiltre les récits de nos clients [12]. Ainsi, Georges raconte sans cesse les semaines merveilleuses passées à aimer Françoise et hante les rues où il l'a connue et perdue à jamais. Alain B. continue à revivre, pour se défendre contre la dépression qui toujours le guette, le temps où, avec sa femme, il avait un logement et dont témoignent les quelques bibelots échappés au massacre. Plus précis, Gilles rêve qu'il prend sa mère sur ses genoux, la casse en morceaux, la dépèce pour trouver au fond d'elle « quelque chose de bon... des gâteaux ». Nous avons dit aussi la simultanéité de la destruction et de la réparation, la coexistence actualisée dans l'espace de lieux bons, protégés, et de lieux mauvais, agressés.

On s'étonnera peut-être qu'il soit ici si peu question du père. Ne dit-on pas souvent, chez les praticiens de la criminologie,

---

12. Elle se rejoue actuellement avec nous. En revenant sans trêve sur des lieux de soins qui furent un temps porteurs du mythe d'un accueil illimité, ils cherchent à recréer un été 1971, à jamais passé.

que le délinquant manque d'un « modèle d'identification virile » ? Il faudrait voir cela de plus près.

Ce à quoi l'enfant s'identifie, ce n'est pas tant à son père (réel) ou à sa mère (réelle) qu'à la relation qui les unit (ou les sépare). Le petit garçon voudrait être le père aimé de la mère et se conformer à l'image du père qu'il prête à la mère (qu'il place à l'intérieur de la mère). Au nom d'un Œdipe inversé, il voudrait aussi et en même temps être la mère que son père aime.

Dans la constellation du psychopathe, les choses, nous l'avons dit, se passent différemment. Inclus dans la mère, le père a été plus ou moins victorieusement digéré, et finalement annulé par elle en tant qu'image. Il n'y reste qu'un trou, un manque, une absence que l'enfant va remplir avec un objet idéal, l'image d'un père tout-puissant, indestructible, d'un père qui n'est fils de personne et ne renvoie qu'à lui-même, réparateur et miséricordieux, qui n'est ni porteur de la loi, ni soumis à elle, au-dessus des lois, hors la loi. Quasi-duplication mâle de la mère, il est tenu dans le monde imaginaire rigoureusement séparé d'elle ; c'est une autre lignée qu'il inaugure. Le psychopathe n'est pas né de la copulation d'un homme et d'une femme qui ne pourrait être pour lui qu'absorption destructive et mandication de l'homme par la femme (les fantasmes de vagin denté sont, chez lui, monnaie courante). Il a une mère et un père définitivement clivés l'un de l'autre [13].

À cet idéal du père, un grand-père réel peut offrir une temporaire figuration. Mais le plus souvent les autres n'incarnent que très passagèrement une image impossible pour bien vite en démontrer piteusement l'irréalisable, et la vanité de tous les rapprochements avec l'inaccessible. L'identification virile, c'est justement ce que le psychopathe ne peut faire autrement qu'au plan du mythe, en adorant des héros.

Avec les soignants, cette mythologie de l'enfance va se rejouer. Aussi destructeur soit-il, le psychopathe a une haute idée de ses thérapeutes. À l'intérieur de lui, il conserve pieusement une image idéalisée, un dieu, une idole, parfois un diable, car,

---

13. En fait, ce que le psychopathe paraît surtout vouloir éviter, c'est le rapprochement destructeur du Père idéal et de la Mère réelle.

vécu comme tout-puissant, le soignant peut aussi bien être idéalement bon qu'idéalement mauvais. Dans le transfert, ce qui est recherché c'est le maintien de cette image idéale avec laquelle, seule, une relation pleinement parasitaire est possible. La réalité impose la distance et la séparation. La réalité doit disparaître. Si le psychopathe attaque la réalité et tente de détruire les objets réels qui l'entourent et plus particulièrement l'institution thérapeutique, c'est parce que ce qui existe dans la réalité (cadres, règles, personnes ou meubles) fait écran entre son rêve et lui, vient ternir la pureté des objet idéaux internes, gêne les noces fusionnelles, les retrouvailles avec un Éden envolé. Les objets réels rappellent dramatiquement dans le transfert l'expulsion hors de ce jardin. Ils symbolisent le sevrage (et aussi l'absence du père), et c'est comme tels qu'ils deviennent la cible d'une suite ininterrompue de passages à l'acte dès qu'ils ont cessé de servir. Le rapport du psychopathe à l'objet, et à cet objet particulier qu'est le soignant ou plus généralement l'institution thérapeutique, est strictement utilitaire. Victime privilégiée (mais n'est-ce pas le propre de toute victime ?), le soignant, quand il se révèle incapable de remplir l'idéal du psychopathe, quand l'écart entre l'objet idéal et l'objet réel devient trop manifeste, déclenche l'agressivité. Le biberon vide doit être fracassé, car il rappelle par sa vacuité même l'impossibilité d'un biberon inépuisable.

Cette faillite, cette chute du soignant au bas de son piédestal, quelquefois une vulnérabilité occasionnelle suffit à la provoquer.

Alors que je termine cet article, Gilles vient me voir. Il y a quelque temps que nous ne nous sommes pas rencontrés, depuis une vive algarade. Dans les allées de l'hôpital, il avait dépouillé de ses maigres économies un vieux malade, physiquement et mentalement diminué. Je n'avais pas supporté cette lâche agression (comme on dit dans les journaux). Pris d'une sainte indignation je l'avais traité de crapule, d'ignoble profiteur et lui avais déclaré « en avoir marre de lui ». Le lendemain, il cassait tout dans le service et en était expulsé. Il est là, beau et noir, comme un archange déchu au charme luciférien. Ému aux larmes, bégayant, pudique, il me raconte : « Tu comprends, je ne sais comment te dire, c'est ridicule, maintenant je prends plus de distance, je n'ai pas les mots. Je voudrais avoir ton instruction pour t'expliquer. Enfin voilà, c'est dit, tu étais mon idole. Je n'ai jamais eu de père, bien sûr j'avais mon beau-père, tu le connais il est gentil mais c'est pas pareil, et puis il fait tout ce que ma mère lui commande. Quand on est môme on pense à son père inconnu comme à quelqu'un de très fort, de très extraordinaire, un dieu capable de résister à tout. Et puis je t'ai rencontré. Alors quand tu as craqué, ça n'était plus pareil. Si tu craquais, si tu m'insultais, tu étais un homme, simplement un homme. Je t'ai parlé dans ma tête. Si tu savais tout ce que je t'ai dit. Voilà, il fallait que tu saches. Tu es toujours mon père. Nelly c'est ma mère. Je pense à vous avant de m'endormir. De toute façon, je suis foutu. Salut. » Et il s'en va [14].

L'affect dépressif (« je suis foutu ») signe la fin d'une époque où père idéal et mère idéale, les soignants annoncèrent la bonne nouvelle d'un retour au Paradis. Ils ne sont plus que des hommes et des femmes, des pères et des mères et non le Père et la Mère. Pourront-ils continuer à le protéger ? Il y a dans la demande de protection que Gilles nous adresse, à travers une activité délictuelle, et dans sa foi naïve en nous, quelque chose de touchant et de dramatique. Le psychodrame qu'il nous force à jouer, où la police mise en marche par ses délits symbolise la mort et la destruction, où nous sommes les bons parents toujours protecteurs et toujours tout-puissants qui doivent le tenir à l'abri des flics, évoquent les images naïves des livres d'heures ou des contes de fées. Mais en même temps il faut démolir ces bons parents qui ne sont que des effigies et, puisqu'ils ne peuvent être totalement bons, trouver son plaisir manipulatoire à les rendre mauvais. Nelly Rebatel me rappelle qu'elle a rencontré Gilles peu après ma colère. Il triomphait en lui racontant qu'il m'avait poussé hors de mes gonds.

C'est que le psychopathe, à défaut de pouvoir contrôler dans l'autre l'amour, perpétuellement menacé d'un retrait de tendresse et de sécurité, se réjouit de déclencher des sentiments, fussent-ils de haine ou de peur. Se trouvant depuis l'enfance

---

14. À quelque temps de là, Gilles mourait d'une overdose, confirmant tragiquement cette sinistre constatation (note 1994).

dans l'incapacité dramatique de plaire, il se rassure de parvenir à déplaire à volonté. Gilles, pour le citer une fois de plus, s'est toujours révélé incapable de quitter l'hôpital de manière régulière après avoir « fait sa sortie », obtenu l'accord du médecin, etc. Ses départs se sont toujours faits soit sur le mode d'une fugue (alors que nous étions tout a fait disposés à le laisser rentrer chez lui), soit par une expulsion, un passage à l'acte violent prévenant toute discussion et toute transaction. Ainsi, il conserve le contrôle tout-puissant de nos réactions. Puisque l'autre ne peut être assujetti comme source d'amour sans limite, il le sera comme source de haine. « Je serai ce salaud parfait, parfaitement détesté, puisque je ne puis être idéalement aimé. » Dans *Saint-Genet, comédien et martyr*, J.-P. Sartre a magnifiquement analysé ce processus, cette identification résolue à l'image négative de soi dans les autres, seule façon restante de les maîtriser.

L'intériorisation de la haine dont il est l'objet attaque alors le corps du psychopathe. Elle explique les mutilations qu'il se fait souvent subir, l'ingestion de produits toxiques de toute sorte, mais aussi de clous, de fourchettes, de verre pilé ; bref, de produits qui déchirent ou empoisonnent. Elle rend compte aussi de ce malaise général, du caractère explosif des mouvements aboutissant à l'incoordination disgracieuse des gestes. Même brûlée, couverte de tatouages ou de cicatrices, la peau du psychopathe ne sera jamais qu'une enveloppe incomplète, le tégument fragile d'un bernard-l'ermite sans coquille.

J'ai parlé de peur et de haine. Tels sont bien, avec le désespoir et la culpabilité, les sentiments nucléaires du contre-transfert. La peur d'abord : c'est, bien sûr, une peur raisonnable liée à un réel péril. Manipulé sans précaution, le psychopathe peut être dangereux, non tant pour l'intégrité corporelle des soignants dont il a trop besoin, que pour le confort de leur travail et pour l'avenir de leurs institutions, pour les autres malades, pour la famille et pour les simples citoyens victimes de toutes ses exactions. Mais cette peur bien vite se majore d'angoisses irrationnelles, ébranle en chacun des sentiments archaïques de haine, source de culpabilité. Le parasitisme du psychopathe viole les plus profonds tabous. L'envie monstrueuse qu'il développe à l'égard du sein maternel ou de ses substituts, nous l'avons tous éprouvée, inconsciemment nous l'éprouvons encore. À la voir quotidiennement réalisée, nous ne pouvons nous défendre contre sa résurgence qu'en haïssant comme irréductiblement mauvais celui qui réalise nos désirs engloutis. En nous, dans notre corps même, le psychopathe a projeté sa rage. Il nous attribue une méchanceté foncière, celle d'un sein tout-puissant qui se dérobe, qui se transmue en haine, mais aussi en culpabilité et en angoisse.

Il y a pire. Le psychopathe sait nous séduire. À la fois pour expier les sentiments mauvais qu'il nous force à éprouver, pour apaiser sa faim que nous ressentons alors comme accusatrice, nous pouvons prendre plaisir à nous soumettre à lui, à nous laisser manipuler par lui. En lui, c'est notre propre avidité que nous voulons combler, nos propres échecs que nous souhaitons réparer. En nous comportant comme la bonne mère totale que nous aussi avons perdue (que nous avons imaginée écrasée par notre violence), c'est cette mère que nous cherchons à ressusciter, autant pour lui que pour nous, pour annuler dans la réalité nos propres destructions imaginaires. Dans ce comportement réparateur sont mises en branle toutes les composantes passives de notre personnalité. Avec un frisson d'horreur, nous trouvons des délices coupables à être pénétré. Cette érotisation de la peur et plus profondément des agressions et des pénétrations fantasmatiques dont nous sommes les victimes est encore source d'angoisse et de culpabilité. Elle explique ce continuel besoin de préserver notre espace et nos limites, de placer çà et là des sphincters infranchissables qu'illustre, à maintes reprises, le récit de notre expérience.

Lorsque alors nous devenons actifs, autoritaires, voire sadiques (et que là aussi nous y prenons plaisir), n'est-ce pas l'image de notre père, dévalorisée par la poussée de l'agressivité œdipienne que nous cherchons à reconstruire avec, une fois de plus, des sentiments coupables et angoissés ?

En outre, en nous instituant comme père idéal, en nous plaçant au-dessus des lois, en dehors de toute filiation et faisant de nous la seule source symbolique qui règle les rapports sociaux mais ne s'y soumet pas, le psychopathe nous donne le vertige. C'est contre la tentation de la toute-puissance que nous cherchons alors à nous défendre en voulant introduire la police ou les autorités municipales, comme recours extérieur – parlé, fantasmé ou agi – dans notre jeu. Mais en fait, nous nous abritons surtout derrière un bouclier dérisoire et inefficace, et tentons sans succès de dévier sur d'autres une position légiférante qui nous angoisse. Ce véritable évitement collectif de la loi, cette phobie de groupe de l'autorité s'explique sans doute par la peur d'incarner – aux yeux du psychopathe – un père qui nous désignerait comme aliment tant pour la mauvaise mère intériorisée, avide et cruelle, que pour sa mère réelle, manipulatrice et destructrice. Les dents de la Mère pointent à l'horizon !

Finalement, la seule loi dont nous avons su nous porter garants est une loi perverse, un caprice interdicteur et exclusif qui a pour seul avantage de préserver notre confort. À dire « la loi c'est moi et je te chasse par l'effet de mon bon plaisir d'un lieu public dont je m'attribue la seule jouissance », nous avons surtout manifesté notre désespoir de parvenir à ouvrir un jour au psychopathe l'ordre symbolique. Faute de pouvoir être un père, nous nous sommes comportés comme sa mère. Comme elle, nous avons fait se succéder l'espoir d'une relation fusionnelle et le désespoir d'un rejet dans les ténèbres extérieures. Quotidiennes dans l'existence du psychopathe ces réactions de rejet traduisent toujours la faillite individuelle et surtout collective des soignants, leur incapacité à contenir les sentiments violents que le psychopathe projette et suscite en eux. Le rejet marque alors le terme d'un processus qu'on pourrait désigner sous le terme de fécalisation. Moulé sur ce qui l'entoure et chargé de tout ce que l'organisme-hôte a d'inconvenant et d'inassimilable, le psychopathe en devient le déchet. Le contre-transfert joue ici, dans un premier temps, de manière latérale. Le psychopathe est d'abord « la merde » de certains des soignants à qui il s'est particulièrement agglutiné. Tenus pour des porteurs de germes, des fauteurs de troubles, voire des « semeurs de merde », ces soignants sont dénoncés par les autres. Puis l'institution se reprend tout entière, reconstruit son unité et rejette ce qui la gêne. C'est en ce sens que le psychopathe doit être considéré comme la vérité de l'institution ou des institutions successives qui l'ont projeté à leur extérieur.

Il peut être tentant ici d'élargir le débat et de voir dans le parasitisme psychopathique un produit social, le fruit, ou plutôt la grossière caricature d'une société de consommation où toutes les valeurs basculent dans la confusion et où la psychiatrie, au nom d'un nouveau scientisme, est appelée comme instance nouvelle de contrôle social au secours de la répression et de la loi (et aussi comme récupératrice et normalisatrice des déchets que cette société accumule).

Peut-être une telle analyse explique-t-elle pourquoi, après avoir parasité d'autres institutions comme l'armée de métier, le psychopathe aujourd'hui, ou celui qu'aujourd'hui on appelle tel, vient parasiter l'institution psychiatrique. Elle ne rend pas compte, selon nous, de l'existence psychopathique elle-même. Elle explique simplement les modifications de cette existence en fonction des circonstances. Quand Gilles B. nous déclare « Il n'y a qu'une guerre ou une révolution qui pourraient me guérir », quand d'autres évoquent avec nostalgie les campagnes coloniales ou font l'apologie d'un régime à la chinoise, c'est à ce modelage sur des situations différentes qu'il est fait allusion. Mais le fond reste le même, c'est-à-dire l'incapacité de vivre autrement qu'en parasite sur un corps institutionnel et l'impossibilité d'établir des relations d'objet.

Le fond ? Y a-t-il donc un fond ? Le psychopathe est-il autre chose que l'addition des projections de toutes les institutions qui l'ont temporairement abrité ? Y a-t-il une personnalité psychopathique ? Et si le drame du psychopathe était justement d'être sans personnalité et de dépersonnaliser ceux qui s'occupent de lui ?

Après-coup 1994

Il est difficile de comprendre cette expérience sans la replacer dans le contexte idéologique de l'époque. En 1960, Michel Foucault avait publié son *Histoire de la Folie*. Pour toute une génération qui commençait alors sa formation, ce livre fut comme un coup de tonnerre : la révélation de la dimension fondamentalement répressive et aliénante de la psychiatrie. Depuis, des études historiques, entreprises d'ailleurs souvent en réponse à Foucault, ont montré le caractère très approximatif et très partiel de ce qui apparaît aujourd'hui plus comme un pamphlet brillant que comme une étude sérieuse.

Qu'importe, alors nous y croyions comme nous croyions, sans discussion, à ce qui se répandait, depuis l'École normale et le Collège de France, sous le nom de freudo-marxisme.

À cette fermentation parisienne, d'autres influences s'étaient ajoutées. Un psychiatre américain, Thomas Szasz, avait écrit le *Mythe de la maladie mentale* où il prétendait que la maladie mentale n'était qu'une fabrication des psychiatres, commis par une société intolérante pour contraindre les esprits originaux. À Londres, portées par la parole prophétique d'un psychanalyste frotté de phénoménologie, Ronald Laing, l'antipsychiatrie connaissait ses premières ébullitions. Un psychiatre, David Cooper, avait créé des lieux d'accueil pour ce qu'on commençait à appeler des « psychiatrisés », c'est-à-dire des individus décrétés malades par un milieu familial et social qui refusait d'admettre leur quête d'une autre logique, leur errance vers d'autres horizons métaphysiques, esthétiques et éthiques, leur mise en accusation d'un conformisme étroit. Le film de Ken Russell, *Family Life*, a popularisé ces thèses. L'heure était à l'abolition des différences entre soignants et soignés, au partage du quotidien dans le cadre aussi tolérant et aussi peu hiérarchisé que possible de « communautés » dont Kingsley Hall fut le modèle. À Bonneuil, dans la banlieue parisienne, Maud Mannoni – qui s'était signalée par quelques ouvrages flamboyants où elle dénonçait pêle-mêle la mère de l'enfant dit arriéré, les institutions médico-psychologiques et la psychiatrie sous toutes ses formes – créait, à son tour, un « lieu d'antipsychiatrie ». Cependant, en Italie, F. Basaglia et ses collègues poursuivaient une démarche surtout politique appuyée par les partis de gauche et les syndicats, et qui devait aboutir à une loi de fermeture des hôpitaux psychiatriques.

Nous avons partagé ces illusions lyriques dont, pourtant, obscurément, nous pressentions les limites. Encore imprégnés par nos expériences hospitalières, allergiques à tout ce qui nous rappelait l'hôpital et dont nous voulions nous démarquer, nous pensions que notre première mission était de soigner le rapport du patient aux institutions psychiatriques avant de le soigner lui-même. Nous avons cru, un temps, qu'il suffisait de prendre le contre-pied de l'asile pour le faire disparaître. Notre conception de l'institution idéale était alors, sans que nous le sachions, ferenczienne. Nous n'avions pas encore connaissance du *Journal clinique* de Ferenczi, mais nous étions marqués par les conceptions de Michael Balint et par son utilisation thérapeutique de la régression. Il nous fallut l'expérience clinique, et aussi celle d'une rencontre personnelle avec Bruno Bettelheim, venu travailler avec nous, pour comprendre que « l'amour ne suffit pas [1] », et pour découvrir les limites de la passivité et de la réparation.

Si je crois utile de publier à nouveau le récit des outrances où nous a conduits notre révolte adolescente, c'est parce qu'elles

---

1. B. Bettelheim, *Love is not enough. Le Traitement des troubles affectifs de l'enfant*, Paris, Fleurus, 1970.

ont constitué, pour notre institution, un traumatisme initial qui donne sens à nos pratiques et à nos élaborations théoriques ultérieures.

Le lieu d'accueil informel que nous avions rêvé a disparu. Le dispensaire est devenu un centre de consultations et de traitements, clairement désigné comme notre territoire, et où l'on ne vient plus que sur rendez-vous, pour une activité précise.

Au foyer du Cerisier se sont succédé des groupes structurés et fermés. Parallèlement, d'autres lieux se sont développés – à l'initiative en particulier de Marcel Sassolas et de ses collaborateurs – des lieux de vie qui reprennent, mais sur un mode digéré, construit, les premières initiatives des anti-psychiatres, et une maison d'accueil psychothérapique pour les patients en crise. Un centre de jour pour adolescents, un autre pour adultes sont venus s'adjoindre à ce dispositif.

Il n'empêche que la nostalgie du lieu d'accueil continue à nous hanter, comme un refoulé dont nous n'arrivons pas à nous défaire, et dont l'utilité aujourd'hui réapparaît pour répondre à l'urgence et pour éviter de nous crisper sur un fonctionnement bureaucratisé où nous perdrions notre âme et notre utilité. D'où un projet de centre d'accueil permanent dont seules les difficultés économiques actuelles et la restriction des budgets de santé ont retardé l'ouverture.

Surtout, les différents travaux que nous avons produits, ceux qui suivent, comme ceux qui ont été signés par d'autres plumes et publiés ou recueillis ailleurs, peuvent être lus comme une réflexion sur ce traumatisme, comme une manière d'en tirer les conséquences, de l'inscrire dans une filiation de pensée, bref comme une sorte d'autothérapie collective. N'est-ce pas finalement le propre de toute théorie que d'élaborer ainsi, sans la vaine prétention de les effacer, les traces laissées dans un psychisme par la violence de l'impensable ? Comme André Green et Jean Guillaumin nous l'ont, l'un et l'autre, enseigné, la négativité est fondatrice, ce qui est une autre manière d'envisager le passage de l'acte à la pensée.

Chapitre 4

Aide matérielle et traitement des psychotiques

« Quand on n'a pas d'argent à offrir aux pauvres, il vaut mieux se taire. »

L.-F. CÉLINE

Dans son célèbre discours au Congrès de Budapest en 1918, Freud annonçait le jour où, devenue un traitement de masse gratuit, la psychanalyse allierait l'aide matérielle à l'aide morale, le cuivre de la suggestion directe à l'or pur de l'analyse. Par cette phrase, tant de fois citée, et aussi déformée, il posait en fait plus de problèmes pratiques et théoriques qu'il ne le prévoyait.

Le psychotique, à l'évidence, requiert autre chose qu'un divan confortable et de bonnes interprétations.

Entièrement absorbé à protéger son identité, il est souvent gêné pour assurer de surcroît sa subsistance, son logement et ses relations avec les êtres vivants ou inanimés. Il lui faut donc des auxiliaires qui, tout en supportant sa lutte contre l'écroulement et ses tentatives de reconstruction, en particulier son délire, permettent sa survie. L'asile, avant de se transformer en institution totalitaire de ségrégation et de répression, avait ainsi pour mission première d'accueillir et d'entourer les malades mentaux en leur offrant un toit et une nourriture. Les modalités d'assistance, qui aujourd'hui se substituent à lui, conservent cette fonction protectrice et se doivent de reconnaître les besoins fondamentaux de leurs clients.

Mais pour celui qui apporte une aide comme pour celui qui la reçoit, l'objet matériel s'accroît toujours d'une plus-value symbolique dont le code social est le garant en régissant les devoirs de l'aidant et les droits de l'aidé. On ne peut proposer n'importe quoi à n'importe qui, n'importe quand et n'importe comment, encore moins l'accepter. À l'inverse, il n'y a pas d'échange symbolique qui ne soit soutenu d'un élément matériel si minime soit-il. Quand aucun milieu physique ne résonne aux sons émis par la bouche, le dialogue est impossible. La monnaie pèse dans la main qui la tend, comme dans celle qui la prend. Même dans sa forme la plus abstraite, l'information exige un support : papier, tableau ou bande magnétique.

Cette dialectique générale du réel et du symbolique se complique dans le cas d'une situation psychotique où les deux catégories se superposent et parfois se confondent. Les mots et les choses sont traités en équivalent. L'aide matérielle – socialement et biologiquement indispensable par ailleurs – prend valeur symbolique de gratification réparatrice (ou de persécution envahissante) cependant que l'aide purement verbale acquiert une dimension matérielle.

J'aimerais illustrer, en commentant quelques observations cliniques, certains aspects de cette vaste problématique.

L'homme au parapluie

L. est un personnage curieux qui vit en solitaire dans un petit meublé et déambule par les rues de la ville. Il frappe dès l'abord par son apparence insolite. Il est chaussé de gros brodequins, porte un bleu de travail, se coiffe d'une casquette en similicuir qui évoque un capitaine au long cours, et tient d'une main un éternel sac à provisions et de l'autre, qu'il vente, qu'il pleuve ou qu'il fasse beau, un éternel parapluie. Il est parfaitement rasé sous sa casquette, qu'il enlève de temps en temps pour éponger son crâne avec un grand mouchoir à carreaux. Ses sourcils sont absents à force d'être blonds, son regard bleu est presque transparent et ses lèvres minces et pâles ne mettent aucune couleur dans un visage émacié, décoloré, pétrifié. J'ai fait sa connaissance, il y a plusieurs années, dans des circonstances particulières.

J'étais alors responsable d'un pavillon à l'hôpital psychiatrique où il venait d'être interné en placement d'office, à la suite d'une intervention des forces de police. Une rixe l'avait opposé à un antiquaire dont il examinait les meubles de trop près. Dépourvu ce jour-là de son mouchoir, il s'était, disait le procès-verbal, « mouché à la polonaise », c'est-à-dire avec ses doigts, souillant de sa morve une commode de prix. L'antiquaire s'était fâché, M. L. avait estimé qu'on l'insultait et qu'on attentait au droit imprescriptible de tout être humain de se moucher où et comme il lui plaît. Il avait sorti son couteau et, pour se défendre, disait-il, en avait menacé l'antiquaire. Je me suis trouvé en face d'un homme effondré qui avait, à la suite d'un incident similaire et d'un premier placement d'office, passé dix années de sa vie dans un établissement psychiatrique d'une autre région. Après avoir enfin obtenu son élargissement, il avait quitté cette région et savouré quelques mois sa liberté. Mais voilà que le cauchemar recommençait. J'ai fait alors figure de sauveur en lui disant qu'en règle générale, à Lyon, la préfecture levait rapidement les placements d'office, et qu'il sortirait de l'hôpital dans deux semaines au plus. Mais en même temps que je lui apparaissais comme un sauveur, je lui permettais de m'appréhender dans une certaine proximité.

Je pense qu'avec des patients paranoïaques très organisés, ceux qu'on appelle parfois des paranoïaques dégénératifs, ce double élément d'idéalisation possible mais aussi d'une certaine complicité avec l'objet idéal est important pour établir une relation thérapeutique. À la fois Dieu et un semblable, telle pourrait être la position transférentielle messianique prescrite par un paranoïaque à son médecin ! En l'occurrence, la proximité était liée à un élément tout à fait contingent de nos biographies respectives. Il se trouvait que M. L. – comme je devais rapidement le découvrir – était originaire d'un petit village de la Haute-Loire, proche de celui où j'ai grandi. Je connaissais très bien son pays, enfant j'allais m'y promener et y chercher des champignons. Je lui ai communiqué cette parenté, et en même temps que je devenais son sauveur, je lui apparaissais comme une sorte de cousin.

En faisant des démarches pour qu'il obtienne la pension d'invalidité à laquelle son état lui donnait droit, j'ai parachevé cette position d'aide, tout en l'inscrivant et en m'inscrivant avec lui dans un cadre social. S'il a continué à venir me voir, avec une grande régularité deux fois par semaine, c'est, en effet, en grande partie, parce qu'il considérait que sa pension lui faisait obligation de consulter un psychiatre. Mais en même temps, à travers nos échanges, il a vite appris à humaniser ce rituel social. Chaque rencontre était au départ invariablement accompagnée d'un papier manuscrit où il exposait sa requête, à la manière de ces placets qu'on tendait parfois aux princes. Mais le prince qu'en moi il imaginait était un personnage composite. C'était quelqu'un de très puissant, susceptible d'obtenir, pour lui, d'un fonctionnaire, d'un magistrat, voire du président de la République, l'avantage auquel il estimait avoir droit. Mais c'était aussi un serviteur du public, donc le sien, un subalterne contre qui, s'il s'avisait de se laisser prendre à l'idéalisation dont il était l'objet, un recours était toujours possible. Aujourd'hui encore si je suis trop long à m'excuser, ou si je ne manifeste pas un enthousiasme exagéré pour donner un coup de téléphone, faire un certificat ou écrire la lettre qu'il me demande (mon utilité se limite à ce genre d'interventions protectrices), il me menace de se plaindre « à mes supérieurs ». Il faut qu'il puisse m'actionner comme lui-même se sent actionné par quelque chose de plus fort que lui et qui le dépasse. C'est ainsi que toute demande commence par la phrase : « Je suis obligé de vous faire écrire, téléphoner, etc. » Il explique alors qu'il a dû m'apprendre ce que je dois faire et comment le faire. Je pourrais presque en dire autant et décrire notre histoire comme un processus de domestication mutuelle. Ayant d'ailleurs fait avec moi – et peut-être pour la première fois depuis longtemps – l'expérience d'une relation satisfaisante, il est actuellement à même de la généraliser et d'apprivoiser d'autres secteurs relationnels à l'intérieur du dispensaire d'abord, à l'extérieur ensuite, et il devient capable de conserver des relations positives avec son avocat, des commerçants, etc. On remarquera qu'il s'agit toujours de relations de service, ce qui n'exclut pas, bien au contraire, leur coloration affective. C'est que le service élimine l'imprévisible. D'un professionnel on sait ce qu'on peut attendre et ce qu'on est en droit d'exiger. On peut aussi le fixer dans une hiérarchie où il est loisible de faire appel à une autre instance pour se protéger contre lui. La contrepartie gênante, c'est que la relation reste fragile puisque sa poursuite peut être empêchée par une mutation. Et L. redoute toujours qu'à la manière des « gendarmes » je ne sois envoyé ailleurs. En même temps, il se rassure d'une étiquette qu'il souhaite rigoureuse et définit nos rapports en les plaçant sous le signe d'un code caricatural et étroit dont il est l'auteur. Par là il fait plus qu'agir sa mégalomanie, il se protège du caprice d'autrui [1]. Ses papiers à mon adresse s'ouvrent toujours par une suscription qui d'entrée me désigne dans une fonction précise, celle correspondant au service du jour. « Monsieur le pacificateur » quand il me demande ensuite d'aller voir un voisin pour lui expliquer ses problèmes afin d'éviter de nouveaux heurts, « Monsieur le donneur d'ordonnances » lorsqu'il lui faut quelques médicaments, « Monsieur le téléphoneur » s'il me prie d'entrer pour lui téléphoniquement en contact avec quelque puissance, etc. Cette codification n'empêche pas une certaine fantaisie, et lorsque nous nous sommes connus il terminait souvent ses messages par une série de devinettes ou de charades, portant généralement sur des questions de géographie ; il disait vouloir me distraire, et je comprenais qu'il souhaitait m'honorer. Bien qu'il me traite surtout en ustensile, il y a en effet chez L. une nostalgie de la personne totale, un besoin de me connaître davantage qui n'est pas uniquement un désir de mieux me maîtriser. Il aime deviner comment je passe mes fins de semaine, mes vacances, et les quelques informations qu'il

1. Michelet disait qu'à la religion de la grâce et à son homologue le gouvernement de la faveur, tous deux placés sous le signe de l'arbitraire, la Révolution française avait fait succéder le règne de la justice. C'est en amoureux malheureux de la justice que L. se comporte, une justice qu'il révère comme une protectrice mais contre laquelle il lutte en même temps car elle n'est pas sa seule justice mais aussi celle des autres. Il n'ignore pas la loi qu'à tout propos il invoque et devant laquelle il se soumet lorsqu'elle n'est pas trop dure à son endroit, mais il voudrait pouvoir l'utiliser plus souvent à son seul profit. Bien de ses difficultés avec les tribunaux ont pour fonction de le ramener en face de cette loi à la fois chérie et honnie.

glane à ce propos sont pour lui de précieux indices sur lesquels il échafaude sa rêverie, et en contrepartie desquels il m'offre le récit de ses propres aventures. Un des problèmes les plus difficiles de notre relation a toutefois été de l'amener vers une base contractuelle où je n'ai pas voulu introduire ma loi en correctif à la sienne, mais bien nous soumettre tous deux à la nécessité sociale [2]. Au début de nos entretiens, en effet, le dispensaire était encore peu fréquenté. Je pouvais donc recevoir L. quand il le désirait, dans la limite seulement de mon temps de présence. Notre clientèle s'étant accrue, il a dû se résoudre, comme tout le monde, à prendre un rendez-vous et reconnaître l'existence des autres, surtout des autres avec moi. Il a mis longtemps à l'admettre et venait inopinément vérifier ce que je faisais, ou restait de longues heures dans le couloir à surveiller mes allées et venues. Jamais il n'a pu accepter une heure fixe qui lui serait régulièrement réservée et chaque quinzaine ou chaque mois nous devons à nouveau programmer nos rencontres. Chez cet homme, aussi réglé dans ses habitudes qu'un automate, le besoin de modifier le calendrier est sans doute un exercice de toute-puissance, une tentative résiduelle pour me contrôler (ou plutôt pour contrôler la distance entre lui et moi). C'est ainsi qu'il me dit : « Lundi prochain je ne peux pas vous voir à 15 heures, puisque cela fait deux fois déjà que je vous vois le lundi à cette heure-là, il faudrait une autre heure. » Remarquons que, par cette phrase, il montre le caractère compulsif de son comportement, cette véritable machination qui de loin le dirige.

Il arguë aussi de ses nombreuses occupations : « Mercredi à 18 heures, c'est impossible, j'ai à faire. » À défaut de pouvoir acheter grand-chose, il court en effet les magasins pour s'informer des prix, ou les bureaux d'une administration, en quête de maigres secours. Avec son emploi du temps très rempli, caricature de celui d'un homme d'affaires emporté par le tourbillon

2. Dans notre société, le contrat entre un psychiatre public représentant, bon gré mal gré, des classes dominantes et un invalide « économiquement faible » est forcément une duperie. L. n'a pas tort, objectivement, de redouter mon arbitraire et de chercher à limiter mon pouvoir en se servant de ce que la loi lui offre et en me rappelant, par exemple, que je ne suis pas chez moi, au dispensaire, mais, comme lui, l'usager d'un lieu public. En révélant ces contradictions inhérentes à notre fonction, l'aide matérielle a une valeur plus grande que des slogans dénonciateurs, ou des critiques purement intellectuelles.

de la vie moderne, avec son souci de « prendre des congés » comme tout le monde alors qu'il ne travaille pas depuis des années, il paraît rechercher une position de force pour s'engager dans la négociation avec moi sur un pied d'égalité, se montrant aussi sollicité que je le suis par des obligations extérieures (et m'imaginant, comme lui, soumis à des forces lointaines : la préfecture, la mairie, etc.). Sa grande peur est en effet que je ne cherche à lui en imposer et prenne prétexte de sa pauvreté et de son infériorité sociale pour le forcer à accepter mes vues, ce qui serait lui renvoyer au visage, sans élaboration intermédiaire, son propre désir de me dominer. Mais son activité apparemment sans but a une fonction défensive beaucoup plus générale. Perpétuellement aux aguets, en danger d'être détruit par des puissances inconnues, L. doit surveiller son univers. Ses courses sont de véritables tournées d'inspection pour éventer un complot et retracer inlassablement la carte d'un territoire avec lequel son corps est plus ou moins confondu. Sa passion pour la géographie (il connaît par cœur toutes les cartes routières de France et peut dire sans hésiter la distance kilométrique de Blois à Orléans ou de Brest à Quimper), son usage immodéré du téléphone sont autant de moyens de protection. Il me rappelle cet autre patient, délirant celui-là, qui s'imaginait roi du monde et à l'aide de son poste de radio entrait en communication avec tous les souverains et les chefs d'États pour leur demander des comptes et leur donner des ordres. L. n'a pas si bien réussi et les altercations qui émaillent ses promenades le confirment dans l'idée des risques qu'il court. Il doit tenir les autres en respect, les effrayer pour qu'ils restent à distance et ne l'envahissent pas. « Si je me laisse faire, si j'ai l'air de céder, dit-il chaque fois qu'il s'oppose à quelqu'un, on va profiter de moi. ». D'où la nécessité de se « renseigner ». Au début de nos rencontres, je l'avais autorisé à occuper, quelques instants, un bureau vacant, pour téléphoner à la SNCF, afin de connaître des heures de train qu'il ne prenait jamais, ou au greffe du tribunal, pour accroître sa compétence sur le plan légal. Ces connaissances une fois acquises, il se sentait plus fort devant les étrangers mais n'en restait pas moins persécuté.

Pour atténuer les différends, nous lui avions proposé, à un

moment, de nous réunir avec ses voisins les plus proches, ainsi qu'avec son propriétaire. Sur le plan pratique, cette réunion eut pour effet de diminuer les angoisses. Les voisins eurent moins peur de L. et de le savoir « en traitement » furent rassurés. L. ayant pu montrer aux autres qu'il avait des appuis se sentit moins menacé et donc moins contraint à des attaques préventives.

Nous renonçâmes pourtant à multiplier ces réunions auxquelles L. trouvait beaucoup de plaisir et qu'il réclamait. Elles avaient plusieurs inconvénients, celui de l'enfermer, aux yeux des autres, dans le statut de fou, avec tout ce que ce statut a d'ambivalent : sujet inquiétant, dangereux mais aussi sacré, tabou. Le propriétaire n'osait plus lui réclamer son loyer, ni tel voisin porter plainte contre lui après avoir reçu des coups. Le commissaire de police lui-même refusait d'intervenir quand la situation devenait critique et l'ordre public compromis. Toutes les relations entre les autres et lui devaient passer par notre médiation. Ainsi marginalisé, L. ne rencontrait plus de limites réelles à sa mégalomanie et se trouvait placé sous notre tutelle, dans la position de l'enfant, impuissant dans les faits, tout-puissant dans l'imaginaire. Par ailleurs, en intervenant sur son milieu, nous le confirmions dans sa vision d'un monde persécutoire et dans l'idée que le mal venait uniquement de l'extérieur. Toute possibilité d'aborder sa problématique interne était exclue, et ce d'autant plus que son histoire personnelle me restait largement inconnue. Ce passionné de géographie n'aime, du reste, pas l'histoire. J'ai cru comprendre, à quelques allusions cursives, qu'enfant naturel dans un petit village de campagne, il a été rapidement enlevé à la garde d'une mère probablement alcoolique, et a connu de multiples placements. L'un d'eux lui a laissé de très douloureux souvenirs. Il était frappé par le paysan qui l'employait, sans pouvoir répondre, et se sentait exploité de manière ignoble. La rancune le protégeait alors contre la dépression.

Depuis quelques mois toutefois, surtout depuis qu'il a hérité d'un modeste capital, bien personnel qu'il redoute de perdre, L. laisse transparaître un fond dépressif sous-jacent qu'accroît mon attitude plus en retrait (« vous avez changé, me dit-il souvent, vous n'êtes plus avec moi comme autrefois », et une nostalgie douloureuse transparaît dans sa voix, comme le deuil d'une illusion perdue). Il se met à rêver d'une voiture qui faciliterait ses déplacements, donc, encore, son activité de contrôle. Puis c'est à une maison qu'il songe. Il s'imagine à la campagne, assez près de la ville pour bénéficier encore des services, mais assez loin de tout voisinage encombrant. Il sait qu'il doit quitter son quartier où tout le monde le connaît et où il compte de nombreux ennemis. Il a été en effet plusieurs fois menacé de mort à la suite de bagarres. Il se met alors à visiter les agences et à lire scrupuleusement toutes les annonces immobilières. « Si je travaillais, dit-il, je n'aurais jamais le temps de chercher une maison. » Ce que je traduis *in petto* par : « Si je devais gagner ma vie et ne recevais pas d'aide matérielle, je n'aurais ni le temps ni la force de reconstruire une image positive de moi. »

En même temps que cette maison idéale occupe de plus en plus son esprit, il renonce en partie à ses déambulations et manifeste de plus en plus souvent des mouvements émotionnels authentiques. C'est ainsi que parfois il désespère de réaliser son rêve ou encore le rétrécit à des dimensions plus réalistes. Il éprouve de la tristesse, des regrets. Il lui arrive même de se faire du souci pour moi, par exemple quand je pars en voyage et qu'il redoute que j'aie un accident. Jusqu'à présent, un comportement même très discrètement interprétatif, une simple remarque de ma part sur le sens possible de ce qu'il faisait ou disait, étaient vécus comme une intrusion, comme l'effet d'un arbitraire insupportable et aussi comme une trahison. De quel droit me permettais-je de sortir du rôle qu'il m'avait assigné ? Et puis un jour – peu après que j'ai été amené à lui signifier de renoncer à user du téléphone (le maire de la commune, propriétaire de notre dispensaire, nous avait en effet rappelé par une note affichée que le téléphone était exclusivement réservé aux communications de travail et interdit aux clients) –, il vient me demander un nouveau service. Il aimerait que je téléphone pour lui à une agence immobilière, au sujet d'une maison qui pourrait l'intéresser. Je lui dis que c'est là une façon habile de tourner l'interdiction et refuse. Je ne sais si c'est mon refus ou le fait d'avoir déjoué sa ruse qui l'irrite le plus. À quelques jours de là, il arrive très en colère. Dès qu'il m'aperçoit, et avant même d'entrer dans mon bureau, il éclate en insultes et en menaces. Il sait que je vais lui refuser le certificat médical dont il a besoin pour la Sécurité sociale. Mais « cela ne se passera pas comme cela, un médecin n'a pas le droit de refuser un certificat à un client ». Il ira à la préfecture, portera plainte contre moi... Je laisse passer l'algarade puis je tente, non sans peine, de lui décrire toute la situation « comme je la vois de mon point de vue », c'est-à-dire d'en faire l'histoire. Il n'a pas pu supporter mon refus de l'autre jour, mais, en même temps, il en reconnaît le bien-fondé. Cela le met par rapport à moi dans un état d'infériorité très douloureux, un peu analogue à celui qu'il a pu vivre autrefois quand le paysan chez qui il était le punissait pour une peccadille. Il a donc cherché à retourner la situation, il sait bien en effet que si je lui refuse un certificat je suis en faute. Un médecin n'a effectivement pas le droit de refuser un certificat à un patient, mais en même temps, pendant la période où il ne m'a pas vu, je suppose « que sa pensée lui a dit que j'étais devenu son ennemi » (je fais ici allusion à la description qu'il me donne fréquemment de sa « pensée » personnifiée sous les traits d'une divinité omnisciente qui ne se trompe jamais). D'un ennemi on ne peut plus rien attendre que de mauvais. C'est pourquoi il est passé à l'attaque le premier avant même que j'aie ouvert la bouche et je me demande si ce n'est pas souvent ainsi qu'il en use lorsqu'il rentre en conflit avec les autres. Il finit par entendre mes phrases. Je peux alors rédiger le certificat et profite ensuite d'une course que je dois faire dans son quartier pour le raccompagner chez lui. C'est alors qu'au bord des larmes il me confie « vous avez raison, c'est vrai ce que vous m'avez dit » et il m'exprime, avec beaucoup d'émotion, une très authentique gratitude.

La reconstitution de l'appareil de contrôle (le téléphone) a été mis en échec par mon refus et par ma remarque qui l'empêchait de me contrôler en faisant de moi sa dupe et en m'utilisant comme une bouche pour parler à sa place. Rappelons de plus que le coup de téléphone concernait une maison, c'est-à-dire sa défense antidépressive. L. a donc été submergé par des idées de persécution. Pour les tenir en échec, il lui fallait me réduire à sa merci comme il s'était senti à la mienne, me mettre en faute, comme il s'était senti en faute quand il avait voulu tourner mon interdiction, et me placer par rapport au préfet dans la situation humiliante où il s'était trouvé par rapport à moi. Mettant en scène, dans la réalité, un drame fantasmatique, il en retrouvait la maîtrise. Mais dans ce scénario, je n'ai pas joué le rôle qu'il avait décidé pour moi. En ne me mettant pas en colère, à la différence de ses habituels interlocuteurs, je n'ai pas confirmé ses projets d'action haineuse. Au contraire, j'ai déjoué l'enchaînement de la violence et je l'ai gratifié (d'un certificat, d'un trajet en voiture) alors qu'il s'attendait à être brutalement frustré, rendant par là possible, à travers l'effet de surprise, l'accès à la dépression et à la reconnaissance de sa dette à mon égard. La dépendance n'étant plus assimilée de manière univoque à une frustration, la blessure d'amour-propre qu'implique initialement l'interprétation – cette dépossession de soi-même par l'écoute d'un autre – pouvait être supportée. Remarquons aussi – *a posteriori* – que mon intervention associe la légitimité à la gratuité. Le certificat est légitime, la promenade en voiture gratuite. La justice n'est peut-être pas aussi opposée à la grâce que le pensait Michelet, du moins dans les rapports individuels où s'incarne le fonctionnement des institutions. Une justice sans grâce ne serait qu'une froide machinerie bureaucratique, une grâce sans justice la soumission terrible à l'irrationnel, dans les deux cas un univers fantastique et inhabitable. C'est peut-être en découvrant cet alliage (du symbolique et de l'imaginaire ?), en recevant cette prime gracieuse en sus de son droit que L. de robot paranoïaque se transforme peu à peu en être humain [3].

L'aide matérielle, minime mais répétée, que je lui apporte a une double fonction. Elle me donne aux yeux de L. une réalité, comme le fait de posséder un petit capital donne réalité à ses rêves de maison. Puisque je lui sers, j'existe. L. doit en effet éprouver l'existence des êtres et des choses à travers l'usage qu'il en fait ; une réalité non manipulée concrètement, pour lui, est irréelle. Par ailleurs, une fois réel, c'est-à-dire fragile et en danger d'être perdu, contrairement à un fantôme qui serait, lui,

3. Il insiste d'ailleurs beaucoup pour que je m'acquitte « de bonne grâce » des services qu'il me demande. Si je parais rechigner, le service devient inacceptable et il refuse dignement cette mauvaise nourriture.

invulnérable et immortel, je peux, dans une certaine mesure, devenir non persécutoire, et mes essais interprétatifs perdent leur caractère intrusif menaçant. Seuls les fantômes traversent les murailles.

À partir de là les possibilités dépressives de L. vont s'accroître rendant d'ailleurs temporairement insupportables les difficultés actuelles de son existence. Mais en même temps de nouveaux mécanismes de lutte, moins projectifs, se mettent en place. C'est ainsi qu'il fait de moi un expert diététicien, sa façon à lui de me transformer en « bonne mère » réparatrice et qui le protège contre les brèches de plus en plus nombreuses dans sa cuirasse de toute-puissance. Il m'interroge sur la nourriture. Tel aliment est-il sain ? A-t-il une valeur calorique suffisante ? Est-ce que son régime quotidien est assez bien équilibré ? Un élément va prendre une place importante dans notre relation, c'est l'ordonnance où s'accumulent des médicaments remboursés par la Sécurité sociale. Véritable talisman, qu'il emmène dans tous ses déplacements, elle symbolise à la fois l'aide que la société est tenue de lui octroyer, en toute heure et en tout lieu, et condense notre histoire commune. C'est aussi, peut-être, une image de lui-même ayant ordonné ses objets internes et en paix avec ses objets externes [4].

Lorsque je l'ai connu, il suivait un traitement anticomitial (il est épileptique) et un traitement antibiotique régulier à titre préventif, car il avait eu dans sa jeunesse un rhumatisme articulaire aigu. Sur sa demande, je lui ai donc prescrit de la pénicilline et des antiépileptiques. Et puis se sont progressivement ajoutées, en strates successives, les traces des différentes maladies qui l'ont affecté. Dès qu'il a une grippe, une diarrhée, un mal de tête, il va demander conseil à un pharmacien, achète un médicament et me demande de le lui prescrire pour obtenir un remboursement de la Sécurité sociale. À partir de là, ce médicament s'ajoute sur l'ordonnance renouvelable que je lui établis tous les six mois et dont il pourra se servir « si besoin ». Chaque ins-

---

4. Le mot « ordonnance » fait image et l'ordre doit être entendu dans son double sens de prescription et de contraire de « désordre ». Si c'est moi qui ai proposé peu à peu, en réponse à sa demande, les éléments de la structure, c'est L. qui décide, lui, du principe de succession dans la série, c'est-à-dire qui légifère.

cription nouvelle fait entre nous l'objet d'une longue négociation. J'invoque parfois les règles du jeu pour refuser, comme la nécessité pour un médecin de collaborer à l'équilibre financier de la Sécurité sociale. Nous en sommes, malgré tout, aujourd'hui, à une trentaine d'items, écrits très soigneusement, à sa demande, au stylo-bille, dont l'encre pâlit moins vite que celle du stylographe et qui constituent ensemble une sorte de fétiche, nécessaire sans doute à son plaisir homosexuel avec moi. Sitôt chez lui, il repasse soigneusement sur ce que j'ai écrit avec un stylo à bille dans un geste qu'il me semble pouvoir considérer comme un geste amoureux, analogue à la caresse du visage aimé par un doigt aimant qui en suit lentement les lignes.

Récemment, au sortir d'une incarcération pour coups et blessures, L. est revenu me voir très déprimé. Jamais, disait-il, il ne s'était senti ainsi. La vie lui paraissait soudain sans aucun prix, ses rêves de maison irréalisables. Il n'était retenu au bord du suicide que par le souci de ses meubles. Qu'en faire ? Où les mettre, que deviendraient-ils après sa disparition ? Cette projection de son corps dans un mobilier qu'aucun parent ne réclamerait lui évitait seule de passer à l'acte. J'écoutai sa plainte, lui manifestai mon inquiétude devant son état et lui proposai un traitement antidépresseur classique de courte durée en lui laissant la possibilité de m'appeler en cas d'aggravation. Mais en même temps, je refusai l'habituelle visite aux voisins (pour « les faire tenir tranquilles ») lui signifiant par là que cette fois le problème était à l'intérieur de lui et non à l'extérieur. L'effet fut miraculeux. Huit jours après, L. revenait me voir ragaillardi, plein d'admiration pour mon traitement qui lui avait « sauvé la vie ». Pendant quelques semaines, il m'attribua à moi seul cette guérison comme à quelque grand sorcier. Puis renonçant à cette illusion mégalomaniaque, c'est plus simplement aux médicaments qu'il fit montre de sa reconnaissance. Mais en même temps, amorçant un difficile sevrage, il m'annonçait – c'était au lendemain de mes vacances – « Cette semaine vous n'étiez pas là et pourtant je n'ai pas eu le cafard. » C'était la première fois qu'il reconnaissait avoir « eu le cafard » lors de mes absences.

Actuellement mon intervention se limite presque exclusivement à lui offrir une présence et un lieu où il peut venir se montrer. Voici le récit d'une de nos dernières séances :

Il commence par sortir un de ses éternels petits papiers où il a inscrit une série de charades de son invention qui toutes jouent sur des termes de géographie. L'une d'elles concerne mon nom propre et est ainsi rédigée : mon premier est une préfecture du Sud-Ouest, mon second une nourriture qui tombe du ciel et mon tout quelqu'un de très occupé qui vient au dispensaire et dans différents hôpitaux. Puis il me montre – avec un signe de complicité – une carte postale que je lui ai adressée l'année dernière au cours de mes vacances d'hiver. Il sort alors de son sac un paquet de photographies qu'il a prises l'été dernier avec un appareil perfectionné dont il est très fier et qui consistent en une série d'effets de zoom. C'est alors seulement qu'il m'adresse une demande directe : « Je voulais vous demander... », et il m'interroge longuement sur la valeur nutritive des oignons et de l'ail dont il a lu le plus grand bien dans une revue mais dont il redoute les effets corrosifs, s'il en abuse.

Tout au long de l'entretien, je me suis contenté de répondre à ses questions, de regarder ses photos ou de résoudre ses charades. Néanmoins en moi se poursuivait un travail analytique que je puis ainsi résumer.

Cet entretien se place avant un nouveau départ en vacances. En me montrant la carte amulette, L. me manifeste sa possibilité de conserver une bonne image de moi quand je ne suis pas là, et se défend contre une soumission passive à l'abandon, en rétablissant l'équilibre avec ses propres souvenirs de vacances. Il se complaît d'ailleurs à photographier les différentes personnes qu'il rencontre au dispensaire et conserve précieusement une épreuve de chacune de ces photos, mais il tient à en restituer une autre à chacun de ses modèles. Tout se passe comme si, en emportant notre photo, il emmenait un morceau de nous-mêmes. Ce qu'il nous rend nous restaure dans notre intégrité mais, pour ne pas en sortir lui-même appauvri, il ne peut nous en faire cadeau et exige que nous lui en remboursions le prix.

Ce jeu photographique est à rapprocher de son voyeurisme qui lui a valu bien des ennuis avec ses voisins alors qu'il les regardait par un trou de serrure ou fouillait leur courrier. Le zoom a peut-être pour fonction de me montrer aussi qu'il règle plus aisément sa distance avec moi en particulier, les autres en général, tout en me tenant ou les tenant sous le contrôle de sa lorgnette.

Quant à notre discussion alimentaire, elle symbolise le caractère ambivalent de ses sentiments à mon égard et la fonction à la fois nutritive et toxique des aliments que je lui offre, ainsi que les effets néfastes de son activité. Derrière sa demande, je puis entendre un appel à un sein « bonificateur » au sens de Bion, capable de changer l'agressivité projetée (ici liée à mon départ) en libido introjectable (la carte postale, la photo) les excréments et l'urine en lait, le « Auch » dur et guttural, coup de gueule ou de dent, en « manne » apaisante.

Ainsi va ma rêverie qui n'épuise certainement pas le sens de ce qui se passe, ne prétend pas à la rigueur d'un décodage scientifique et ne prépare pas une interprétation. Je sais qu'avec L. c'est presque seulement à travers des actes et des objets réels qu'un échange peut se faire. Mais mon écoute à deux niveaux a le mérite de m'aider à le supporter avec bienveillance et intérêt et, j'espère, de communiquer, au moins de manière infraverbale, à travers mon attitude et mon comportement, la valeur symbolique que notre relation prend dans ma réalité psychique.

Tout au long de cette histoire on a pu pressentir, utilisée et parfois déjouée, l'importance de la défense maniaque.

Aide matérielle et défense maniaque

Décrite par Melanie Klein et par ses élèves, en particulier Joan Rivière et Winnicott, la défense maniaque se caractérise par une négation de la réalité psychique interne et une externalisation du conflit. C'est dans le monde extérieur et non dans soi que les objets sont détériorés ou peuvent être restaurés.

On conçoit le caractère protecteur d'une telle démarche, que la plupart des théories purement sociogénétiques de la psychose prennent au pied de la lettre. Elle a en effet le double avantage de purger l'intérieur de tout ce qui est mauvais et de le concrétiser dans le monde visible, donc de le rendre maîtrisable. Un persécuteur interne, on l'emmène toujours avec soi. Un persécuteur externe peut être évité ou triomphalement mis à terre et maintenu. Mais surtout, parce qu'ils sont également projetés à l'extérieur, les bons objets ne courent plus le risque d'être endommagés par les forces agressives internes. La lutte du bien et du mal, si pénible à soutenir à l'intérieur de soi, se déroule désormais dans un champ que le regard du sujet spectateur cerne et tient à distance, applaudissant au succès des bons et à la défaite des méchants. Il arrive que le traitement de la psychose passe par une étrange étape où soignants et soignés communient devant un tel spectacle. L'aide matérielle, en ce qu'elle prétend réparer, à l'extérieur, ce qui en fait est à l'intérieur (tapisser, par exemple, un appartement pour soulager une dépression), renforce ces mécanismes défensifs.

L'histoire suivante a l'intérêt de mettre particulièrement en lumière une démarche où notre aide a facilité la traversée d'une crise psychotique aiguë et, après avoir favorisé un temps l'externalisation dramatique du conflit, permis une ébauche d'intériorisation. Elle se limite à une présence et paraît aussi symbolique que ce franc de dommages et intérêts accordé parfois à une victime par les tribunaux.

Jeanne a commencé sa carrière psychotique longtemps avant que nous ne la connnaissions. Deuxième de trois enfants, deux filles et un garçon, elle s'était signalée par son extrême docilité et ses qualités de bonne élève. Issus tous deux des mouvements scouts de l'après-guerre, ses parents avaient voulu élever leurs enfants selon un idéal démocratique, en fait démesuré, et qu'ils se déprimaient sans cesse de ne pouvoir atteindre. Cette économie dépressive marquait tout le fonctionnement de la famille, oscillant perpétuellement entre un extrême libéralisme et une angoisse d'abandon démesurée qui entraînait, par réaction, des mesures de coercition vis-à-vis de chacun des membres lorsqu'il tentait de s'autonomiser. À l'approche de l'adolescence, Jeanne commence à moins bien réussir à l'école et à décevoir les attentes des siens. Elle en tire un sentiment profond de dévalorisation. Envoyée en Angleterre pour y acquérir une langue étrangère, peut-être avec l'espoir qu'elle trouvera chez les étrangers l'élément structurant que sa famille se sent incapable de lui fournir, elle se déprime et finalement sombre dans une bouffée délirante. Cette crise est la première d'une longue série. Jeanne, beaucoup plus tard, devait nous en expliquer le mécanisme. Prise au piège intérieurement entre son désir d'autonomie mais aussi l'angoisse qu'implique toute séparation, elle retrouve dans son environnement le même conflit. Les parents de Jeanne, au nom de leur idéal contraignant, lui enjoignent de conquérir son indépendance et en même temps essaient de lui montrer son incapacité à vivre sans eux et l'agression qu'il y a à vouloir les quitter. Quitter sa famille, c'est mettre sa mère à mort et périr avec elle. Rester avec les siens c'est se perdre dans le désespoir d'un océan fusionnel. L'immobilité est alors la seule issue possible. Mais cet état d'« animation suspendue » (Melanie Klein) ne peut être longtemps maintenu. Pressentant sa fragilité et redoutant l'irruption à l'intérieur d'elle d'une force néantisante, Jeanne appelle de ses vœux un drame extérieur dont elle guette les prémices autour d'elle et dont elle attend qu'il force le changement en elle et dans les autres. La crise n'est pas autre chose que la mise en scène violente, tumultueuse, cathartique de ce drame.

À plusieurs reprises, elle est hospitalisée dans différentes institutions publiques ou privées. Chaque fois, les équipes qui la rencontrent sont sensibles à son douloureux débat et cherchent à lui en faciliter la solution en imposant une séparation d'avec la famille. D'accord sur ce projet au plan manifeste, Jeanne et ses parents le font sourdement échouer. Loin des siens, elle les imagine morts ou en danger, cependant que sa mère tente clandestinement d'entrer en relation avec elle pour se rassurer. Retrouvant son piège accoutumé, Jeanne s'excite de plus en plus, et une escalade neuroleptique doit répondre à son agitation. Quand le calme revient, Jeanne, sous l'effet de la projection massive et du déni qui a caractérisé pour elle cette période, en sort complètement vidée.

C'est au décours d'un tel épisode que je fais connaissance avec Jeanne. Sur une indication de psychothérapie posée par un collègue, elle a été conduite à ma consultation hospitalière. Elle va s'y comporter pendant six mois en absente, n'amenant que son corps comme une enveloppe déshabitée de toute émotion et de tout sentiment. J'ignore alors les bouffées délirantes antérieures que ni Jeanne ni ses parents ne m'ont confiées, mais pressens probablement derrière son apathie un monde psychotique effrayant. Sous l'effet d'un mouvement contre-transférentiel, alors tout à fait inconscient, je passe à l'acte et propose à Jeanne de venir me voir dans le contexte plus libre du dispensaire. Elle y rencontrera un groupe d'accueil très informel où chacun a la liberté, dans la limite des heures d'ouverture, de manipuler la durée et la périodicité de sa fréquentation (le temps) et aussi l'espace de la rencontre, individuelle dans un bureau avec un des soignants, ou collective dans la salle d'attente où se tient le groupe. Sous l'effet de la séduction du groupe, et peut-être de ma faille contre-transférentielle, Jeanne s'abandonne à nouveau à un délire contre lequel elle luttait par le vide. Un matin elle arrive, outrageusement fardée, embrassant tous les hommes qu'elle rencontre, se précipitant sur moi avec une invite sexuelle non déguisée et suivie de son père. Malgré le caractère spectaculaire des troubles, nous décidons de faire face à la crise et d'hospitaliser Jeanne à son domicile. Un psychologue, une infirmière et moi nous succéderons chez elle et assurerons auprès d'elle, les jours critiques, avec ses parents et son fiancé (un étudiant du Proche-Orient, Ahmed), une présence vingt-quatre heures sur vingt-quatre. Pendant une année et à plusieurs reprises, Jeanne tentera d'éprouver notre résistance. Elle s'améliorera, rechutera. Parfois, lorsque les bornes seront franchies, il nous faudra recourir à l'aide temporaire du service d'urgence de l'hôpital. Enceinte, elle accouche d'un petit garçon un peu plus tard. Jeanne a certes des difficultés à s'occuper de son enfant qu'elle abandonne le plus souvent à sa mère ou à son ami, quelquefois à l'infirmière qui ne vient plus qu'épisodiquement la voir depuis que son état s'est amélioré. Elle accuse en même temps ces aides de lui voler son enfant, dit qu'elle n'a d'importance pour personne, bref exprime toute une thématique dépressive.

Un soir où je lui rends visite, elle sort de son habituel laconisme et éclate en sanglots. Son désespoir se fonde sur des éléments de réalité. Ahmed refuse de se marier et elle redoute (à juste titre semble-t-il) qu'il ne l'abandonne. La situation économique du couple est très précaire. Elle a l'impression d'être enfermée dans une impasse et supporte très mal de dépendre encore de ses parents, sans pouvoir s'en passer.

Peu de jours après ces confidences, elle part pour Paris en voyage avec Ahmed. Elle en revient apaisée mais encombrée d'un cousin d'Ahmed, débarqué de son pays, sans argent, sans aucune connaissance du français, et qu'elle se trouve contrainte d'accueillir.

Le lendemain de son retour, elle a un accident qui met sa voiture personnelle définitivement hors d'usage (mentionnons au passage que cette voiture était un cadeau de son père et le gage d'une certaine autonomie et d'un certain pouvoir dans le couple un peu comme si elle avait dit à Ahmed « l'enfant est à toi mais la voiture est à moi »).

C'est alors qu'éclate la « crise ». Au même moment d'ailleurs, s'engage la guerre du Kippour au Proche-Orient, cette guerre qui préoccupe beaucoup Ahmed et son cousin, dont ils parlent entre eux en arabe, commentant les informations de leur pays sur un transistor à grande puissance dans l'achat duquel se sont engouffrées les économies du ménage, aux dépens d'une éventuelle réparation de la voiture.

Jeanne se sent délaissée, exclue et devient furieuse, cassant tout, s'échappant dans la rue pour se livrer à mille excentricités provocantes, raccolant les passants pour venir se promener avec eux sous le nez d'Ahmed, criant, gesticulant. Les membres de la famille (Ahmed et le père surtout) se relaient pour monter la garde auprès d'elle. Elle supporte très mal cette surveillance et la porte fermée à clé. « C'est l'hôpital psychiatrique à domicile », dit-elle, et elle s'échappe, malicieusement, par la fenêtre (qui communique avec un couloir).

Agitée, violente, agressive, éclatant en rires et en hurlements, elle se perd et nous perd dans un discours confus, difficile à suivre. Deux thèmes s'y entrelacent, celui du mariage et de la sexualité, celui de la séparation et de la mort. Elle veut épouser Ahmed ; si Ahmed ne l'épouse pas qu'il s'en aille. Du reste, il la trompe certainement avec une autre fille. Pourquoi n'en feraitelle pas autant ? Elle a besoin d'être caressée comme une petite fille. Ahmed est trop vieux (ou pas assez vieux) pour elle. Mais qu'il s'en aille. Elle l'abreuve alors d'injures racistes les plus grossières.

Puis, soudain, elle évoque le départ d'Ahmed avec l'enfant : « Alors je me tuerai. » « Je suis à nouveau enceinte. On doit déceler le sexe. Si c'est une fille, je la garde (elle a déjà un garçon), si c'est un garçon, j'avorterai puis je mourrai. » Ces thèmes de mort et de séparation renvoient à Strasbourg, où elle a vécu jusqu'à l'âge de onze ans. Après, ses parents ont déménagé et tout a été fini. Il n'y a plus rien eu, plus rien, plus d'amis, le vide, le vide partout, dehors et dedans.

Face à cette situation dont mon récit n'a pu rendre qu'imparfaitement le caractère dramatique, comment réagit l'entourage ?

Alors que sous le double effet de notre intervention au long cours dans cette famille mais aussi d'une revalorisation concomitante sur le plan socioprofessionnel, le père « reprend du poil de la bête » et s'affirme, la mère, en revanche se décompense et extériorise de plus en plus des mécanismes psychotiques. Elle nous a raconté un jour qu'elle avait connu une expérience hallucinatoire. La relation conjugale se dégrade, et le père prend de plus en plus souvent, contre sa femme et sa fille, le parti de son gendre, de sorte que se constituent deux clans assez scindés : celui des femmes, celui des hommes. Quand survient la crise, le père est résolu à « tenir le coup ». Il analyse la situation avec lucidité, fait la part des éléments de réalité. La mère, jadis subjuguée par le charme d'Ahmed, se déchaîne soudain avec une violence extrême contre l'ami de Jeanne, annonce sur un ton prophétique la mort de sa fille, celle de l'enfant et sa mort à elle qui viendra couronner le tout. Ahmed, comme le père, bientôt plus que le père, prend avec calme et philosophie la situation et se transforme en excellent infirmier psychiatrique... ce qui a le don d'exaspérer Jeanne qui demande de l'amour et une assurance contre l'éclatement et la séparation et non des « soins » et des « interprétations ». Notre intervention va se résumer à former autour de ce cadre familial une structure de soutien qui lui permette de résister aux assauts incessants que Jeanne lui fait subir pour en tester la solidité.

À nouveau, nous assurons trois heures de présence par jour, samedi et dimanche compris. « Combien de temps allez-vous tenir comme cela ? », nous a demandé anxieusement le père, ce qui sous-entendait « Combien de temps vais-je tenir ? » mais aussi ce qui transmettait l'inquiétude de Jeanne sur notre endurance. Cette « tenue », c'est surtout autour du père qu'elle s'articule. Progressivement, Ahmed se joint à nous. La mère et Jeanne s'entre-déchirent dans la folie et nous attaquent avec vigueur.

Pendant ce temps, sur le Golan et dans le Sinaï, les blindés continuent à s'affronter. Note action à nous est plus du type d'une guerre de position, et notre présence indéfectible, notre occupation du terrain nous semblent plus importantes qu'une savante stratégie interprétative.

Un dimanche soir, j'arrive en pleine déconfiture. Jeanne est seule avec son père. Ahmed est allé prendre un peu l'air. Je suis abreuvé d'insultes et en particulier d'insultes antisémites. Jeanne m'accuse de vouloir la mort de tous les Arabes, mais aussitôt se met à scander « Algérie française » et à couvrir Ahmed (absent) d'injures racistes. Alors qu'en moi je sens monter une haine violente, il me semble que le combat qui depuis huit jours se déroule entre elle et nous (mais aussi au Proche-Orient entre Juifs et Arabes) devient un combat à l'intérieur d'elle-même.

Cependant les insultes racistes ont eu raison du père, homme de gauche et pacifiste invétéré (qui n'a jamais pu exprimer contre moi la moindre agressivité et déborde continuellement à notre égard de reconnaissance et d'admiration). Il s'effondre sous le poids de sa dette et m'entraîne avec lui dans son effondrement. Nous prenons tous deux la décision d'abandonner le terrain et d'hospitaliser Jeanne. Déjà je téléphone pour appeler l'ambulance. Jeanne semble triomphante et désespérée à la fois quand je lui dis que sa puissance destructrice a eu raison de nous, qu'elle voulait nous montrer sa force et qu'elle y est parvenue, que nous abandonnons. Elle ricane, tout en annonçant, à la manière de sa mère, les désastres qui vont survenir : le départ d'Ahmed et de l'enfant qu'elle a de lui, son internement à vie ou sa mort.

Arrive Ahmed qui, tel l'introuvable Grouchy, nous sauve d'un

Waterloo. Lui n'est pas d'accord. Il n'est pas question d'hospitaliser Jeanne. De le retrouver à ses côtés, elle, à son tour, se sent raffermie. Il a fallu le désespoir haineux qui m'écrasait avec le père pour que, de la coupure ainsi instituée, surgisse le désir positif d'Ahmed. Je pars laissant la famille apaisée. Le père m'accompagne et, conscient peut-être de ce qu'il entrait d'agressif dans sa brève reculade, s'excuse de sa défaillance. Il manquait encore quelque chose qui se fera cette fois dans le registre de la mère, mise à l'écart de notre premier repli. Le lendemain, Jeanne a encore une petite altercation avec Ahmed. Elle avale quelques comprimés d'un somnifère inoffensif et va se coucher. Je la trouve le soir étendue sur le tapis, entourée de sa mère et d'Ahmed, tous deux hilares et manifestement réconciliés. On n'a rien dit au père « pour ne pas l'affoler ». La mère, à son tour, peut être fière de son calme et de sa grande résistance. Jeanne s'éveille et dit : « Comment, vous n'avez pas profité de mon sommeil pour m'emmener à l'hôpital ? » Elle éclate de rire.

Sur la route de Suez, Israéliens et Égyptiens viennent de signer l'accord de « cessez-le-feu ».

À partir de là vont s'engager de véritables négociations de paix, c'est-à-dire, en présence de ces témoins que sont les soignants, un dialogue de Jeanne avec son entourage, entrecoupé de crises, de menaces de rupture et de réconciliations.

Dans un deuxième temps, Jeanne tentera d'intérioriser ce qui s'est passé et, aidée par Ahmed et par ses thérapeutes, prendra la décision définitive de se séparer de ses parents. La séparation que les équipes soignantes avaient autrefois voulu imposer l'a été cette fois par Ahmed qui a mis l'avenir du couple dans la balance. Mais ce « chantage » n'a pu réussir que dans la mesure où tout un drame avait été auparavant joué de manière spectaculaire, sur la scène du domicile.

C'est de la signification antidépressive de ce spectacle qu'il faut maintenent parler.

Avec Jean Guyotat, je pense en effet qu'autour de l'axe dépressif s'articule une grande partie, sinon l'essentiel, de la problématique psychotique. Cette dépression sous-jacente et dont l'expression est toujours redoutée n'affecte pas que le patient mais aussi bien les membres de la famille et les soignants.

Soumis à une rude déperdition narcissique, condamnés à aimer un échec qu'ils ne peuvent pas ne pas reconnaître comme leur échec, les parents trouvent dans l'enfant malade la matérialisation hors d'eux d'un objet interne altéré par leurs forces agressives et soumis mentalement à un processus d'hypocondrisation. L'enfant réel confirme alors un enfant interne transformé en parasite honteux et dégoûtant. Bien des traits prétendus constitutifs de la « mère du schizophrène » ou du « père absent » ne sont, à mon avis, que des éléments de lutte contre la menace dépressive.

Cette menace est concrétisée par le fonctionnement habituel des institutions psychiatriques qui dévalorisent les parents en les privant des bénéfices personnels d'un traitement réalisé en dehors d'eux et réservé aux seuls spécialistes. Pour regagner à leur propres yeux et aux yeux de leur entourage une estime, pour éteindre aussi leur soif d'autopunition, ils sont entraînés, par une surenchère malheureuse, à gérer les revers des lieux de soins dont ils sont exclus : des garderies désespérées (foyers de postcure, internats à vie) ou des systèmes de rentes viagères tout aussi pessimistes.

L'équipe thérapeutique, quotidiennement au contact du psychotique, est également en situation difficile, et on peut considérer l'asile, avec toutes ses routines, ses rites et ses règlements, comme une gigantesque machine à occulter la dépression de ses clients mais aussi de ses employés et à la remplacer par une stéréotypie obsessionnelle, c'est-à-dire par une accentuation de la rétention anale.

Les diverses formes modernes de psychothérapie institutionnelle, dites « d'avant-garde », fonctionnent autrement. À l'immobilité, elles opposent l'agitation triomphale, à la rétention, l'évacuation maniaque. Parce qu'elles se placent, au moins un temps, sous le signe de la toute-puissance, elles représentent une machine à fabriquer du narcissisme pour tous les protagonistes du drame et pour le système qu'ils forment ensemble. Mais tant que ce narcissisme (individuel ou collectif) ne s'est pas suffisamment affermi, l'agressivité doit être expulsée vers l'extérieur.

Comme dans un fortin assiégé, soignants et soignés font taire leurs dissensions au nom d'un sainte alliance justifiée par l'« héroïsme » de la situation et projettent tout le mal au dehors. L'hôpital « classique », l'administration, l'université, la Sécurité sociale ou plus généralement la Société peuvent alors, tour à tour, servir de réceptacle à ces projections et jouent, de ce fait, un rôle économique considérable dans la poursuite d'une expérience qui s'enorgueillit de rester marginale.

Elle n'en frôle pas moins la dépression et parfois s'y abîme – aux deux sens du mot. Pour l'éviter, elle doit faire une large place à l'exaltation collective et au culte du héros, parfois localisé sur un leader charismatique, parfois identifié à une idéologie, qui maintient le groupe en fusion, dans un état d'indifférenciation. Nos entreprises de soins intensifs à domicile n'échappent pas à cette description et on a pu voir, dans l'observation de Jeanne, combien notre situation d'acteur-spectateur contribuait à théâtraliser le conflit ; combien aussi nous utilisions, idéologiquement, la substitution d'une « bonne réalité « (hospitalisation à domicile) à une réalité considérée comme « mauvaise » (l'hôpital psychiatrique). Si nous faisons preuve d'une quelconque originalité, c'est seulement sur trois points :

D'abord, nous associons étroitement les parents au traitement et nous leur permettons ainsi de traiter leur propre dépression en contribuant activement aux soins.

Ensuite, parce que le traitement se fait chez lui et non chez nous, nous sollicitons l'activité du patient qui ne se contente pas de subir les effets thérapeutiques de notre intervention mais se transforme en agent de son propre traitement.

Ainsi se constitue entre la famille, le patient et l'équipe (qui en bénéficie elle aussi) un système d'idéalisations réciproques. Aux yeux de la famille, l'équipe thérapeutique devient une équipe idéale « extraordinairement » dévouée et disponible. Parallèlement, l'idéalisation de la famille par les soignants représente pour les parents un véritable apport narcissique et compense pour eux la déperdition liée à l'admiration et à la reconnaissance. Enfin, positivement investi par le désir de soigner de l'équipe et par le désir d'aider des parents, le patient, au moins dans sa partie saine, s'allie avec son entourage et participe à cette idéalisation réciproque. Il trouve en ceux qui l'entourent des personnages capables de résister à ses assauts destructeurs et de survivre. Tout ne marche pas toujours aussi bien et le système n'est pas à l'abri de ratés où, placé dans une situation de dette et d'infériorité par rapport à un idéal trop écrasant, tel ou tel membre du système ne peut ressentir une quelconque agressivité sans céder à un horrible sentiment de culpabilité. Le père de Jeanne et moi en avons donné un exemple.

Enfin, parce que notre aide reste limitée dans le temps, quelques heures par jour, ainsi que dans la réponse très partielle que nous apportons aux besoins du malade, nourri, entouré, aimé, surveillé par d'autres que nous, elle contient sa propre négation. Notre présence est autant une absence, c'est-à-dire qu'elle est surtout symbolique. Quand, au comble de la fureur, la mère de Jeanne clame « qu'elle soit votre fille, prenez-la avec vous », c'est le caractère insupportable du symbole qui signifie justement l'absence de la chose symbolisée qu'elle nous jette au visage. L'illusion groupale qu'avec Jeanne et les siens nous avons constituée annonce une désillusion. Ce drame n'est qu'un psychodrame, c'est-à-dire un leurre aussitôt dénoncé, un jeu provoqué par notre présence matérielle et qui fonctionne d'abord comme défense maniaque contre une angoisse dépressive insupportable. Mais en même temps, parce que la séparation y est jouée activement, et non plus subie passivement, comme dans les expériences institutionnelles précédentes, elle peut être maîtrisée. Jeanne et ses parents, au travers de notre aide, apprennent à s'estimer eux-mêmes et les uns les autres suffisamment pour renoncer à confirmer dans leur comportement réel la fragilité imaginaire qu'ils se prêtaient. Ils deviennent capables d'abriter en eux, sans risquer l'explosion, des sentiments contradictoires, et donc de se séparer réellement. Depuis trois ans, ils ont ainsi acquis les uns par rapport aux autres une certaine liberté.

Plus profondément, ils nous semblent s'être déshabitués d'un mode de relation très primaire et d'une défense archaïque à laquelle Melanie Klein a donné le nom d'identification projective.

Aide matérielle et identification projective

Rappelons brièvement que l'identification projective est ce mécanisme par lequel le sujet place une partie de lui-même (de son soi et de ses « objets internes » représentants fantasmatiques de ses pulsions libidinales et agressives) à l'intérieur de l'objet-sein, la mère. De la sorte, le sein maternel, ou ce qui en tient lieu transférentiellement dans l'environnement, se transforme en un contenant des objets internes et des portions du soi du sujet, contaminé par son propre contenu. Ce mécanisme, auquel par hypothèse tout nourrisson a primitivement recours pour entrer en contact avec son entourage, est une défense contre l'angoisse d'un morcellement consécutif à la séparation d'avec la mère. Il maintient l'illusion d'un contrôle omnipotent sur le sein ainsi occupé par les divisions que le sujet y envoie. Il a néanmoins pour inconvénient de rendre le sein dangereux sous l'effet de la projection prévalente mais non exclusive des mauvais objets, et aussi de laisser derrière lui un sentiment de vidange narcissique rendant la séparation d'autant plus douloureuse qu'elle est amputation d'un morceau de soi. Mentionnons au passage que le soignant a essentiellement pour mission de résister à la contagion par les fantasmes qui sont projetés en lui, et d'infirmer ainsi la réalité de l'identification projective.

Je voudrais montrer, à partir de deux exemples cliniques, les risques de perversion que l'identification projective intense des patients psychotiques fait courir à une aide matérielle apparemment indispensable.

Suzanne et le problème du sevrage

Traversant au lendemain de son mariage une crise aiguë qui par bien des points rappelle celle de Jeanne, Suzanne se débat elle aussi dans les affres d'une autonomisation difficile. La famille étant sur le point de succomber à une dépression collective, l'hospitalisation ordinaire étant, pour diverses raisons, impossible, nous sommes amenés à construire temporairement autour d'elle un hôpital individuel et « sur mesure ». Nous lui proposons de venir vivre avec nous quelques semaines au Foyer du Cerisier, une institution thérapeutique fondée et animée par un groupe de soignants réunis autour de Marcel Sassolas [5]. Un petit appartement y a été aménagé pour recevoir des patients en période critique. Suzanne s'y installe, et nous nous relayons autour d'elle, jour et nuit, chacun à raison de deux heures par jour environ et d'une nuit par semaine, de manière à lui fournir toujours un interlocuteur « frais » capable de résister à ses attaques et de demeurer impavide sous le poids de ses projections. Son mari participe à ce « tour de garde », et les parents acceptent de recevoir Suzanne chez eux pendant le week-end. Notre aide conserve donc un caractère complémentaire et ne se substitue pas à celle que lui apportent les siens. Suzanne peut utiliser la situation, se séparer de sa famille et de son mari, de manière protectrice pour eux, lorsqu'elle les sent proches de l'effondrement, s'en rapprocher lorsqu'elle redoute de perdre en elle leur image. Elle joue avec nous un jeu similaire et me chasse ainsi un samedi de chez elle parce qu'elle craint de m'agresser trop violemment puis manifeste très avidement le désir de me revoir le jour suivant. D'emblée, elle investit le foyer comme un double sur lequel elle projette ses angoisses. Tourmentée de craintes hypocondriaques concernant ses dents, ses ovaires, son vagin, elle imagine de même le foyer comme un immeuble sur le point de tomber en ruine et s'affaire particulièrement au niveau de ses orifices, portes et fenêtres, sur lesquels elle veille jalousement, craignant de les voir forcés ou brisés. Les tuyauteries, les murs font également l'objet de ses appréhensions ainsi que les sols qu'elle craint de voir salis. Persécutée par une bande mystérieuse, elle redoute de même que le foyer ne soit envahi par les apaches du quartier et qu'ils ne s'en prennent à un autre patient, vis-à-vis de qui, l'instant d'avant, elle s'était montrée

5. *Cf.* la série d'articles sur cette institution publiés dans un numéro spécial de l'*Information psychiatrique*, avril 1977.

très violente. Pour calmer son inquiétude, elle s'improvise femme de ménage, vitrier, électricien, plombier et s'active, de manière d'ailleurs inefficace, dans des travaux d'entretien où elle cherche surtout à entraîner et à diriger les autres qu'elle voudrait transformer en prolongements d'elle-même, enrageant de ne pas y parvenir. Cet échec lui rend bientôt le foyer irrespirable car il est devenu le champ clos où se battent les supports de son Soi (les soignants en qui elle a projeté ses tendances réparatrices, les autres patients qu'elle veut à son tour protéger ou soigner), les mauvais objets (la saleté, les apaches envahisseurs, et certains patients dont elle tolère mal la présence) et aussi les bons objets (son mari, les aliments, tel soignant vis-à-vis de qui elle se comporte en nourrisson glouton). Mais sous l'effet de son avidité incoercible, les meilleures nourrices deviennent dangereuses dès lors qu'elles ne sont plus inépuisables. Ainsi, un jour où j'ai été amené à lui refuser une somme d'argent qu'elle voulait m'emprunter, elle se met en colère. Comme elle porte une cigarette à sa bouche et que, machinalement, je lui offre du feu, elle refuse mon aide en me dénigrant. Manifestement le feu (projeté) qui m'habite est devenu destruction et non plus chaleur sous l'effet de son envie corrosive.

Pour se protéger de la confusion, elle essaie d'établir des clivages. Elle a entendu prononcer mon nom par un étranger d'une manière qui ne lui est pas familière (Ho*che*mann et non Ho*que*mann comme elle dit habituellement ainsi que la plupart des gens qui me connaissent). Elle invente alors autour de cette double prononciation deux personnages, l'un inquiétant, ennemi, l'autre protecteur et bon. Puis elle tente de m'opposer à un collègue qui devient bon. Au bout de quelques jours et devant la faillite de ces clivages, elle appelle à la rescousse un père symbolique qui l'aiderait à se différencier d'un corps maternel tout-puissant et à séparer le bon grain de l'ivraie. Elle demande ainsi à son père de venir faire montre au foyer de ses talents de bricoleur, se réfugie chez le commissaire de police et finalement va voir son médecin de famille qui lui prescrira, avec succès, le traitement neuroleptique qu'elle refusait venant de nous.

Mais aussitôt qu'elle s'en éloigne, le foyer lui devient indispensable, d'autant plus indispensable qu'il contient et retient un morceau très précieux de sa réalité psychique [6]. Elle se déprime et se sent vide loin de cet abri, où, au sens propre, elle a tellement mis d'elle-même.

L'identification projective rend ici le sevrage très difficile. En nous proposant comme objet manipulable dans la réalité, nous avons favorisé un processus qui a permis au mari et aux parents, sur qui il s'effectuait d'abord exclusivement, de « souffler ». Mais nous n'en sommes plus tout à fait maîtres. Grâce à l'intervention tierce du médecin de famille, Suzanne réussit néanmoins à prendre une certaine distance par rapport à nous et accepte de retourner vivre avec son mari dans son appartement où nous devrons pendant un certain temps aller la voir quotidiennement. Plusieurs mois durant, elle continuera un va-et-vient entre son logement, celui de ses parents et aussi le dispensaire. Il se trouve que Claude, son mari, travaille de nuit. Quand il rentre et s'endort, Suzanne ne peut supporter son sommeil. Une partie d'elle-même, projetée dans son mari, lui échappe alors et connaît dans les rêves de l'époux une manipulation dont elle n'est pas maîtresse. Elle craint aussi que son mari ne meure en dormant et n'entraîne ainsi dans l'autre monde son matériel psychique à elle. Lorsqu'il est éveillé, elle se montre anxieuse de connaître toutes ses pensées, c'est-à-dire l'espace où elle se trouve incluse. Ce qui était représenté dans l'enceinte du foyer parasite maintenant l'esprit de Claude.

Il faudra encore longtemps pour que Suzanne accepte d'abriter en elle « ses soucis ». Elle cherchera encore à s'en protéger en évoquant avec nostalgie ce foyer où « plein, plein de psychiatres, de psychologues, d'infirmières, d'assistantes sociales » tournaient autour d'elle (selon un scénario qui rappelle encore la fête maniaque). Puis elle découvrira qu'une fois vidé des projections dont elle l'avait rempli, Claude n'a plus de charme pour elle et qu'elle ne l'aime plus. La fête est finie, les lampions sont éteints, et la morosité succède à l'excitation.

Il faudra encore du temps pour qu'elle découvre à son mari de nouveaux attraits et apprenne à l'aimer comme un homme et

---

6. En ce sens il est devenu, pour elle, un fétiche, comme cet ours qu'elle traînait avec elle jusqu'à l'âge de quatorze ans.

non comme un double. Les derniers entretiens que j'ai eus avec elle éclairent, pour moi, un point subsidiaire. Suzanne m'y explique son incapacité quasi totale – et très ancienne – à fantasmer. Le mot « rêverie », pour elle, n'a jamais eu de sens. Son impuissance à se laisser habiter par ce à quoi « rêvent les jeunes filles » l'a toujours contrainte à chercher dans la réalité confirmation de son existence et de son identité sexuelle. Avant de connaître Claude, elle s'est ainsi abandonnée à une série d'aventures de très courte durée, toutes soldées par un échec et une bouffée délirante où dominait la négation de ses limites et qu'annonçaient invariablement des préoccupations hypocondriaques centrées sur ses organes génitaux. Après notre intervention, au contraire, elle se met à retrouver, progressivement, certaines possibilités fantasmatiques et, elle qui s'était toujours crue stérile, se prend à rêver à l'enfant qu'elle pourrait, un jour, avoir de Claude. Le fantasme, à la différence du délire – néoréalité – ou du rêve, se développe sur le fond d'une réalité acceptée et assumée. On pourrait presque dire que c'est la reconnaissance de la réalité qui donne sa « réalité » au fantasme, son statut de fantasme par opposition à ce qui est réel.

L'aide matérielle (maternelle) en aidant Suzanne à se reconstruire une réalité acceptable et – peut-être – à s'accepter mieux dans sa réalité de femme (de femme au foyer, en l'occurrence) lui rend, même si c'est de manière limitée, une possibilité de fantasmer. Elle permet aux mots de se déprendre des choses, c'est-à-dire, comme H. Rosenfeld l'a montré, qu'elle réduit l'identification projective.

Marc et le sein persécuteur

En son logis, habité de puissances hostiles, Marc se laissait doucement mourir de faim. Depuis plusieurs mois, ses parents, lassés par des exigences symbiotiques qui rendaient avec lui la coexistence impossible, lui avaient acheté un appartement et signifié une mise à la porte d'un chez-eux où il n'avait plus sa place, et qu'ils entendaient préserver des effets de son parasitisme. En ce qu'elle venait répondre à une carence familiale durement ressentie, notre aide n'était pas bien venue. Plus nous entourions Marc de nos prévenances, de nos visites, de notre sollicitude et plus il se sentait abandonné de ses parents qu'il eût souhaité rencontrer à notre place. S'attacher à nous était vécu par lui comme une dangereuse soumission à l'ordre du père : « Tu dois désormais te débrouiller seul et ne plus compter sur nous. » Seule une relation d'argent avec les parents, par le biais de l'obligation alimentaire, maintenait un cordon ombilical qui permettait à Marc de dire sa nostalgie de l'enfance, aux parents d'éluder leur culpabilité. Avec la nouvelle loi sur les handicapés, qui lui permettait de bénéficier d'une allocation personnelle, nous crûmes libérer Marc d'une tutelle étouffante (son père lui mesurait les subsides et chaque billet était l'occasion d'un nouveau chantage) et travailler dans le sens de son autonomie en l'aidant, comme il paraissait le souhaiter, à obtenir une pension. Un peu inconsidérément, nous venions de rompre le dernier lien – aussi sadomasochiste fût-il – qui le rattachait aux siens.

Il nous inclut dès lors dans un système persécutoire et projeta en nous tout ce qui en lui luttait pour l'indépendance et l'adultisation, c'est-à-dire tout ce qui mettait à mal le personnage infantile et dépendant qu'une partie de lui voulait demeurer. Nous devînmes les hôtes de son agressivité à l'égard de ses parents, agressivité retournée contre lui, enfant chétif et misérable. Mais en même temps l'aggravation de son état physique nous imposait de le soigner. L'infirmière et le psychologue, qui dans l'équipe avaient alors avec lui la relation la plus proche, me l'amenèrent un jour, puisqu'il se plaignait au niveau de son corps, pour un examen médical. Il ressentit le stéthoscope et l'appareil à tension comme des instruments de torture, et bien des mois plus tard il faisait à nouveau référence à cette auscultation « bizarre », se demandant ce que je lui voulais et m'accusant pratiquement de l'avoir ce jour-là pénétré et transformé.

Ma conclusion – provisoire – fut qu'il avait grand besoin de nourriture, n'ayant rien mangé depuis près d'une semaine. Je lui proposai donc de l'accompagner au restaurant où, avec l'infirmière, nous lui offrîmes et partageâmes avec lui un repas. Méfiant, il nous laissa d'abord manger seuls en marmonnant : « Tout ce travail, tout ce travail, il faudra bien rembourser un jour. » Puis il examina avec inquiétude les œufs sur le plat qui, dans son assiette, le regardaient, et c'est seulement lorsque l'infirmière lui eut dit qu'il avait l'air effrayé par eux comme s'il craignait d'être lui-même mangé qu'il put se jeter sur eux, gloutonnement.

En nous s'étaient en effet rejointes l'image d'une mauvaise mère frustrante, obligeant à vivre sur ses propres ressources, et celle d'une bonne mère gratifiante, pourvoyeuse de soins et de nourriture. Les deux images se combattaient et risquaient mutuellement de se détruire. Toute bonne chose reçue de nous pouvait se transformer immédiatement en poison à éliminer hâtivement, faute de quoi, tel Shylock, nous serions venus réclamer une livre de chair en paiement de notre bonne volonté.

Cette fantasmatique s'était probablement concrétisée symboliquement dans l'œuf sur le plat. Seule alors l'interprétation de l'infirmière, c'est-à-dire la transmutation du fantasme en mots, permit à l'image de se détacher de l'œuf, et à celui-ci de redevenir une simple chose, un produit assimilable par l'organisme.

Ces deux fragments d'histoire clinique le montrent, l'aide matérielle – quelle que soit encore une fois sa nécessité – n'est pas sans danger et peut se transformer en persécution.

Sous l'effet de l'identification projective, le soignant et ce qu'il donne deviennent une prison imaginaire plus contraignante que la plus étroite des camisoles, et, en même temps se révèlent tellement indispensables que toute séparation est impossible.

Le patient n'a alors d'autres ressources que dans la fuite claustrophobique avec ses conséquences souvent dramatiques ou dans l'abandon résigné à un lent processus de digestion par l'institution qui l'abrite et le contient. Qu'elle soit fermée ou ouverte, archaïque ou « progressiste », avec ou sans murs, ne fait rien à l'affaire. Il est des internements dorés, inoffensifs en apparence, destructeurs en réalité. Freud déjà avait dénoncé certaines cliniques de son temps plus occupées à satisfaire les caprices de leurs clients et à leur épargner la peine de changer qu'à les soigner.

Nous touchons là aux mécanismes profonds de la chronicité. L'échange, où le patient reconquiert une position active et où il peut, à son tour, offrir quelque chose au soignant, en est le meilleur antidote. Il permet une reconquête de l'estime de soi et de son identité et inaugure avec l'environnement un dialogue créateur d'un espace transitionnel [7].

Aide matérielle et signification de l'échange

Fairbairn nous l'enseigne : « La frustration de son désir d'être aimé comme une personne et de voir son amour accepté est le plus grand traumatisme qu'un enfant puisse souffrir [8]. »

Il ne suffit pas, pour le psychotique, victime de son traumatisme originel, de recevoir, avec une aide matérielle, une preuve d'amour. Encore faut-il que celui qui l'aide et se substitue dans le transfert à la mère accepte de lui quelque chose de bon en échange. Rejeté, son amour ne s'est pas en effet seulement transformé en vindicte contre les persécuteurs. Il lui apparaît comme irréductiblement mauvais, surchargé de culpabilité, preuve définitive de son incapacité à créer et à donner, à partir de son fonds propre, quelque chose de positif. Une patiente de Fairbairn qui lui avait apporté des fruits s'inquiétait à la séance suivante de savoir s'il n'avait pas été empoisonné. Autant que d'être aidé, le psychotique a besoin d'aider à son tour. Il importe donc dans la relation avec lui d'aménager une possibilité de réciprocité et de savoir reconnaître et apprécier aussitôt qu'elle se dessine la moindre esquisse de récompense pour nous. Ce n'est pas tellement que le psychotique s'endette, au sens habituel du mot, comme l'histoire précédente pourrait le laisser croire. La dette chez lui est rarement vécue dans une atmosphère dépressive et il est rare qu'il nous idéalise au point de penser que nous sommes des gens très estimables, qu'il est bien peu de chose pour mériter notre intérêt et qu'il ne pourra jamais rembourser tant de bienfaits. L'aide matérielle susciterait-elle des sentiments

---

7. Winnicott (D.W.), « Objets et phénomènes transitionnels », in *De la pédiatrie à la psychanalyse*, Payot, 1969.

8. Fairbairn (WRD) : « A Revised Psychopathology of the Psychoses and Psychoneuroses », *The International Journal of Psychoanalysis*, vol. 22, 1941. La traduction est de moi.

de ce genre que le psychotique pourrait être considéré comme guéri et fonctionnant désormais sous le signe de la névrose. La dette psychotique s'organise plus souvent dans un registre persécutoire, une persécution que nous pouvons confirmer par notre comportement et plus encore par les affects qui sous-tendent ce comportement, et que le patient est habile à déceler derrière un dévouement apparemment sans mesure. Malgré nous, nos patients nous entraînent en effet à des excès. Leur dénuement objectif est souvent difficile à supporter et suscite une pitié bien compréhensible ou une inquiétude pour leur existence même. Plus profondément, ils éveillent en nous – quelles que soient notre structure et notre histoire personnelle – des sentiments contre-transférentiels pénibles. Leurs attaques envieuses engendrent notre haine, et la confusion qu'ils entretiennent entre le sujet et l'objet motive notre peur d'être envahis par leur folie, épuisés par leur avidité [9]. Contre ces sentiments, nous avons tendance à lutter en nous lançant dans des actions réparatrices qui ont surtout pour fonction de restaurer notre narcissisme. Nous agissons d'abord pour prouver que nous sommes encore vivants, et que toutes les bonnes choses en nous n'ont pas été détruites. Défense maniaque contre notre dépression, l'aide matérielle est d'abord une extériorisation triomphale de nos bons objets internes pour manifester à nos propres yeux leur présence en nous et leur incorruptibilité. Elle vise secondairement à neutraliser le venin que nous imaginons de manière projective à l'intérieur de nos patients et par là à faire taire ce qui est insoutenable dans leur demande.

Plus perspicaces que nous, ils ne se font pas alors d'illusions sur le sens de notre aide et comprennent que notre charité bien ordonnée commence par nous-mêmes et témoigne de notre réaction angoissée à leur présence [10]. Ce que nous leur apportons

---

9. C'est ce mouvement contre-transférentiel qui m'avait fait refuser à Suzanne l'argent qu'elle me demandait. Elle perçut probablement ma dérobade pour ce qu'elle était, une preuve de fragilité, et son agressivité s'en accrut. Détruit en réalité – et non plus seulement en fantasme – je n'étais plus « utilisable » au sens de Winnicott (*cf.* D.W. Winnicott, « The Use of an Object and Relating through Identifications », *Playing and Reality*, Basic Books, N. Y., 1971. Trad. fr. *Jeu et réalité*).

10. Dans mon expérience clinique, l'incapacité de dire « non » à un psychotique est – autant que le refus systématique de le gratifier – le signe quasi constant d'une peur chez le soignant.

accroît alors leur gêne et les convainc de leur malignité foncière. En même temps, ils redoutent notre vengeance et que nous ne venions leur arracher ce que nous leur avons aussi agressivement confié. C'est alors que peut s'engager un cercle vicieux inflationniste où, nous sentant mis en échec par le psychotique, nous augmentons notre aide et, par là, ses angoisses paranoïdes et son malaise. La situation devient de plus en plus critique, ce qui nécessite de notre part une aide de plus en plus grande mais aussi de plus en plus persécutrice.

Tout cela est bien connu aujourd'hui. Si bien connu que c'est l'inverse souvent qui se voit et derrière lequel force nous est de pressentir une formation réactionnelle. On ne change pas en effet de contre-transfert en changeant simplement de manière. Dans nombre d'institutions aujourd'hui, les malades, il faut le dire, sont, sous prétexte d'éviter l'activisme, purement et simplement abandonnés à leur misère, renvoyés à croupir dans leur absence de demande. Le refus légitime d'occulter l'expression d'un désir personnel par un gavage abusif se transforme en refus d'assistance à personne en danger. Surtout, en renonçant à l'aide matérielle on se prive d'un levier symbolique précieux dans le travail psychothérapique, le seul susceptible de mobiliser les défenses psychotiques, au moins dans certaines structures particulièrement rebelles à l'interprétation, ou à certains moments évolutifs.

L'intérêt de l'observation de Mme C. est de nous montrer les risques d'une aide matérielle mal réglée mais aussi l'avantage qu'il y a, une fois qu'on a appris la mesure, à utiliser la dimension symbolique des échanges d'objets dans un programme thérapeutique au long cours.

Mme C. nous vint voici des années par personnes interposées. Ses voisines s'étaient apitoyées sur le sort de cette femme qui vivait seule avec sa fillette dans un humide galetas. Elles lui donnaient des habits, l'invitaient à manger... mais bientôt se trouvèrent débordées par la voracité de la demande et tentèrent de la limiter. Mme C. se sentit alors en butte à une persécution obscure. Son comportement changea. Elle ne parlait plus à personne et s'enfermait chez elle. L'inquiétude et le désir de soigner des voisines se canalisèrent alors sur la fille. Pouvait-on laisser une enfant de neuf ans avec une folle ? Il fallait agir. Se sentant dépassé et coupable, l'entourage nous alerta. J'écrivis à Mme C., sous le couvert de l'assistante sociale de son entreprise, pour lui rappeler qu'elle n'était plus en règle avec la Sécurité sociale et que j'étais à sa disposition pour la rencontrer et éventuellement lui signer un certificat d'arrêt de travail. Elle apparut à ma consultation.

Ici commence une relation de plusieurs mois où Mme C. me prend pour confident et me conte sa pauvre vie, en échange de menus services médico-administratifs. Fille d'un couple de divorcés, élevée en Afrique par sa mère remariée et son beau-père, elle avait longtemps rêvé de connaître un père qu'on lui présentait comme un déséquilibré malhonnête et brutal. Il était devenu pour elle une sorte d'anti-héros, chargé de tous les vices et de toutes les tentations. La réalité, lorsqu'elle l'eut rencontré, d'un bellâtre vieilli, timidement escroc sur les bords, fut une déception. Mariée une première fois puis divorcée, remariée et veuve, elle multipliait des aventures passagères, aux limites de la prostitution. Outre sa fille, issue du second mariage et qui portait donc le même nom qu'elle, elle avait un fils aîné resté avec le père dans une ville lointaine et, petit dernier, un enfant naturel au type arabe prononcé qu'elle avait plus ou moins abandonné à la garde d'une nourrice. La maladie grave puis la mort de son fils aîné relancent le délire. Elle se reproche de ne pas s'être trouvée auprès de lui et sent qu'on la traite partout de mauvaise mère. Pour expier et réparer elle reprend son dernier fils, un bébé de deux ans, très retardé, qui grâce à ses soins fait de rapides progrès. Mais l'entourage continue à jaser, dans son esprit d'abord, mais ensuite dans la réalité. On s'inquiète autour d'elle pour cet enfant qui ne saurait être que maltraité, mal nourri, soumis à des conditions d'hygiène déplorables, témoin des relations sexuelles avec les amants de rencontre, etc. Manifestement d'origine nord-africaine, le bébé est de plus considéré, par la famille et aussi peut-être par Mme C., comme le symbole de sa déchéance. On aimerait qu'elle l'abandonne. Elle s'y sent elle-même poussée mais ne peut l'admettre. Elle se met alors à imaginer qu'on cherche à le lui enlever, verrouille sa porte et place un linge devant la lucarne de sa mansarde pour se protéger de tous ceux qui l'épient. Son seul refuge est alors la maison de sa sœur, chez qui elle passe de nombreuses heures et voudrait demeurer. Celle-ci s'affole et nous demande d'intervenir « plus fermement ». Notre expérience de soins à domicile est alors balbutiante. La situation nous paraît grosse de danger, pour la patiente et pour ses enfants, et nous désespérons de pouvoir continuer à l'aider dans les conditions où elle se trouve et où elle nous met. D'autant que, sentant notre revirement, elle ne vient plus aux consultations du dispensaire et n'ouvre plus à l'infirmière, que jusque-là elle accueillait très volontiers. Nous souscrivons donc au placement temporaire des enfants et décidons de la contraindre à l'hospitalisation et de la conduire nous-mêmes dans le service, avec l'aide de son beau-frère.

Cette hospitalisation se fait dans une ambiance dramatique qui nous laisse avec un pénible sentiment de culpabilité. Nous continuons néanmoins à aller la voir régulièrement deux fois par semaine à l'hôpital où elle accepte de nous recevoir. Après quelques semaines, sur notre insistance auprès de l'équipe du service, très sceptique, elle sort et nous poursuivons la prise en charge à l'extérieur. Les enfants sont restés sous la garde de l'Aide à l'Enfance mais elle les voit régulièrement. Avec l'hiver, la situation se dégrade à nouveau, le froid aggrave son sentiment de solitude et sa quête avide d'un soutien qui ne peut, l'expérience le lui a montré, que déclencher un rejet. Elle se remet à délirer et refuse de se nourrir ou de se chauffer, justifiant sa conduite par une référence à des « on » mystérieux qui pourraient l'accuser de se trop bien traiter. En même temps, et comme pour détourner d'elle un intérêt dangereux, elle nous fait des cadeaux, ainsi qu'à ses voisins. La situation devient rapidement critique. À nouveau, nous sommes inquiets mais en plus nous nous sentons coupables de notre faute première et voulons d'autant moins la réhospitaliser qu'un conflit en ce moment oppose l'extra- et l'intrahospitalier, qui redouble notre culpabilité à son égard de sentiments douteux vis-à-vis de l'institution hospitalière dont nous sommes les enfants rebelles. Pour prévenir notre effondrement nous donnons alors dans l'activisme, qui n'est qu'une formation réactionnelle de notre rejet. L'assistante sociale, deux infirmières et moi nous relayons chez elle pour allumer son poêle ou lui apporter de la nourriture que nous partageons avec elle. Elle accepte alors de manger. Nous respectons toutefois ses nécessaires prises de distance et commençons à tolérer qu'elle nous condamne sa porte deux ou trois jours durant. Il faudra les vacances de février, où nous sommes plusieurs à nous absenter, pour qu'elle ose franchir d'elle-même les grilles de l'hôpital, annonçant : « Je serais venue plus tôt, mais j'avais peur de faire de la peine au Dr Hochmann. »

Nous devons à cette patiente d'avoir pu nous poser la question propédeutique à toute entreprise de soins : « Qui soigne qui ? » Encore une fois nous retrouvons pour elle le chemin de l'hôpital. À sa sortie elle a mûri, nous aussi. Une autre relation s'établit entre elle et une infirmière. Elle sera encore traversée de discrètes recrudescences délirantes, chaque fois qu'un conflit l'opposera à sa famille ou à ses voisins, et il lui arrivera d'avoir recours, d'elle-même, à l'hôpital. Mais nous aurons appris ensemble à nous faire mutellement confiance et construit un système d'échanges d'objets qui nous tient lieu de dialogue, non sans problèmes.

Comme symbole, en effet, les choses sont inférieures aux mots. Il n'existe pour elles aucun dictionnaire. Leur équivocité en rend l'écoute difficile. Ce n'est pas qu'elles ne veuillent rien dire et se situent hors de toute codification. Mais la langue qu'avec elles le psychotique se constitue, comme d'ailleurs avec les mots qu'il traite comme des choses, est une langue personnelle. On peut à long terme y reconnaître des structures récurrentes mais elles appartiennent en propre au sujet qui les énonce. Parler avec le psychotique, c'est souvent apprendre une langue étrangère. Il y faut du temps.

Ainsi, nous avons mis plusieurs années à comprendre l'identité établie par Mme C. entre l'« enlèvement » de ses enfants et l'attribution d'une pension d'invalidité que – aux yeux de la loi commune, mais pas aux siens – son état justifie pleinement. Puisqu'on lui donne tous les trimestres une certaine somme sans qu'elle ait à travailler, il faut bien qu'elle paie quelque part et donne à son tour quelque chose en échange. Cet « autre chose » c'est sa fille. Aussi a-t-elle longtemps refusé de toucher à cet argent qu'elle capitalisait petit à petit à la Caisse d'épargne, n'acceptant d'en soustraire, pour survivre, que les intérêts auxquels, curieusement, elle estimait avoir droit. S'y ajoutaient les revenus d'un travail « au noir » qu'elle effectuait dans un café du voisinage. De toute manière elle vit de peu, craignant autrement le qu'en-dira-t-on. À ses principes d'extrême frugalité, il lui arrive toutefois de déroger. Par exemple, de faire tapisser et repeindre son appartement. Mal lui en prend. Les murs revêtus de produits achetés sur sa pension se chargent d'obscurs maléfices, dégagent des vapeurs empoisonnées et l'obligent temporairement à se réfugier chez des amis. Lorsque à d'autres reprises, elle s'offre quelque objet de première nécessité, tel un appareil de chauffage, qu'elle a longtemps refusé de faire fonctionner, elle croit comprendre qu'il lui faut, pour garder sa fille, payer de sa personne en se prostituant gratuitement aux hommes « qu'on lui envoie ».

Dispensateur du certificat médical qui lui a valu sa pension mais aussi de ceux qui permettent à sa fille de venir chez elle en vacances (il me faut toujours certifier auprès de la direction de l'Action sanitaire et sociale que son état autorise de telles visites), ordonnateur, sur sa demande, de pilules contraceptives, je suis devenu, sans le savoir, le complice des « on ». J'ai prêté la main à sa prostitution. Qui sait si, dans son esprit, à la fois protecteur et persécuteur, je ne l'ai pas utilisée pour une sorte de travail social très particulier au bénéfice des ouvriers immigrés du quartier, en échange de mes bons procédés.

De même, elle effectue toujours quelques travaux d'aiguille pour des dames du voisinage et néglige de se faire payer ou refuse qu'on la paie, estimant sans doute devoir quelque chose à une société qui l'entretient, et cherchant à désarmer « les jalousies » ou « les médisances » qu'elle imagine autour d'elle.

Un jour, elle reçoit de la Sécurité sociale un imprimé qui lui annonce que son droit à l'exonération du ticket modérateur (remboursement à 100 % des médicaments et des soins) est prolongé de six mois. Elle y voit un ordre à bénéficier d'un secours et revient se faire hospitaliser.

Depuis quelque temps, elle en ressentait la nécessité, se sentant seule et malade à l'approche de l'hiver. Mais en même temps elle redoutait de céder à l'attrait de la chronicité. Une lutte opposait en elle son désir de mener une vie autonome chez elle, d'assumer son statut de femme et de mère, et celui de s'enfoncer dans la dépendance asilaire. Elle fait donc promettre à l'infirmière qui la connaît depuis plusieurs années de venir la voir à l'hôpital et lui offre une jupe : « pour payer l'essence quand vous viendrez me voir et pour que vous ne m'abandonniez pas ». Connaissant l'hostilité de l'infirmière pour les hospitalisations prolongées, elle souscrit ainsi une assurance contre une partie d'elle-même, projetée sur la Sécurité sociale plus ou moins confondue avec l'équipe hospitalière, et sauvegarde l'autre partie (« saine » dirons-nous) dans l'infirmière. Effectivement l'infirmière vient la voir, négocie sa sortie et l'aide progressivement à se réinstaller chez elle. Quelques jours avant sa sortie définitive, Mme C. prétend avoir été volée pendant son sommeil à l'hôpital en même temps qu'elle redoute avoir subi un assaut sexuel et être enceinte. Elle venait de retirer quatre cents francs à la Caisse d'épargne écornant le sacro-saint capital qu'elle constituait avec sa pension d'invalidité. Elle demande à l'infirmière de lui prêter de quoi vivre jusqu'à la prochaine échéance de ses intérêts et jusqu'à ce qu'elle ait retrouvé un emploi clandestin. Nous ne sommes pas certains d'avoir compris tout ce qui s'est joué autour de cet argent mais il nous semble que cet incident représente l'équation argent = enfant volé, ainsi que le conflit dans Mme C. de désirs contradictoires qu'elle imagine subis plutôt que de les agir. L'argent-désir de sortie de l'infirmière doit se substituer à l'argent-désir d'hospitalisation de la Sécurité sociale pour qu'elle puisse vivre hors des murs de l'asile. (Notons au passage qu'il est de mode aujourd'hui d'écouter textuellement ce que dit le psychotique et de ne voir, comme il cherche à nous le faire croire, que le désir de l'Autre là où il camoufle son propre désir. C'est oublier tout ce que Freud nous a enseigné du renversement d'une pulsion dans son contraire et du retournement sur la personne propre.)

Dans cette histoire, les exemples abondent où l'aide matérielle doit s'assortir d'un échange, pour être acceptable.

Rappelons qu'aux premiers temps de notre prise en charge, nous avions un peu étourdiment, novices alors que nous étions dans ce type de traitement, multiplié les actes charitables. À sept ans de distance, Mme C. nous le rappelle, à sa manière, indirectement.

C'est ainsi que lorsqu'elle va moins bien et que nos soins s'intensifient et lui deviennent plus pesants, elle conseille discrètement à l'infirmière de regarder ailleurs. Elle lui parle alors de sa voisine, qui est également une de nos patientes, et lui recommande de lui apporter de la nourriture comme jadis nous le fîmes pour elle. Cette voisine, il lui arrive d'ailleurs de l'aider à son tour. Elle glisse des billets de banque dans sa boîte aux lettres (alors que la voisine, si elle est authentiquement déprimée, n'est nullement dans la misère), laisse un seau de charbon devant sa porte. Ces dons sous-tendus par une agressivité transparente, laissent penser qu'il lui faut reporter ailleurs ce qui lui a été donné autrefois et dont elle serait, si elle le gardait, intoxiquée, manœuvre qui évoque irrésistiblement le potlatch des Indiens d'Amérique du Nord.

Aux repas forcés que nous lui infligions il y a six ou sept ans lorsqu'elle se laissait dépérir, elle répond aujourd'hui en invitant elle-même l'infirmière à déjeuner et en ajoutant, non sans ironie, « ça va vous mettre dans les frais », sous-entendant que cette invitation ambivalente implique un cadeau en retour. Dans un mouvement spéculaire, elle attribue en effet à l'infirmière un fonctionnement mental analogue au sien. Comme elle, l'infirmière est obligée de rendre quand on lui donne, à moins de risquer l'indigestion. Le renvoi du nourrisson que toutes les mères attendent après la tétée est peut-être le paradigme de ces échanges en miroir. Il marque la nécessité d'une restitution, en signe de reconnaissance de ce qui a été reçu. Parce qu'elle est partielle, cette restitution est symbolique. Elle signe autant la présence du lait ingéré dans le nourrisson que son absence du sein de la mère ou du biberon. Fairbairn disait que le drame de l'amour oral est qu'il aboutit forcément à la disparition de son objet. Il n'est pas nécessaire, ajoutait-il, d'invoquer un quelconque sadisme dans ce qui est simplement la loi physiologique du genre. Véritable cadeau de bienvenue, le renvoi atténue ce que cette disparition a d'angoissant et restaure symboliquement l'objet maternel dévoré. Il permet à l'appétit de revenir, sans risques.

Mme C., parce qu'elle donne, se sent autorisée à demander. Un processus d'échanges de biens et de services aussi compliqué que le troc des civilisations sans écriture ni monnaie la relie à ses voisins et lui permet d'acquérir un poste de télévision, une machine à laver, etc.

Ces « occasions » ne sont jamais incluses dans le délire, à la différence du poêle ou du papier peint qu'elle a achetés.

Tout se passe comme si l'usage, la patine déposée par la main amie qui donne et la main rassurée qui reçoit, l'usure liée au va-et-vient de l'échange ôtaient à l'objet son « inquiétante étrangeté », l'introduisaient dans une aire transitionnelle. Parce qu'il est usé, on peut user de l'objet. L'objet neuf, au contraire, appartient à l'univers fantastique des « on », il est la « chose » anonyme dont le psychotique redoute la pénétration ou dans laquelle il craint d'être absorbé.

Trop démunie en « réserves narcissiques », Mme C. ne peut effectuer sur l'objet neuf le nécessaire mordançage, à base d'identification projective positive qui consiste à placer dans l'objet un morceau du moi aimé par le moi, c'est-à-dire à le reconnaître comme sien.

L'aide matérielle et les échanges bilatéraux dont elle est l'occasion permettent aux autres de servir d'auxiliaires à un moi avaricieusement crispé sur son maigre capital. (J'ai toujours pensé que les personnalités dites « narcissiques » manquaient cruellement de narcissisme et, comme les gens ruinés qui cherchent malgré tout à paraître, mettaient en devanture ce qui leur faisait le plus défaut.)

Échanger avec Mme C., c'est lui prêter du narcissisme pour médiatiser la rencontre avec les choses, c'est déposer sur elles un vernis qui en masque l'impénétrabilité, les rend proches et familières et en permet l'appropriation. Lorsque toutefois les rapports entre Mme C. et ses voisins se dégradent, elle dépose devant leur porte les objets qu'ils lui ont donnés.

Pour que le système puisse fonctionner, il faut donc qu'il soit sous-tendu par une relation positive et surtout strictement duelle. Le regard d'un tiers entraîne des difficultés.

Ayant prié l'infirmière de lui céder une de ses paires de chaussures usagées, elle me rencontre alors qu'elle porte ces souliers.

Elle a l'impression que je les reconnais et qu'en la saluant je la scrute bizarrement. Elle raconte cet incident à l'infirmière et y associe un souvenir. Lors de sa première hospitalisation elle portait un col blanc. Une petite tache souillait ce col que je fixais en lui parlant. Elle pensait : « Je suis sale, il s'opposera à ma sortie. »

L'aide est donc reçue ici dans un contexte homosexuel indifférencié et se retourne en persécution, sitôt qu'intervient, par sa seule présence, un témoin trouble-fête, investi de plus du pouvoir médical.

Pourtant, pour la première fois, Mme C. relie une sensation délirante à un souvenir et articule dans un dire deux séquences d'une histoire personnelle qu'elle reconquiert et où le présent prend un sens par rapport au passé.

Cette liaison nouvelle a été préparée par un travail de plusieurs années où, à travers une manipulation commune, objets et situations ont pris progressivement un sens, pour elle comme pour nous, une dimension symbolique préparant la verbalisation de ses affects. Dans un article important, René Diatkine montrait l'importance du jeu phonatoire dans la constitution de l'objet interne et dans la relation avec l'objet externe, de cet usage gratuit et singulier de la parole qui s'ajoute à son intention utilitaire [11]. Ce jeu peut être considéré comme le précurseur de la catégorie qui sera plus tard celle du symbolique et comme un fond indispensable à ce qui se détachera comme oppositions constitutives du langage. C'est un jeu analogue avec les objets qu'engage l'aide matérielle dans sa double dimension d'utilité et de gratuité. Il faut peut-être savoir jouer avec les choses pour pouvoir jouer avec les mots et pour séparer ensuite le jeu verbal du jeu agi.

Alors se pose le problème des rapports entre la cure psychothérapique et l'aide matérielle dans la prise en charge des psychotiques. La plupart des auteurs insistent sur la nécessaire conjonction des deux approches. Rosenfeld, ainsi, préconise l'organisation en début de cure d'un cadre de traitement pré-

---

11. Diatkine, R. : « Du singulier usage de la parole », *Revue française de psychanalyse*, tome XL, juillet-août 1976, p. 595.

voyant un lieu d'hospitalisation pour les moments difficiles. Chestnut Lodge, aux États-Unis, représente le modèle de ces établissements où chaque patient dispose d'un analyste pour l'aider à dénouer ses conflits internes et élucider ses fantasmes, et, d'autre part, d'un « thérapeute institutionnel » pour régler sa vie quotidienne, surveiller sa médication, autoriser permissions et sorties, établir les papiers administratifs, etc. En France, P.-C. Racamier a développé et théorisé cette approche sous le nom de « bifocalisme ». Nous lui devons une codification du soin institutionnel, comme une activité différente de la cure analytique mais tout aussi importante qu'elle, et dont il a dégagé les fonctions et les conditions [12].

Toutefois, ce qui articule l'une avec l'autre des deux approches complémentaires reste encore dans l'ombre. Notre expérience nous entraîne à penser que l'aide matérielle, si on sait en saisir et en montrer la dimension symbolique, prépare l'étape qui se déroulera sur une autre scène et permet d'ouvrir à un accès psychanalytique des problématiques psychotiques fixées dans la répétition.

Surtout, si elle fait partie d'un programme coordonné, où la cure psychothérapique n'est pas coupée du reste et où, tout en sachant se répartir les rôles, les membres d'une même équipe assurent ensemble le traitement, l'aide matérielle fonctionne comme médiateur entre le psychanalyste et le patient. Certains malades ont beaucoup de difficultés à considérer leur analyste comme une personne animée. Ils ont tendance à le fétichiser et à enfermer la cure dans un rituel interminable. L'analyste ne peut trouver place en eux, sinon comme une chose minéralisée, encapsulée, inoffensive, dont toutes les interventions se changent en poussière inerte ou rebondissent sur la cuirasse défensive. L'aide matérielle et ceux qui la procurent peuvent alors, en étant introjectés, sous la forme d'objets partiels de l'analyste, constituer, à l'intérieur du patient, un champ fertile où le transfert pourra germer, c'est-à-dire la capacité de rejouer au second degré avec quelqu'un de vivant des affects passés ou présents.

---

12. Racamier, P.-C. et coll., *Le Psychanalyste sans divan*, Payot éd., 1970.

Conclusion

Le soin aux psychotiques, quels que soient les progrès futurs de la psychanalyse des psychoses, de laquelle personnellement j'espère beaucoup, exigera toujours qu'à côté de la cure (et longtemps, encore, au lieu et place d'une analyse impossible) on ait recours à des échanges matériels et à la manipulation d'objets concrets.

À partir de cette constatation de bon sens, on peut repérer deux positions :

L'une consiste à réserver jalousement les concepts métapsychologiques et la technique de l'interprétation à l'espace verbal d'entre divan et fauteuil. Je tiens, pour ma part, ce purisme pour une forme moderne de résistance à la psychanalyse, la peur de voir l'outil s'adultérer en d'autres mains et sur d'autres chantiers traduisant un manque de confiance dans sa solidité.

L'autre – que j'ai cherchée à illustrer ici – vise à se servir de tout ce que la psychanalyse nous a appris pour comprendre le sens de ce qui se passe lorsque nous jouons avec des choses et des situations et non plus seulement avec des mots. Évidemment, cet usage ne doit pas conduire le soignant à un bombardement interprétatif. Ici plus qu'ailleurs la « discrétion », pour laquelle M. Balin, plaidait, est de rigueur. C'est surtout pour lui-même que le soignant interprète. Il y trouve un intérêt pour le patient, moins pathologique que celui qui s'enracinerait dans une suspecte tendance au don de soi. Il parvient, par là même, à mieux supporter les projections qui lui sont adressées, à les métaboliser et à mieux régler ses réponses et surtout sa distance. En prenant sens pour le soignant, les actes du patient acquièrent une dimension symbolique.

Il importe, pour restituer ce caractère symbolique, que l'aide reste alors limitée et manifeste autant une absence qu'une présence. J'ai à plusieurs reprises montré la tendance permanente à « en faire trop » et les risques qu'elle fait courir à l'entreprise thérapeutique, mais j'ai signalé aussi les dangers de la formation réactionnelle qui consiste à ne rien faire.

C'est dire l'importance d'une analyse serrée du contre-transfert chaque fois qu'on s'engage à aider un psychotique, fût-ce le plus simplement du monde et surtout lorsque la nécessité de cette aide apparaît indiscutable. Les asiles (jusque dans leur réincarnation la plus moderne) ont cela de commun avec l'enfer qu'ils sont pavés de bonnes intentions...

Chapitre 5

Psychanalyse et psychiatrie

La question du transfert psychotique

Ce livre en témoigne, j'ai consacré une grande partie de ma vie professionnelle à essayer de mettre en relation deux aspects de ma pratique : ma pratique d'analyste d'une part, effectuant un travail de cure dans la situation singulière divan-fauteuil, soumise aux règles techniques de l'exercice psychanalytique, ma pratique de psychiatre public d'autre part, confronté à la crise et à l'urgence, au désarroi social, aux difficultés de la collaboration en équipe, à l'angoisse de l'entourage et aux particularités psychiques de patients incapables de supporter la frustration et les blessures d'amour propre inhérentes au cadre de la psychanalyse et à la prise en compte de l'inconscient.

Cette articulation ne va pas de soi. Elle a été, elle est encore fortement discutée. Pour certains, la psychanalyse n'a rien à voir avec la psychiatrie. Elle n'a pas d'ambition soignante mais consiste en une recherche personnelle, une ascèse, où la guérison ne vient que par « surcroît ». À la psychiatrie revient de s'occuper des cas graves en utilisant les médicaments, les institutions, l'aide sociale et les différentes pratiques plus ou moins répressives de conditionnement et de rééducation qui avait inauguré, à ses débuts, le « traitement moral » de Pinel et de ses élèves et qui redeviennent d'actualité. Pour d'autres, à l'inverse, il n'est pas de limite au pouvoir du psychanalyste. La psychanalyse des psychoses est la seule vraie thérapeutique efficace. Hors la cure point de salut, et le psychiatre non psychanalyste qui prescrit des drogues et contient physiquement un malade agité n'est qu'un agent de police à la solde d'une société intolérante. Entre ces deux extrêmes, on pourrait trouver bien des variations et, en particulier, une formule de compromis. Elle consiste à offrir au patient deux pôles thérapeutiques : un pôle psychanalytique strict pour traiter ses fantasmes, un pôle psychiatrique pour résoudre ses difficultés dans la réalité. Entre les deux pôles circule parfois un flux d'informations standardisées. D'autres fois, c'est l'ignorance mutuelle qui règne. Le secret des séances, le tabou de l'intervention du psychanalyste dans la vie quotidienne de son patient sont appelés en renfort pour maintenir des clivages qui ne sont pas sans rappeler, en miroir, ceux que le patient psychotique impose à ses représentations.

Il est intéressant d'interroger la position de Freud sur cette question des rapports de la psychanalyse et de la psychiatrie. Le problème n'a pas cessé de le hanter et il lui a donné selon le temps et les lieux des solutions différentes. Ouvrant le Congrès de Budapest en 1918, il prophétisait (je l'ai dit) la multiplication des dispensaires et des cliniques dirigées par des psychanalystes et où il faudrait, un jour, mêler, à la manière de l'empereur Joseph, l'aide matérielle au soutien psychologique et à l'or pur de l'analyse le cuivre de la suggestion directe [1].

À la même époque, dans l'*Introduction à la psychanalyse*, après avoir limité le rôle de la psychiatrie au diagnostic et au pronostic, ses traitements à des chimio où à des physiothérapies et sa théorie à celle de la dégénérescence, il reconnaît qu'il n'y a rien dans la nature de la psychiatrie – sinon l'obstination des psychiatres – qui l'oppose à la psychanalyse et que les deux se complètent comme l'histologie et l'anatomie [2]. Mais, à l'inverse, on connaît la fameuse métaphore de 1932 selon laquelle la psychanalyse n'est pas comme une paire de lunettes qu'on peut

1. Le cuivre et non le plomb, comme on le croit souvent à partir de la traduction fautive d'Anne Berman ; *cf.* S. Freud. « Les voies nouvelles de la thérapeutique psychanalytique (1918) », in *De la technique psychanalytique*, Paris, PUF, 1953.

2. S. Freud, *Introduction à la psychanalyse*, 1917. Trad. fr., Paris, Payot, 1951, Conférence n° 16, *Psychanalyse et psychiatrie*.

mettre pour lire et enlever pour aller se promener. Si Freud laisse une place à côté d'elle à d'autres techniques, la psychanalyse, affirme-t-il, exige une spécialisation à plein temps qui fait qu'on est entièrement ou pas du tout psychanalyste [3].

Et pourtant il est arrivé à Freud de se désigner lui-même comme psychiatre, à deux reprises au moins : dans l'introduction au cas Schreber et dans le travail sur un cas de paranoïa qui contredisait (apparemment on le sait) la théorie psychanalytique de cette affection.

Psychiatre ou psychanalyste, psychiatre et psychanalyste, comment Freud se comportait-il devant les psychotiques ?

Dans ses *Nouvelles Remarques sur les psychonévroses de défense*, il nous livre quelques aspects de sa pratique en 1896 [4]. Il s'agit du cas d'une dame de trente-deux ans, dont Freud nous dit qu'elle est atteinte de manière évidente de psychose paranoïaque chronique [5]. Le compte rendu a ici une fonction polémique. Face aux tendances organicistes alors dominantes de la psychiatrie allemande, il s'agit de montrer la fonction défensive du délire et des hallucinations visuelles et auditives dont souffre la patiente ainsi que l'étiologie sexuelle infantile de cette pathologie, et donc d'affermir l'hypothèse psychogénétique en intégrant la paranoïa dans le cadre des psychonévroses de défense. Cependant, en filigrane, quelques notations donnent un aperçu de la technique utilisée par Freud qui n'hésitait pas alors – même si c'était de manière isolée – à traiter des paranoïaques.

La patiente, je le rappelle, après avoir connu vers vingt-cinq ans une première période dépressive et de confusion, est persécutée depuis une rencontre avec sa belle-sœur où « tout lui est devenu clair ». La belle-sœur a dit « Si quelque chose de cette sorte m'arrivait, je m'en soucierais comme d'une guigne. » Sur le coup la patiente n'a rien remarqué. Peu après, elle a eu l'impression que cette phrase contenait un reproche : celui de

3. S. Freud, *Nouvelles Conférences sur la psychanalyse*, (1932). Trad. fr. Paris, Gallimard, 1936, Conférence n° 34.

4. S. Freud, *Nouvelles Remarques sur les psychonévroses de défenses*, 1896, Standard Édition, t. III, p. 174 (je traduis d'après le texte anglais).

5. En 1924, il note qu'il s'agissait, en fait, d'une démence paranoïde, c'est-à-dire d'une schizophrénie témoignant de la même hésitation nosologique que vis-à-vis du président Schreber.

prendre à la légère des choses sérieuses. Aussitôt un ensemble de vagues sentiments d'être observée, tenue à l'écart, mal considérée, a cristallisé en un délire de persécution, sur lequel se sont greffées des hallucinations visuelles (représentations du bas-ventre féminin associées à une curieuse sensation de lourdeur dans les organes génitaux) et des hallucinations auditives (« Voici Mme P. qui arrive, elle cherche une maison. »)

Avec cette relation clinique, Freud veut démontrer :

1. que les persécutions sont liées à des sentiments d'autoreproche projetés sur l'entourage (à la différence de la névrose obsessionnelle où l'autoreproche se transmue en sentiment de doute sur soi-même) ;
2. que les hallucinations visuelles représentent le retour de souvenirs infantiles refoulés ;
3. que les voix témoignent, elles aussi, du retour et de la projection à l'extérieur de pensées également refoulées et déformées, à la suite d'un compromis dynamique entre la résistance du Moi et la force du refoulé qui fait retour.

On sait que si, en entendant sa belle-sœur, « tout est devenu clair » pour la patiente, pour Freud « la solution de l'énigme n'était pas difficile ». Pour résoudre l'« énigme », il utilise la technique qui lui est alors familière : la suggestion d'avoir à se remémorer les souvenirs pénibles, accentuée par la pression des mains sur le front. La patiente est donc invitée à surmonter ses résistances et à remonter le temps pour livrer ses contenus inconscients. Freud se centre sur un des éléments du délire : le sentiment qu'a la patiente d'être observée quand elle se déshabille. Il le rapproche des sentiments de honte éprouvés par la même patiente dans un établissement hydrothérapique où elle devait se baigner nue avec d'autres femmes. Il postule une situation antérieure où l'exhibition de la nudité se serait faite sans affect de honte et entame donc, avec le concours de la patiente, une quête régrédiente. Celle-ci accumule les souvenirs de situations honteuses vécues de sept à dix-huit ans. Puis c'est la découverte : à six ans, elle a partagé des jeux sexuels avec son frère, qui n'étaient alors entachés d'aucune honte. La honte d'aujourd'hui est une honte *a posteriori*, une manière de payer pour le passé. Pour arriver au fin mot de l'histoire, Freud postule essentiellement (sans encore le nommer) un mécanisme particulier : le déplacement. Des éléments anodins de représentation ou de discours sont mis en avant pour mieux dissimuler les éléments liés de plus près au refoulé. Ainsi la fameuse phrase « Voici Mme P. qui arrive, elle cherche une maison. » est mise en rapport avec une lecture de la patiente qui fonctionne comme les restes diurnes dans l'élaboration du rêve. À la suite de cette lecture, la patiente a entendu une voix qui lui récitait un paragraphe entier du livre qu'elle venait de lire. Ce paragraphe était apparemment sans intérêt, alors que le livre contenait, par ailleurs, la description de la vie d'un couple. Après sa lecture, la pensée de la patiente avait vagabondé sur sa propre vie de couple et sur ses relations sexuelles difficiles avec son mari.

Ici, Freud fait intervenir une surdétermination et introduit dans sa réflexion un élément relationnel (qui n'est pas encore à proprement parler transférentiel). Pour se faire soigner, la patiente était venue résider temporairement à Vienne. Freud lui avait promis qu'elle pourrait ensuite, une fois guérie, retourner habiter la petite ville où vivait son mari et où elle se sentait entourée de persécuteurs (l'or de l'analyse, à cette époque, est loin, on le voit, des vingt-quatre carats, et le cuivre de la suggestion directe est massivement présent dans l'alliage thérapeutique !). La phrase : « Voici Mme P. qui arrive, elle cherche une maison » exprime la peur de la patiente que le traitement n'aboutisse pas et que Mme P. doive donc chercher à se loger ailleurs.

Cet élément relationnel ne semble pas toutefois être explicité dans la cure de la patiente, soumise et associée à une enquête psychiatrique plutôt qu'engagée dans un processus psychanalytique au sens où nous l'entendons aujourd'hui. Pour mener à bien cette enquête – et pour convaincre la patiente de son utilité – Freud a besoin d'un modèle théorique. Celui des psychonévroses de défense informe la recherche étiologique et propose à la patiente, en lieu et place du délire, une autre manière de résoudre l'énigme, une autre possibilité d'organiser son chaos psychique, une autre solution.

En 1911, le décor a changé. « L'investigation analytique d'une paranoïa, écrit alors Freud, présente des difficultés d'une nature particulière aux médecins qui, comme moi, ne sont pas attachés à des institutions publiques [6]. » Et plus loin : « Nous ne pouvons accepter de patients souffrant de cette affection ou, le cas échéant, nous ne pouvons les garder longtemps puisque nous ne pouvons leur offrir de traitement sans quelque espoir de succès thérapeutique. »

C'est seulement dans des cas exceptionnels qu'on entreprendra donc une analyse avec un paranoïaque : soit lorsque le diagnostic n'est pas certain et que paraît subsister « la possibilité d'influencer le patient », soit quand on doit céder aux implorations d'une famille connue. Dans les deux cas, il ne s'agira que de traitements à l'essai.

« À part cela, continue Freud, je vois beaucoup de cas de paranoïa et de démence précoce et j'en apprends sur leur compte autant que les autres psychiatres sur leurs patients, mais cela ne suffit pas, en règle générale, pour en tirer des conclusions psychanalytiques. »

D'où le recours, pour néanmoins poursuivre le travail scientifique, à un compte rendu écrit par un paranoïaque particulièrement doué : l'ancien président de chambre, le Dr Daniel Paul Schreber. Car les paranoïaques ont cette particularité de « trahir, de manière déformée, c'est vrai, cela même précisément que les névrotiques gardent secret. Comme il ne peut être fait obligation aux paranoïaques de surmonter leurs résistances internes et comme, de toute manière, ils ne disent que ce qu'ils choisissent de dire, il s'ensuit que c'est précisément une affection dans laquelle l'analyse d'un rapport écrit peut prendre la place d'une relation personnelle avec le patient [7] ».

La position de Freud ne variera plus guère.

Incapables de se plier à la règle fondamentale des associations libres et du tout dire, les paranoïaques, et, plus généralement, les psychotiques sont exclus du champ de l'investigation psychanalytique et considérés comme au-dessus des possibilités d'une méthode qui n'a pas encore renoncé à se présenter comme une thérapie.

---

6. S. Freud, « Remarques psychanalytiques sur l'autobiographie d'un cas de paranoïa (démence paranoïde) », 1911, in *Cinq Psychanalyses*, Paris, PUF, 1954.
7. S. Freud, « Remarques psychanalytiques sur l'autobiographie d'un cas de paranoïa », *op. cit.*

Entre 1896 et 1911 que s'est-il donc passé ? Une courte présentation, le 21 novembre 1906, à la Société psychanalytique de Vienne va nous fournir le chaînon manquant.

C'est le cas d'une « paranoïa exquise », une jeune femme d'environ trente-deux ans, elle aussi [8]. Freud semble avoir rencontré non seulement la patiente mais encore son père et son mari. Il tient aussi certaines informations du médecin traitant. Nous sommes donc dans une situation de consultation psychiatrique, et non dans une situation analytique. Le cas, du reste, est décrit en purs termes de comportement, et le discours de la patiente n'apparaît qu'à travers ce qu'en disent les autres. Il s'agit d'un délire de jalousie chez une personne qualifiée de nymphomane, qui s'estime insuffisamment satisfaite par son mari à qui elle réclame des satisfactions « perverses », inspirées, selon le mari, par la lecture de romans français « où de telles choses sont dépeintes ». La patiente développe alors un délire de jalousie en même temps qu'elle cherche à séduire des jeunes gens et à « lier connaissance dans la rue par des moyens douteux ». Puisque le mari est infidèle – conviction fondée sur le fait qu'il « doit plaire à toutes les femmes », mais aussi sur la beauté de la rivale présumée (l'homosexualité pointe son nez) –, l'épouse a aussi le droit d'être infidèle. Pour Freud, « il devient évident que la patiente dissimule ses propres désirs refoulés d'infidélité sous l'infidélité du mari et qu'elle a besoin de celle-ci pour justifier la sienne ».

Mais surtout ce cas éclaire « deux traits caractéristiques de la paranoïa » : le réveil de l'amour autoérotique qui « débouche dans la conscience » et l'incurabilité par la psychothérapie. Les deux n'en font qu'un, d'ailleurs, puisque c'est la régression à l'autoérotisme qui rend la patiente incapable de transférer sur le thérapeute une partie flottante de sa libido. Or, « c'est au moyen de ce transfert que se fait le travail consistant à traduire l'inconscient dans le conscient... Le patient, tout comme l'enfant, ne croit que la personne qu'il aime ». Inaptes à aimer quelqu'un

---

8. « Les premiers psychanalystes », Minutes de la Société psychanalytique de Vienne, Paris, Gallimard, 1976, t. 1, p. 81-84.

d'autre qu'eux, les paranoïaques ne peuvent bénéficier d'une cure analytique.

De 1896 à 1911, c'est donc la découverte du transfert, non seulement comme résistance, mais encore comme moteur du traitement qui marque le changement de perspective. Or, pour Freud, les paranoïaques (comme les schizophrènes) sont réfractaires au transfert, et représentent donc une contre-indication pour le psychanalyste. Les quelques nuances introduites plus tard ne remettront pas fondamentalement en cause ce constat. En 1925, dans son autobiographie [9], Freud regrette encore que l'étude analytique des psychoses (paranoïa, schizophrénie, psychose maniaco-dépressive) soit impraticable du fait de l'absence de transfert positif. Seuls sont engagés des traitements avec des patients présentant des rémissions ou des atteintes légères, au bénéfice du doute diagnostique. Il n'en reste pas moins vrai que la clinique psychiatrique représente pour le psychanalyste la meilleure illustration possible, puisque ce que le névrotique cache dans son inconscient se manifeste ici, en toute évidence. Le concept de narcissisme est apparu comme indispensable pour comprendre la psychose et, depuis cette avancée théorique, il n'est pas interdit d'espérer pouvoir « jeter un œil au-delà du mur » et de faire de nouveaux adeptes. « Le simple gain théorique n'est pas à dédaigner, même si nous devons attendre ses applications pratiques. Au bout du compte, les psychiatres ne pourront plus résister à la force de conviction de leur propre matériel. » Et Freud se réjouit « d'une pénétration pacifique de la psychiatrie allemande » par les vues psychanalytiques.

De l'Allemagne aux États-Unis, à l'Angleterre puis à la France, on sait que cette pénétration n'a fait que se confirmer, sans peut-être que soit toujours préservée l'attitude de scepticisme prudent du père de la psychanalyse [10].

La psychanalyse des psychoses a conquis ses lettres de noblesse, et l'existence d'un transfert psychotique est tenue généralement pour prouvée. Mais si l'on met à part les rémissions ou

9. S. Freud, *Ma vie et la psychanalyse*, Paris, Gallimard, 1949.

10. Après cette pénétration massive, un reflux s'amorce de nos jours, surtout dans les pays anglo-saxons. Les raisons de ce reflux, essentiellement sociologiques, mériteraient une longue étude.

les atteintes légères, psychanalysées au bénéfice du doute – et qui sont, peut-être, des erreurs de diagnostic ou des extensions abusives de terme – la psychanalyse des psychoses est-elle encore une psychanalyse, et le transfert psychotique, un transfert ? Ce sont ces questions, très pratiques, qu'il faut se poser.

Et d'abord qu'en est-il du transfert ? « Quiproquo de l'inconscient », selon la jolie formule de Michel Neyraut [11], il ne peut, au sens strict, se limiter ni à l'actualité de la relation analytique ni à la simple répétition des vécus infantiles. La réalité traumatique du transfert – fondatrice de la névrose de transfert – ne se résume ni à la séduction liée à la situation analytique ni à un événement de l'enfance qui l'aurait précédé : elle est ce qui les relie. Si l'on veut conserver leur spécificité à l'espace analytique [12] et au transfert qui le vectorise, le transfert ne peut être conçu que comme un processus de liaison, un mouvement articulant perpétuellement le présent au passé (et réciproquement) où le passé ne devient réel que d'avoir été reconstruit après coup, d'où la métaphore du ludion, introduite par Michel Neyraut. Par la magie du transfert, la situation concrète de la cure se développe sur un plan imaginaire, sans renoncer à son actualité.

La pensée névrotique – ou ce qu'il entre de névrotique dans la pensée de sujets fonctionnant habituellement dans le registre de la psychose – a seule la possibilité de transférer ses contenus sur une situation réelle, sans perdre pour autant la capacité de concevoir les processus psychiques en œuvre dans ce transfert. C'est seulement dans la mesure où le jeu entre le réel et l'imaginaire maintient ouverte, pour le sujet, une interrogation sur le caractère réel ou imaginaire de ce qu'il éprouve, c'est-à-dire la possibilité de se tromper et de reconnaître qu'on s'est trompé (ou qu'on se trompe), qu'il y a transfert. Le dévoilement, ajoute Michel Neyraut, ne peut se faire que « si la conscience d'un déplacement est corrélative de celle du contenu du déplacement ». Or, le psychotique ne peut admettre qu'il se trompe. « Ma pensée ne se trompe jamais », affirmait orgueilleusement un de mes patients. Et par là, il s'interdisait toute démarche dans

---

11. M. Neyraut, *Le Transfert*, Paris, PUF, coll. « Le fil rouge », 1974.
12. S. Viderman, *La Construction de l'espace analytique*, Paris, Denoël, 1970.

un espace d'illusion, dont le principe même est d'accepter d'être tour à tour trompé et détrompé, et d'assumer la nostalgie d'un monde (un instant brièvement approché mais aussitôt et à jamais perdu) qui s'ouvrirait pleinement à notre omniscience et se soumettrait à notre omnipotence.

Au risque de choquer, je ne crois pas qu'il existe au sens propre de « transfert psychotique ». Si l'on garde au mot son sens originel de déplacement, de mouvement continuel allant d'un point à un autre, d'une illusion à une désillusion, du propre au métaphorique (métaphore, étymologiquement, signifie transfert), le psychotique ne peut pas « transférer ». Même s'il s'attache, souvent frénétiquement, à son thérapeute, au point de ne pas supporter ses absences ou ses éventuelles défaillances, au point de se soumettre à lui, d'abdiquer son propre désir au bénéfice de ce qu'il projette en lui de désir, il ne peut reconnaître dans ce thérapeute à la fois son interlocuteur actuel et une représentation plus ou moins déformée des figures parentales de son enfance. Il ne peut, en même temps, se laisser prendre, se méprendre et se déprendre. L'autre n'est que ce qu'il est et rien d'autre. Nulle brume indécise ne l'entoure. La palpitation transférentielle, l'interrogation qui qualifie le transfert, se fige en une certitude. Il n'y a donc pas de psychanalyse des psychoses – à moins d'étendre l'acception des deux termes en englobant dans les psychoses tous les états limites et dans la psychanalyse toutes les psychothérapies dérivées d'elle mais qui n'en sont que des applications. Devons-nous alors renoncer à une approche psychothérapique, et céder au mirage d'une restructuration cognitive (comme on dit aujourd'hui), c'est-à-dire d'un apprentissage – soutenu par la persuasion ou par un appareil répressif – des « bonnes formes » et une renonciation à l'erreur, à ses pompes et à ses œuvres ? Je ne crois pas beaucoup à ce genre de programmes, dont la naïveté souvent étonne. Je ne crois pas qu'on puisse apprendre à penser juste quand on a tant de raisons de penser faux. Le délire – Freud nous l'a enseigné – est une néoconstruction dont le malade a besoin pour vivre, une organisation – vicieuse peut-être mais sophistiquée – qu'il ne peut abandonner sans sombrer dans le chaos. Allons-nous au contraire « respecter » le délire, comme nous le suggéraient les antipsy-

Par l'effet de ce sixième sens, Norbert, tout empli de l'image du bas-relief et de ce qu'il a imaginé ou rêvé de la jeune fille qui lui servit de modèle, « venait d'être transporté dans une disposition d'esprit étrangement songeuse qui tenait le milieu entre la conscience lucide et l'inconscience ».

Alors soudain surgit, devant ses yeux médusés, la Gradiva, et Norbert comprend qu'il n'est venu à Pompéi que pour la voir ou plus exactement découvrir dans la cendre la trace de son pas. « Et cela au sens littéral, son pas si particulier ayant dû laisser dans la cendre une empreinte distincte de toutes les autres, sur laquelle se lisait la pression des orteils. C'était à nouveau une figure de rêve en plein midi qui se mouvait devant lui, pourtant c'était une réalité. »

Figure de rêve, la Gradiva l'est par sa démarche et surtout par sa correspondance exacte avec l'image que Norbert porte en lui, mais en même temps des éléments triviaux prouvent sa réalité comme le fait qu'elle fasse fuir au passage un lézard qui se chauffait au soleil. Elle révèle aussi, comme la lune aujourd'hui aux cosmonautes, sa face cachée, son autre profil. Pris d'« un étrange frisson », Norbert poursuit la Gradiva et la découvre à nouveau, cette fois-ci de face. « L'aspect de cette physionomie éveillait en lui un double sentiment car elle lui apparaissait à la fois différente et comme telle qu'il l'avait imaginée. » Ainsi se précipite, en une seule représentation, l'inconnu de l'objet nouveau, extérieur et opaque, et le déjà vu du fantasme ou du souvenir. « Il ne savait pas s'il rêvait ou s'il était éveillé. » À mi-chemin entre le rêve et la réalité, Norbert adresse la parole à Gradiva, d'abord en grec, puisqu'il la suppose, dans ses rêveries, issue d'une famille grecque de Pompéi, puis en latin. Il est terriblement surpris lorsqu'elle lui répond en allemand. Ce phénomène « curieux », cette « bizarrerie », est « éclipsé » par deux sentiments beaucoup plus forts : celui dû au fait que Gradiva est un être doué de parole et la « brusque conscience » d'avoir déjà entendu cette voix. Norbert va donc converser avec Gradiva jusqu'au moment où celle-ci s'éclipse mystérieusement derrière la muraille après qu'un papillon a tourné autour de sa tête et que Norbert lui a demandé de s'étendre sur les marches comme lorsqu'il l'avait vue en rêve au moment de l'éruption du Vésuve.

Dans ce papillon, Norbert voit un obscur messager d'Hadès, « chargé de rappeler à la morte qu'il fallait rentrer ».

Le lendemain, Norbert revient sur les ruines, mais, semble-t-il, avec un sentiment de culpabilité. En effet, il pense que les gardiens ne le laisseront pas passer et s'introduit dans l'enceinte en sautant un mur. Il se rend aussitôt à la maison de Méléagre, lieu de la première apparition, et y retrouve Gradiva. Il hésite à nouveau. « Il ne se laisserait pas tromper par une fantaisie de son imagination, il savait bien qu'il était le jouet d'une hallucination qui dressait à nouveau comme une illusion devant ses yeux ce qu'il avait vu hier en réalité. »

Et à nouveau la voix de Gradiva, qui l'invite à s'asseoir, prouve la réalité de l'apparition. « Une vision ne pouvait pas parler mais peut-être une hallucination auditive l'abusait-elle. »

Après un moment de trouble, Norbert reprend le dialogue et explique à Gradiva comment il l'a rencontrée, dans son bas-relief d'abord, dans un rêve contemporain de la destruction de Pompéi ensuite. Il lui demande de marcher devant lui et retrouve la curieuse démarche du bas-relief. « Elle avait bien cette démarche calme et flexible qu'il avait gravée dans l'esprit, où la plante du pied s'élevait verticalement, mais il se rendait compte pour la première fois qu'elle ne portait pas sous sa robe, qui laissait voir ses pieds, des sandales – comme sur le bas-relief – mais de fines chaussures claires couleur de sable. »

Il faut ici redire que la démarche du bas-relief est ce qui, au départ, a le plus frappé Norbert. « La position presque verticale du pied droit lui semblait exagérée. Chaque fois qu'il en avait fait lui-même l'expérience, le pied qui restait en arrière pendant son mouvement se trouvait toujours dans un position moins verticale ; pour le formuler mathématiquement, pendant le court instant où le pied demeurait en place, le sien ne faisait avec le sol qu'un demi-angle droit, ce qui lui semblait à la fois plus naturel et plus propre au mécanisme de la marche. Il profita même, une fois, de la présence d'un jeune anatomiste de ses amis pour lui poser la question, mais celui-ci fut incapable de trancher définitivement parce qu'il n'avait jamais fait d'observation à ce sujet. L'expérience étant répétée, son ami lui trouva le même résultat mais il ajouta qu'il ne saurait dire si la démarche féminine se distinguait de la masculine et la question ne fut pas résolue. » Et Norbert se mit à observer attentivement la démarche et les pieds des femmes, gêné dans ses observations par leurs robes longues, mais d'autant plus ardent dans sa quête scientifique... ce qui lui attira quelques ennuis.

Avec la Gradiva, il obtient enfin la preuve qu'il cherche et se rappelle avoir déjà vu dans la foule, en Allemagne, une femme à la démarche semblable, mais sans doute avait-il été alors « la victime d'une illusion ». Gradiva fait remarquer mystérieusement qu'en rencontrant cette femme il aurait pu faire une constatation scientifique du plus grand intérêt et se serait épargné un long et fatigant voyage. Nous savons pourquoi, nous qui avons appris que Gradiva n'est autre que Zoé, la voisine de Norbert, que Norbert a réellement vue dans la foule, mais Norbert l'ignore. Puis elle se présente et dit se prénommer Zoé. Elle s'en va alors en abandonnant ce que Norbert prend d'abord pour une feuille de papyrus mais qui se révèle être un carnet d'esquisses. Norbert s'empare de ce carnet et découvre au moment de s'en aller « une étroite ouverture dans la muraille cependant assez large pour laisser passer un corps d'une sveltesse inaccoutumée ». Il comprend, du coup, les disparitions de Zoé-Gradiva et « combien il avait été insensé de croire » qu'elle s'enfonçait dans le sol pour rejoindre sa tombe.

Une nouvelle journée passe. Norbert a l'impression de vivre dans une sorte de nuage qui laisse passer la lumière et les sons mais qui obscurcit sa pensée, tout envahie par une seule question qui est de savoir « quelle enveloppe physique avait Zoé-Gravida durant son séjour dans la maison de Méléagre ou si au contraire elle n'était que la trompeuse illusion de ce qu'elle avait été auparavant. Le fait qu'elle disposât d'organes pour parler, qu'elle pût tenir un crayon dans ses doigts semblait plaider en faveur de la première hypothèse des points de vue de la physique, de la physiologie et de l'anatomie. Mais l'idée dominante chez Norbert est que, s'il la touchait, s'il essayait de mettre sa main sur la sienne il ne rencontrerait que le vide ». Norbert sent que « la confirmation de chacune de ces deux possibilités » a « quelque chose d'effrayant ».

Durant sa promenade, il rencontre un étrange zoologiste qui

chasse les lézards avec un lacet puis découvre un hôtel retiré L'Auberge du Soleil. S'arrêtant pour boire un verre d'eau minérale, il est entrepris par le propriétaire qui lui montre une petite broche de métal ; cette broche proviendrait des fouilles, elle aurait appartenu à une jeune fille pompéienne retrouvée enlacée dans la cendre avec son amant. Bien qu'habituellement soupçonneux, Norbert abandonne « tout sens critique » et comme un vulgaire touriste se laisse escroquer et achète la broche. En sortant, il remarque à une fenêtre une branche d'asphodèle analogue à celle qu'il a offerte peu avant à Gradiva dans la maison de Méléagre. « Sans qu'il y eût en tout cela rien de bien logique, la vue de cette fleur des tombeaux lui parut une confirmation de l'authenticité de sa nouvelle acquisition. »

Le délire de Norbert prend dès lors une nouvelle tournure. Il est persuadé que cette broche a appartenu à Gradiva, que c'est Gravida que l'on a retrouvée dans les bras de l'homme, qu'il a donc un rival.

« Norbert Hanold eut envie de jeter la broche. Elle lui brûlait les doigts comme si elle avait été de feu. Ou plutôt elle lui causait en imagination la même douleur que si, ayant voulu saisir la main de Gradiva dans la sienne, il n'avait rencontré que le vide. »

Toutefois un doute persiste. La raison étant « encore maîtresse de son esprit », il refuse de céder « sans contrôle » à son imagination et reconnaît que la preuve irréfutable que la broche eût appartenu à Gradiva lui manque. Cette conviction le rassure et il rentre à son hôtel d'assez bonne humeur.

Tout au long de son voyage en Italie, Norbert s'est senti persécuté par deux ordres d'objets. D'une part les couples d'amoureux allemands, en voyage de noces, dont la bêtise, la fadeur l'ont mis hors de lui. Un de ses rêves a d'ailleurs été directement déclenché par des roucoulades et des bruits de ressorts dans une chambre voisine de la sienne à Rome. D'autre part, il a été la victime des mouches qu'il associe aux amoureux par leur caractère insistant et gênant. Il aimerait beaucoup posséder ce puissant chasse-mouches étrusque, entrevu dans un musée de Bologne. Il pense que ces mouches horribles « avaient déjà chassé de la tête d'Eschyle les pensées poétiques les plus sublimes, elles avaient conduit Phidias à donner un coup de ciseau mal placé et irréparable ».

Or ce soir, à l'hôtel, en paix avec lui-même, il observe avec sympathie un jeune couple allemand. D'une certaine ressemblance entre eux, Norbert déduit qu'ils sont frère et sœur. Malgré l'intérêt qu'il éprouve pour eux, il hésite toutefois à leur parler. « Son état ne correspondant pas au leur il trouvait qu'ils ne sauraient être les uns pour les autres d'aucun secours et d'autre part il avait assez peur de lier dans ces conditions connaissance avec ces gens parce qu'il avait un vague sentiment que leurs yeux clairs pourraient percer son front, pénétrer ses pensées et montrer par leur expression que lui n'avait pas toute sa raison. » Il préfère donc se coucher.

Le lendemain, Norbert retourne sur les ruines pour la troisième fois. Comme pour se disculper de son effraction de la veille, il paie le double du prix convenu et erre à travers la voie romaine. Tout en marchant, il se demande si d'autres peuvent voir et entendre Gradiva. Cette pensée le choque. Il lui semble que ce droit n'appartient qu'à lui seul, puisqu'il a retrouvé cette « Gradiva à laquelle personne ne pensait », puisqu'il lui semble lui avoir « prêté une vie qu'elle n'aurait point possédée sans lui ».

Soudain, il aperçoit les deux Allemands de la veille, tendrement enlacés et comprend son erreur. Il ne s'agit pas du frère et de la sœur mais de deux jeunes mariés. Cette fois leur baiser que Norbert observe avec une certaine insistance ne lui apparaît plus aussi dégoûtant et ridicule mais au contraire augmente la sympathie qu'il ressentait déjà pour ce couple. L'idée lui vient qu'il pourrait être découvert à les regarder et il a « le sentiment d'avoir pénétré sans aucun droit dans une enceinte sacrée et d'être en train d'y troubler les pratiques secrètes d'un culte ». Il s'enfuit et parvient à la maison de Méléagre. Un sentiment curieux l'arrête à la porte. Il a l'impression que Gradiva n'y est pas seule. La jalousie contre le rival, supposé la veille, revient en force. Norbert ressent contre lui « une haine encore plus forte que contre toutes les mouches ». Il veut exercer sa vengeance, se battre en duel ou mourir. Il entre brusquement et demande à Gradiva sans ménagement si elle est seule. Gradiva le rassure, lui offre de partager son repas et le remercie de lui avoir rapporté le carnet de croquis que Norbert, hagard, tient encore à la main avec un bouquet de roses rouges cueillies pour elle. La conversation reprend. Norbert montre la broche à Gradiva qui lui dit ne pas la reconnaître. Tout en mangeant le morceau de pain que Zoé-Gradiva lui a donné, Norbert regarde sa compagne de plus près, et le mirage commence à se dissiper.

« L'idée qu'elle eût pu se trouver à cet endroit de Pompéi il y avait tellement longtemps ne lui paraissait pas cadrer avec la saine raison. Tout en elle lui paraissait maintenant n'avoir pas plus de vingt ans. La forme et la couleur de son visage, ses cheveux bruns ondulés, d'une façon particulièrement charmante, ses dents immaculées et sa robe claire que ne souillait pas la moindre tâche ne pouvaient sans contradiction flagrante avoir été ensevelis pendant d'innombrables années dans la cendre. » Norbert se demande s'il n'est pas en train de rêver, en Allemagne, dans son cabinet de travail. Le moment est venu de tenter l'expérience décisive.

Une mouche, « le monstre noir », s'est posée sur la main de Zoé. La haine des mouches et le désir de savoir se conjuguent et poussent « le jeune archéologue à un même acte ». Sans douceur aucune, il frappe la main de Zoé.

« Sitôt ce coup porté, un vif embarras s'empara de lui en même temps qu'une joyeuse terreur. Il n'avait pas frappé à travers le vide, il n'avait pas trouvé non plus une chose froide et engourdie mais sans aucun doute une véritable main humaine, chaude et vivante qui était restée sous la sienne sans un mouvement, évidemment toute sidérée. »

Zoé retire sa main et, appelant Norbert pour la première fois par son nom, lui dit : « Tu es évidemment fou Norbert Hanold. »

Norbert se lève, tout effrayé de s'entendre ainsi nommé et s'enfuit non sans avoir pu apercevoir l'arrivée du couple sympathique de l'hôtel et entendu la jeune femme saluer Zoé de ces mots : « Toi aussi ici et aussi en voyage de noces. Tu ne m'en avais rien écrit. »

Norbert court se cacher en un lieu solitaire pour réfléchir à cette « incontestable vérité » révélée sans ménagement par Zoé : il vient de passer deux jours « dans un état de folie complète et cela non pas dans un rêve stupide mais avec les oreilles et les yeux éveillés que la nature met à la disposition de la raison humaine ». Il a le vague sentiment qu'un sixième sens y est pour quelque chose capable de « faire prendre une chose, peut-être précieuse par ailleurs, pour son contraire ».

Cependant, en avance sur lui, le lecteur va assister à la rencontre de Zoé et de son amie Gisa et comprendre un certain nombre de choses qui ne seront révélées à Norbert qu'un peu plus tard.

Zoé se rend alors à la villa de Diomède. Elle y retrouve Norbert complètement désemparé – essayant de « garder son équilibre corporel et [...] de rendre normal celui de son esprit ». Deux faits lui font faire « un progrès considérable sur le chemin du retour à la raison ». D'une part, il n'est pas seul à voir Gradiva. D'autres la voient et lui adressent la parole, savent son nom de Zoé. Zoé est une « conjonction constante d'éléments », elle a une permanence. Elle existe. D'autre part, Gradiva sait le nom de Norbert. Quand il la voir surgir, il veut encore s'enfuir. Zoé le retient et il reste là « tout embarrassé, tout en regardant les deux pieds de Gradiva qui maintenant comme pris d'impatience se balançaient légèrement ». En effet, Zoé est alors assise au sommet d'un mur.

Et Zoé révèle la vérité à Norbert. Elle est sa voisine, en Allemagne. C'est à sa fenêtre que chante le canari en cage dont Norbert avait métaphoriquement deviné « le désir ardent de la liberté, du plein air et des lointains ». C'est elle que Norbert a un jour poursuivie dans la rue parce qu'il croyait reconnaître la démarche de Gradiva. Mieux, Zoé et Norbert sont amis d'enfance. Ils ont joué ensemble des années durant jusqu'à ce que Norbert, absorbé par l'étude, ait oublié sa petite camarade au point de ne pas la reconnaître quand il la croisait dans des réceptions mondaines. Bref, elle est Zoé Bertgang, la fille du professeur de zoologie – lequel n'est autre que le chasseur de lézards.

Norbert, confus, se remet à vouvoyer Zoé, alors qu'il tutoyait Gradiva selon la coutume antique, c'est-à-dire comme autrefois. Il a l'impression de recevoir une leçon et se sent comme un écolier à qui l'on donne une tape sur la bouche. Il voudrait partir mais une trombe d'eau s'abat sur Pompéi et le retient prisonnier de la villa de Diomède et de « sa jeune institutrice ». Celle-ci, après l'avoir admonesté, lui explique comment elle est entrée, « par amusement », dans son jeu malgré « son relent de maison de fous ».

« Ce disant, Mlle Zoé Bertgang avait fini par adoucir un peu le ton de sa voix et de son expression. Pendant qu'elle faisait ce sermon sévère et sans fard, circonstancié et instructif, elle ressemblait au bas-relief de Gradiva d'une façon vraiment remarquable, non seulement par les traits de son visage, par sa taille, par l'expression prudente de ses yeux, par ses cheveux gracieusement ondulés, par la démarche qu'elle avait souvent manifestée, mais encore par son vêtement, sa robe et son fichu de fin et moelleux cachemire crème, aux plis nombreux qui complétaient l'extraordinaire similitude de toute son apparence. »

Cette fois, à la contempler, Norbert ne délire plus, il s'illusionne. Ce n'est plus Gradiva, ce n'est plus l'institutrice, c'est une prédicatrice « assise comme sur une chaire – et pendant son sermon il lui était venu entre les paupières la splendeur transfiguratrice qui apparaît dans les yeux des visiteurs d'église chez lesquels la foi et l'espérance réveillent la perspective d'un avenir bienheureux ».

Et Norbert reconnaît Zoé, rapproche le nom de Gradiva de Bertgang qui tous deux signifient « celle qui resplendit en marchant ».

L'attention toujours fixée sur les pieds et les souliers de Zoé qui paraissent s'agiter en proie à l'impatience « comme un hochequeue », il se réjouit de retrouver en Gradiva une jeune femme vivante comme « cette jeune femme si sympathique » qu'il a vue trois fois, à l'hôtel, embrassée par son mari dans les ruines puis tout à l'heure saluant joyeusement Zoé. À ces mots, Zoé descend de la muraille sur laquelle elle était perchée.

« Toute la perspective se transforma aux yeux de Norbert Hanold car le vieux pan de mur que Zoé avait élu pour chaire se trouvait maintenant vide. La jeune fille en était descendue ou plutôt elle s'en était envolée, s'élançant à travers l'air avec la chancelante mobilité propre aux hochequeues et elle se retrouvait déjà debout sur ses pieds de Gradiva avant que le regard ait pu prendre conscience de son vol descendant. »

Zoé se révele vexée par l'allusion à son ami, Gisa Hartleben et propose à Norbert d'aller la rejoindre pour lui servir de guide tandis qu'elle-même retournera auprès de son père. « Et elle se préparait à s'éloigner en posant, comme à son ordinaire, son pied droit en avant cependant que la plante du gauche se tenait presque verticalement. Comme en outre, vu l'humidité du sol, elle retroussait légèrement sa robe à l'aide de sa main gauche, la ressemblance avec Gradiva était parfaite et celui qui n'était plus éloigné d'elle que du double de la longueur d'un bras s'aperçut alors pour la première fois d'un détail tout à fait infime qui distinguait la vivante du bas-relief de pierre. Il manquait à ce dernier une chose que possédait l'autre et qui apparaissait assez distincte à ce moment, c'était une petite fossette à la joue où se passait quelque chose d'assez minime et de difficile à déterminer. » Norbert fait alors semblant d'y voir une mouche qu'une pseudo-ardeur scientifique et belliqueuse, représentation de sa folie d'antan, le pousse à rechercher de ses lèvres. On devine la suite.

« Tu es vraiment fou Norbert Hanold », s'exclame à nouveau Zoé quand elle a retrouvé « la possibilité de parler ». Mais, son sourire le montre bien, elle sait que Norbert a pleinement recouvré la santé et la raison...

Comme tous deux s'en vont vers un avenir plein de promesses, Norbert demande encore à Zoé de traverser la rue comme il imaginait naguère la Gradiva, comme il l'avait vue aussi lui apparaître.

« Et retroussant légèrement sa robe de la main gauche, Gradiva Rediviva-Zoé Bertgang, enveloppée des regards rêveurs de Hanold, de sa démarche souple et tranquille, en plein soleil, sur les dalles, passa de l'autre côté de la rue. »

Quiconque se laisse prendre aisément au leurre et au mirage aimera se perdre pour un instant de jouissance dans cette histoire en utilisant le texte à sa manière. Ce que je propose ici, c'est la rencontre de mes préoccupations théoriques, c'est-à-dire en dernière analyse du système de défense personnel que j'élabore contre la folie pour en supporter la quotidienne présence et agression, avec une histoire déjà là. En bref, ce que je fais de Norbert, de Zoé, de leur intrigue et des objets qu'ils échangent ou n'échangent pas, trouvés sous la plume de Jensen autant que créés par moi qui les lis, ce sont autant d'objets transitionnels.

Mon analyse est donc à deux niveaux. À un premier niveau elle cherche à démontrer les mécanismes de la guérison de Norbert à travers sa reconquête de la possibilité de s'illusionner, c'est-à-dire de traiter Zoé en objet transitionnel et non plus Gradiva en fétiche. À un autre niveau elle est elle-même un jeu, c'est-à-dire une activité transitionnelle, c'est-à-dire encore une entreprise illusoire.

Le roman propose ainsi un certain nombre d'objets fétiches :

— C'est d'abord le pied, ce pied vertical à nul autre semblable, arrêté dans sa marche, mouvement immobile que fige le bas-relief. Norbert va le chercher sous la jupe des femmes, demande conseil à un anatomiste. La démarche des hommes et des femmes est-elle différente ? Ont-ils ou non le même pied ? Il est important de noter ici que l'interrogation sur un mouvement recouvre ou plutôt se confond avec l'interrogation sur un organe. Ce qui bouge apparaît et disparaît sous le pli de la robe, se voile dans le brouillard et le froufroutement, ce qui est transitionnel devient immobile et figé. Le pied, du reste, revient à plusieurs reprises dans l'ouvrage. Au départ, c'est le pied du bas-relief qui frappe Norbert. On peut penser qu'il retrouve soudain, immobilisé, ce qu'il a perdu : sa compagne d'enfance aujourd'hui grandie et ce qu'il ne peut retrouver dans la femme actuelle, la conviction de l'existence chez cette compagne, et plus généralement chez les femmes, d'un pénis. Ce pied doit donc rester immobile. S'il bouge, il risque de se corrompre et de disparaître comme la Zoé de l'enfance a disparu en grandissant, comme dans le corps de Zoé a disparu l'illusion du pénis féminin [14]. Lors de la deuxième rencontre avec Gradiva, quand Norbert lui demande d'esquisser devant lui la mystérieuse démarche, il se rend compte pour la première fois qu'elle ne porte pas sous sa robe, qui laisse voir ses

14. Je fais ici allusion à la conception freudienne du fétichisme. Pour Freud, on le sait, le fétiche repose sur la volonté de maintenir une croyance infantile, préalable à la découverte de la différence des sexes. Le fétichiste élit un objet particulier, nécessaire à sa jouissance sexuelle, pour représenter le pénis qu'il attribue à la femme (et d'abord à sa mère). Cette élection se fait au prix d'un clivage du Moi qui lui permet de faire cohabiter en lui deux croyances. Il sait et en même temps refuse de savoir (dénie) la réalité de la différence des sexes (*cf.* S. Freud *Le Fétichisme*, 1927).

pieds, des sandales mais de fines chaussures claires couleur de sable. Le pied en mouvement se pare donc d'une qualité nouvelle. Plus tard, quand le délire est en train de se dissiper, ce sont les pieds de Zoé qui, rappelons-le, retiennent Norbert dans la maison de Diomède d'où il va s'enfuir et aussi la voix de Zoé qui lui dit « dehors tu serais mouillé ». Mais alors les pieds s'agitent cependant que « la propriétaire de ces pieds gracieux » parle. Ils ponctuent son discours, et Norbert suit au moins autant leur mouvement que les paroles qui déferlent sur lui, en provenance de sa « jeune institutrice ». Et ce mouvement, ces sandales, avec « leur mobilité » rappellent un hochequeue (un oiseau au symbolisme sexuel) pour redevenir, après un mouvement vertigineux où Zoé, sautant au bas de son mur, paraît s'envoler, des « pieds de Gradiva » mais aussi de très réels pieds de Zoé qui lui servent à se tenir debout.

En immobilisant le pied dans sa minéralité de fétiche inattaquable aux changements, et dont la trace peut après deux mille ans être retrouvée dans la cendre (rappelons que c'est cette trace et rien d'autre que Norbert découvre être venu chercher à Pompéi), c'est contre l'appréhension du manque que Norbert se défend. Pénis qu'il attribue à la femme au lieu de son manque (sous la robe), le pied ne doit pas bouger ni changer pour permettre une dénégation efficace de la castration. S'il bouge, se modifie, si son apparence extérieure devient autre (les souliers, périssables, usables, susceptibles d'être enlevés ou remis), le pied perd sa fonction de fétiche. Il devient comparable à autre chose, un hochequeue, et non l'équivalent d'autre chose, un pénis manquant. Si la comparaison est possible, le pied dans son mouvement devient charmant et accessoirement utile puisque Zoé s'en sert pour se mettre debout. À cette transformation d'un fétiche inutilisable, immobile, permanent en quelque chose qui bouge, qui vit, qui sert, disparaît et revient mais aussi qui se prête à des métaphores et donc se dilue dans le contexte général de la culture, on peut donner le nom de « transitionnalisation de l'objet ». Bref, aux pieds est rendue la grâce et c'est bien ce que notre Hanold pense en les regardant : « ces pieds gracieux ».

— Sur le lézard, je n'insisterai pas, tant sa symbolique est transparente.

— Je voudrais parler plus longuement de la broche et des mouches. La broche apparaît tôt dans le texte sous la forme d'une agrafe. Lorsque Gradiva, qui vient d'apparaître pour la première fois, a disparu dans la maison de Méléagre, Norbert est d'abord paralysé. Puis quand il retrouve à nouveau la possibilité « de se mouvoir » il se dirige vers cette maison, retrouvant aussi la possibilité de penser. Il s'interroge alors sur l'origine de ce nom. Est-ce Méléagre, « le tueur du sanglier calydonien », qui lui a donné son nom ou bien un poète grec dont les descendants auraient émigré à Pompéi ? Cette interrogation binaire n'est pas sans rappeler toutes celles qui ponctuent le récit. La démarche de Gradiva est-elle purement féminine ou commune aux hommes et aux femmes ? Gradiva a-t-elle une existence réelle ou n'est-elle qu'un fantôme ? « L'indécidabilité » dont parle Sarah Kofman ne joue pas sur des choix ternaires ou quaternaires, c'est toujours entre deux qu'il faut décider. On sait que le calcul binaire repose sur l'alternance un – zéro, présence – absence, où le thème de la castration et du manque (« Ça y est ou ça n'y est pas. ») se laisse entrevoir. Mais alors qu'il poursuit cette méditation, Norbert, sans autre raison apparente que le mot « grec », se remémore la description d'Atalanta par Ovide :

« L'agrafe polie ferme de son épingle le haut de sa tunique,
Ses cheveux sont retenus sans art en un seul nœud. »

Or, ni la description du bas-relief pourtant si minutieuse ni celle de l'apparition également très précise ne mentionnent une agrafe, et les cheveux de la Gradiva de pierre comme de la Gradiva vivante sont couverts par un fichu. Le fait que l'agrafe maintienne la robe fermée et cache le lieu du manque mais aussi le fait qu'elle apparaisse à la mémoire quand Gradiva a disparu évoque sa fonction de fétiche. L'agrafe est là pour combler un vide. Beaucoup plus tard, Norbert, à *L'Auberge du Soleil*, achètera une broche, « abandonnant tout sens critique » et pour un « prix d'anglais ». C'est la vue de la branche d'asphodèle qu'il a offerte à Gradiva quelques instants auparavant et qui trempe maintenant dans un vase à une fenêtre de l'auberge qui, bizarrement, lui confirmera l'authenticité de sa nouvelle acquisition.

« Cette broche verdie entre ses doigts », il sait désormais

qu'elle a appartenu à Gradiva et que, comme l'agrafe d'Ovide, elle fermait sa robe près du cou. Et de même que le vers d'Ovide surgissait à sa mémoire quand Gradiva disparaissait, de même la broche évoque une Gradiva irrémédiablement perdue.

« Elle lui causait en imagination la même douleur que si, ayant voulu saisir la main de Gradiva dans la sienne, il n'avait rencontré que le vide. »

C'est que la broche a été trouvée auprès du corps d'une jeune fille tenue enlacée par son amant et qu'on peut se la représenter comme un cadeau de l'amant à la jeune fille. Elle est donc plus que le remplaçant du pénis manquant. En elle se combinent les images du couple. Elle est cet objet partiel et détachable que le couple s'échange, tantôt à l'un tantôt à l'autre ou plutôt à l'un puis à l'autre, comme la branche d'asphodèle qui fut à Norbert avant d'être à Gradiva.

« Ce que je hais, me disait un patient, fétichiste pratiquant, ce sont les mélanges. »

Si la broche entraîne la colère de Norbert, c'est qu'elle signe la corruption de Gradiva, son mélange avec un homme, son incomplétude ou sa castration d'abord, mais ensuite son appropriation de quelque chose qui vient de l'homme, et qu'elle prend à l'homme.

« Le clivage, écrit Sarah Kofman, a comme but de préserver des mélanges. » Et c'est ce clivage que Norbert tente d'opérer en remarquant qu'il n'a pas de preuve irréfutable que la broche ait appartenu à Gradiva. « Cette conviction eut pour lui la force d'un souffle libérateur. »

Avec la broche toutefois on s'est approché bien près du noyau conflictuel, et c'est vraiment à partir de ce moment que Norbert va délirer. Jusque-là il a beaucoup rêvé, en dormant puis éveillé. Il a eu une vision surprenante sur laquelle il s'est interrogé, pour se laisser prendre au piège d'une illusion qui confirmait ses désirs profonds. Maintenant, tout en le combattant, il échafaude un délire de jalousie. C'est l'échec du fétiche à remplir efficacement le manque de Gradiva, c'est la preuve qu'un objet peut passer de l'un à l'autre, combler Gradiva en dépouillant Norbert, c'est encore la mobilité de l'objet dans l'échange, qui bouleverse les dernières défenses contre la folie et oblige Norbert à remplacer son fétichisme par un délire. La broche, comme l'asphodèle, sont des objets transactionnels. Ils tirent leur sens d'un échange. Or c'est cet échange ou plutôt ce mouvement de celui qui l'a à celui qui ne l'a pas que Norbert voudrait arrêter.

Avec la broche, aussi, Norbert s'est approché d'une triangulation. Le patron de l'auberge qui lui conte une histoire, le prix élevé qu'il lui demande en compte pour la broche, et qui introduit donc la dimension sociale de la valeur et de l'argent, sont des tiers qui s'introduisent entre Norbert et Gradiva et qui, par leur simple présence, risquent de briser le miroir aux alouettes auquel il s'est laissé prendre, le monde imaginaire qui le fascine. On comprend que son fantasme évolue de duel en ternaire et qu'un rival y apparaisse.

Il opère donc une nouvelle dénégation. Non, il n'a aucune preuve de l'existence du couple d'amants pompéiens, ni que la broche appartienne réellement à Gradiva. Rassuré, il va pouvoir accepter, pour la première fois, la présence d'un couple réel qui, par un mécanisme de clivage, lui permet probablement de refouler l'image gênante du couple fantasmatique. D'une part ce bon couple s'oppose au mauvais couple, d'autre part c'est un couple qu'il imagine clivé, un couple qui ne se mélange pas. Selon lui, il s'agit en effet d'un frère et d'une sœur qui se ressemblent, c'est-à-dire d'un couple d'homosexuels, dotés d'attributs identiques et qui ne songent pas à se prendre l'un à l'autre un bijou précieux. La femme peut garder à son corsage « la rose rouge de Sorrente dont l'aspect rappelait à celui qui l'observait dans un coin de la salle quelque chose sans qu'il puisse se rappeler de quoi il s'agissait ». Ce quelque chose est – peut-être – en relation avec la phrase de Zoé au moment où Norbert lui a offert la branche d'asphodèle. « À d'autres mieux partagées les roses du printemps, à moi venant de ta main ne convient que la fleur de l'oubli. » Les roses, remarquons-le, sont l'objet précieux que Norbert n'a pas donné à Gradiva et pourtant qu'elle attendait de lui. En fait, Jensen laisse planer un doute sur les associations de Norbert. C'est le doute même de Norbert sur ce quelque chose qui tantôt manque ou est en danger d'être perdu quand le couple est formé de deux êtres différents qui s'enlacent et échangent, tantôt est en sécurité quand le couple est une paire d'identiques ou quand l'homme est assez fort pour le refuser à la femme.

Si le lendemain, toutefois, Norbert peut sans danger offrir à Gradiva les roses du printemps, c'est qu'il a fait un rêve, mais surtout qu'il a assisté, en voyeur ébloui, aux embrassades du couple. Ce « rite secret » l'a peut-être rassuré dans la mesure où de l'œil il a pu contrôler l'absence de dégradation de chacun des partenaires au cours des baisers où ils « mêlent leurs lèvres ». Remarquons cependant qu'il tient à la main une série d'objets : le prétendu rouleau de papyrus, en fait le carnet d'esquisses abandonné par Gradiva, les roses rouges, la broche verdie. C'est-à-dire qu'il apporte d'une part ce qui appartient déjà de source sûre à Gradiva (le carnet), d'autre part ce qui sans aucun doute va aller de lui à elle (les roses rouges) et, au milieu, l'objet indécidable, la broche, lieu du conflit, de la douleur, du délire. Et c'est seulement lorsque Gradiva aura accepté les roses, remercié pour son carnet et rejeté la broche comme n'étant pas la sienne que Norbert se calmera et pourra accepter d'elle la moitié de son repas. C'est le premier échange vrai, à double sens, entre eux. Il prépare la guérison.

Les mouches, elles, tournent tout au long du récit, agaçantes. Sarah Kofman voit en elles un équivalent féminin. Je pense que leur caractère lancinant, importun, les réelles ou fantasmatiques tentatives de Norbert pour les écraser ou les écarter, leur confèrent une signification plus complexe.

D'emblée, les mouches sont associées aux couples. « Quelques-unes lui rappelaient les couples de voyages de noces et ils devaient se dire problablement aussi dans leur langue : mon unique Auguste et mon adorable Grete. » « C'était la chose en soi dans laquelle le mal absolu avait trouvé son expression et sa réalisation. »

Phrases curieuses qui méritent un arrêt. En quoi la chose en soi peut-elle être si horrible, surtout pour désigner ce qu'il y a de plus banal et de plus commun, de plus mouvant aussi, la « mosca domestica communis » (c'est Norbert qui se réfère ainsi à la classification zoologique), éternel parasite qui chatouille et souille le corps humain au long de l'histoire de l'humanité d'Eschyle à Phidias, de Phidias à Norbert Hanold. Tout ce passage est marqué par une inquiétante étrangeté combinée à une extrême familiarité. De la mouche on a l'habitude, et pourtant elle évoque un lieu inhabitable. Cette chose en soi qui ferait croire la mouche engluée dans le noumène kantien n'a-t-elle pas pour fonction de dénier justement ce qui la caractérise, c'est-à-dire son volettement incessant, phénoménal qui rend impossible toute localisation. Si la mouche est « l'expression et la réalisation du mal absolu », c'est plus parce qu'elle se rapproche de la « non-chose » que parce qu'elle est chose. Intuition miraculeuse de Jensen, ou rencontre magique entre les préoccupations de Jensen et les miennes, la « chose en soi », c'est la chose domestique mais qui n'a pas été domestiquée, qui rode toujours là souterraine et présente, familière autant qu'étrangère, ce que Bion appelle en jouant sur les mots, la « non-chose » [15]. Or la « non-chose », c'est ce qui surgit pour remplacer le manque. La mouche rappelle donc qu'il y a un manque imaginaire chez la femme où quelque chose de monstrueux se localise et qu'il risque concomitamment d'y avoir un manque chez l'homme lorsqu'il va combler celui de la femme. À travers les mouches, ce n'est ni contre la femme ni contre l'homme rival, « le monstre noir » qu'il cherchera à écraser sur la main de Zoé, que Norbert se bat mais contre l'image du couple combiné dans une alliance doublement mortifère, dans une néantisation affolante. Tournant autour de la tête, à la fois là et pas là, familière et étrangère, allant et venant, volant de l'un à l'autre, la mouche est comme la broche, un objet détachable qui par son va-et-vient évoque la sexualité confondue avec la mort, et que Norbert essaye de plus en plus vainement de rejeter.

On pourrait ainsi établir un spectre des objets qui irait du plus fixe au plus mobile : le pied chaussé de sandales est un fétiche réussi, négation minérale et immobile de l'imaginaire castration féminine. Il fige le temps et l'arrête. La mouche au contraire passe de l'un à l'autre, se détache d'un nez pour suivre les lèvres

15. Bion, psychanalyste anglais, parle de *no-thing*, rien, mais aussi la non-chose, pour désigner l'hallucination du bébé lorsqu'il est confronté au manque du sein là où il espérait trouver aliment pour calmer sa faim. En proie à la colère et à l'angoisse, l'enfant, selon Bion, expulse tout ce qui est désagréable en lui et précipite, au lieu du manque, un magma de sensations brutales qui lui reviennent de l'extérieur, comme une réalité persécutoire.

d'une bouche, bouge sans cesse, n'est pas localisable encore que permanente. La broche est un intermédiaire donné par l'homme à la femme mais ensuite posé à côté d'elle. Autant le pied est investi positivement, autant la mouche évoque le « mal absolu », autant la broche est ambiguë.

Il est surtout intéressant de remarquer comment Norbert utilise ces objets réels pour figurer l'infigurable, pour donner corps et images aux émotions qui l'agitent et aussi pour sortir du délire et entrer dans la rêverie. Celle-ci n'est rien d'autre qu'un apprivoisement du manque, qu'une capacité à faire le deuil des objets perdus en se les représentant nostalgiquement sur la scène du fantasme.

Or les images du manque sont nombreuses dans le roman, ainsi la « fente dans la muraille ». D'abord Norbert ne la voit pas, comme sans doute il a refusé de voir la castration féminine. Puis lorsqu'il la découvre et comprend par là les disparitions de Gradiva il se demande comment il a pu être assez insensé pour croire qu'elle s'enfonçait dans le sol. C'est qu'il retrouve quelque chose de connu en même temps que d'irrémédiablement étranger, comme le vide insonore qu'est pour lui, lors de la première rencontre, l'intérieur de la maison de Méléagre.

« L'endroit où il venait de pénétrer était vide et sans bruit et lui paraissait complètement étranger et il ne se rappelait pas l'avoir jamais visité. La mémoire lui revint cependant parce que l'intérieur de cette maison offrait une anomalie. »

Chaque fois qu'il se trouve confronté au manque, Norbert est ainsi en proie à un double sentiment : non je n'ai jamais vu cela, cela ne peut pas exister, je suis insensé de croire ou de voir quelque chose de pareil ; oui, cela existe, je connais cela. On reconnaît là le clivage du Moi, défense contre la « non-chose », contre le « mal absolu ».

Rappelons aussi les interrogations intimes de Norbert sur la matérialité du corps de Gradiva. S'il touche sa main, que va-t-il trouver ? Rien ou quelque chose ? Il pense que les deux hypothèses sont aussi effrayantes l'une que l'autre, qu'il est aussi terrible d'imaginer une Gradiva anatomiquement, physiquement et physiologiquement dotée d'organes qu'une Gradiva purement illusoire apparue sur un vide intangible. L'interrogation une fois de plus se localise sur un objet partiel : la main. « L'existence physique de cette main lui ferait peur et l'absence de cette existence lui ferait un grand chagrin. » On ne peut pas ne pas penser ici à la théorie freudienne du deuil et de la mélancolie. L'objet perdu intériorisé va s'attaquer au Moi.

Il serait scientifiquement intéressant, pense Norbert, de tenter une expérience. Mais absorbé par sa méditation « stérile », il manque alors de toucher un monsieur tout aussi distrait que lui : le vieux zoologiste attrape des lézards.

Si les deux hypothèses sont aussi peu attrayantes l'une que l'autre, s'il est plus simple de toucher ce vieux monsieur que Gradiva, c'est que le clivage doit être maintenu, c'est-à-dire la coexistence non dialectique de deux hypothèses contraires sur le corps féminin : il y a un manque ou il y a quelque chose à la place du manque qui fait qu'il n'y a pas de manque, mais ce quelque chose pourrait bien être la non-chose, projection du mal dans l'objet extérieur. Rappelons la douleur produite par le contact de la broche que Norbert associe à la douleur que lui causerait le fait de toucher Gradiva et de ne rencontrer que le vide ou peut-être quelque chose d'affreux se matérialisant dans ce vide.

Là encore l'expérience de la réalité sera rassurante. Quand Norbert osera toucher Gradiva « une joyeuse terreur » s'emparera de lui. Ce qu'il a trouvé, ce n'est ni le vide, ni une « chose froide et engourdie », monstrueuse et innommable, mais bien une main « chaude et vivante » encore que sidérée par l'effet du choc.

Je voudrais noter ici l'importance de l'anomalie. C'est une anomalie qui frappe Norbert dans la maison de Méléagre, c'est plus tard, une petite anomalie qui marque la différence entre le visage de pierre et celui de Zoé. L'anomalie est ici l'introduction de la vie, la petite imperfection, la brisure, le défaut fondamental qui éloigne de la perfection minérale et morte de la Beauté mais qui, si elle peut être acceptée, permet la remise en marche d'un processus illusion-désillusion-réillusion. L'anomalie, c'est secrètement l'irruption du manque à l'intérieur même de l'objet fétiche qui a pour fonction de le combler et, par conséquent, annonce sa désintégration en tant que fétiche et sa possible reconstruction en tant qu'objet transitionnel. On peut rapprocher ce phénomène de l'attitude de l'enfant en face de ses jouets : de sa rage et de sa désolation lorsqu'un jouet neuf « fétichisé » s'abîme, mais ensuite de sa préférence pour les jouets usagés, à moitié cassés, maintes fois réparés, transitionnalisés.

Les trois visages, la voix et le corps de la Gradiva nous entraînent sur un autre registre. Nous n'étions pas sortis jusque-là du fétiche et du clivage. Mais, dès la première apparition, ce mode défensif est mis en danger. Sans doute Gradiva apparaît-elle fidèle au bas-relief, mais déjà le fait qu'elle soit en mouvement et que le soleil la nimbe d'or lui donnent un aspect plus vaporeux que son image de pierre. Et puis, très vite, elle se retourne et montre à Norbert son autre profil qui lui donne une « impression différente ». C'est la même et c'est en même temps déjà une autre, celle qui fait fuir les lézards entre les dalles. Un pas de plus et elle disparaît. Apparition, disparition, on est loin du mouvement arrêté et maîtrisé de la pierre. Quand Norbert la retrouve, il la voit de face, fondant en une seule forme les deux profils, celui connu et maintes fois regardé du bas-relief, celui, nouveau, qui s'est révélé il y a un instant. Deux profils, deux expériences, deux sentiments, Gradiva apparaît à Norbert « à la fois comme étrangère et en même temps comme connue ».

Et puis l'apparition se met à parler. Ce n'est pas le mot qui d'abord intéresse Norbert mais le son de la voix et la langue dans laquelle elle s'exprime qui n'est ni le grec ni le latin étrangers, mais l'allemand quotidien. Impression curieuse que celle d'entendre sortir les mots de la langue maternelle d'une bouche aussi éloignée dans le temps et l'espace que celle d'une Pompéienne morte depuis plus de deux mille ans. Et Norbert conclut avec surprise : « Je savais que tel était le son de ta voix. » Ce que cette voix raconte a finalement peu d'importance ; elle émeut plus par sa musique que par ses paroles, elle est preuve d'une réalité tangible, mais à son tour elle est fétichisée, comme l'est tout le corps de Gradiva.

De même qu'il avait décrit avec minutie le bas-relief, de même, lors de la première apparition, Norbert morcelle Gradiva en une description pointilliste, digne du nouveau roman, qui juxtapose des objets partiels et arrête le mouvement et la totalisation : « Elle inclinait légèrement en avant sa tête dont le dessus était recouvert d'une étoffe qui retombait sur sa nuque, elle tenait ramassé dans sa main gauche un pan de sa robe extraordinairement plissée et qui ne lui tombait pas plus bas que les chevilles. Elle ne se fit clairement reconnaître qu'en marchant : le pied qui restait en arrière se dressait un instant sur sa pointe, le talon presque verticalement relevé. Mais ce n'était pas là un être de pierre monotone et sans couleur. La robe était faite d'une étoffe extrêmement molle et souple qui n'avait pas la blanche froideur du marbre, mais un ton chaud qui tirait sur le jaune. Les cheveux, mollement ondulés sous le fichu, faisaient valoir par leur brillant et leur brun doré l'albâtre du visage. »

On voit là les anomalies qui déjà remettent de la vie dans le fétiche. Visage, voix, corps ne se laissent pas en effet réduire aussi aisément à la mortification que Norbert voudrait leur faire subir, en imaginant toujours Gradiva morte. On ne peut aussi aisément les figer qu'une broche verdie ou un bas-relief et pourtant ils n'échappent pas comme une mouche.

Le visage se révèle aussi celui d'une femme qui mange et fait un bruit craquant en mastiquant le pain. Contre cette preuve de vie, Norbert se défend encore par le morcellement descriptif et se remet à détailler Gradiva. Mais le corps ou plutôt la main sont bien vivants, et la voix n'est pas qu'une musique agréable, elle dit soudain quelque chose et déjoue toute attente : elle prononce le nom de Norbert.

Comment capter ici par des mots ce qui se passe sans courir le risque de défaire ce qui en Norbert actuellement se construit, c'est-à-dire une possibilité nouvelle d'entrer en relation avec les objets non plus comme protection morte contre le manque (fétiche), non plus comme représentant horrible de la non-chose (le mal absolu), non comme objet contrôlé par l'identification projective, mais bien comme un objet présent-absent, étrange-familier, immobile – en mouvement, juxtaposition de parties – tout non morcelable, descriptible-indescriptible, bref un objet dialectique, transitionnalisé ?

Cette dialectique objectale qui rétablit la distinction entre réalité intérieure et réalité extérieure s'appuie sur des rapports humains. Si Zoé Bertgang est bien, comme Freud et Jensen nous le disent, la thérapeute de Norbert, elle n'est pas la seule. Nous avons déjà vu le rôle médiateur de l'hôtelier et de l'argent demandé en échange pour la broche. Je voudrais insister sur d'autres personnages intermédiaires dans la relation qui commence à s'ébaucher entre Norbert et la Gradiva : les gardiens, les jeunes mariés. Quand Norbert arrive à Pompéi, après sa bataille contre les mouches, il veut visiter la ville mais il est trop tard et l'entrée est fermée. Il cherche alors un chemin détourné mais finalement n'y pénètre pas, bien que sur ces murailles il n'y ait ni mouches ni jeunes mariés pour l'importuner, il se sent mal car, malgré la beauté du paysage, « la nature n'est pas en mesure de lui offrir ce qui lui manque, en lui comme en dehors de lui ». Il persiste jusqu'au soir dans cette humeur dépressive.

Le lendemain, il entre dans la ville et cherche à se débarrasser au plus vite du guide par un solide pourboire. Après avoir vu Gradiva pour la première fois, et lorsqu'il retourne dans la ville, sachant cette fois ce qu'il y cherche, Norbert se sent soudain coupable de quelque chose. Il n'ose plus passer devant les gardiens : « Cependant une peur lui vint que les gardiens, s'ils le regardaient en face [16], ne le laissassent pas pénétrer ; en tout cas, il ne fallait pas qu'il s'exposât aux réflexions de ces hommes. Pour qui connaissait Pompéi, il y avait un moyen de les éviter, ce moyen était illicite, mais Norbert n'était pas en état de tenir compte de l'ordre établi pour décider de la conduite à suivre. Il monta comme le soir de son arrivée sur les anciens remparts de la ville, puis, après avoir décrit un grand demi-cercle autour des ruines, il atteignit la Porta di Nola, qui n'était pas gardée. De là il n'était pas difficile de descendre à l'intérieur et il le fit sans trop s'embarrasser la conscience du fait qu'il fît priver, par son intrusion, l'*Amministrazione* de deux lires qu'il pourrait d'ailleurs lui restituer d'une façon ou d'une autre. »

Norbert se sent déjà beaucoup mieux lorsque, revenant avec la broche de *L'Auberge du Soleil*, il trouve, à son hôtel, le couple sympathique. Nous avons vu que sur ce couple il s'illusionne

16. Est-ce une identification à la Gradiva vue de face et non plus de profil, comme sur le bas-relief ? Il faudrait accéder ici au texte allemand.

en considérant les deux époux comme frère et sœur à cause de ressemblances que le texte descriptif contredit puisqu'il ne donne à voir que des différences. À ce couple sympathique, il emprunte un objet nouveau, les roses rouges, avec lesquelles il peut affronter les gardiens de l'entrée : « Les roses de Sorrente devaient, en effet, avoir quelque chose de particulier, car leur odeur ne lui parut pas seulement merveilleuse, mais encore tout à fait étrange et nouvelle. Elles paraissaient avoir sur son esprit un pouvoir dissolvant. Du moins elles lui enlevèrent la crainte qu'il avait eue hier des gardiens de l'*ingresso* et c'est par cette entrée licite qu'il pénétra dans Pompéi en payant le double du prix d'entrée sous le premier prétexte venu. »

La prise en compte de ceux que j'appelle les médiateurs permet à Norbert de sortir de la relation de fascination mutuelle avec Gradiva. Au début elle était faite d'identifications projectives c'est-à-dire de mise de morceaux de soi dans l'autre. « Il lui avait pour ainsi dire infusé sa propre force vitale et il lui semblait par là lui avoir prêté une vie qu'elle n'aurait point possédée sans lui. Par là, il avait, d'après son sentiment, acquis un droit auquel il pouvait seul prétendre et qu'il pouvait se refuser à partager avec qui que ce fût. » Réciproquement, si les yeux de Norbert infusent quelque chose de lui à Gradiva, Gradiva à son tour le pénètre du regard. « En effet ses yeux avaient quelque chose d'extraordinairement pénétrant, et il avait été quelquefois effleuré par la pensée que durant leurs entretiens ils cherchaient à savoir ce qu'il avait dans la tête et à le pénétrer de leurs sondes d'acier clair.» Grâce aux médiateurs, Norbert peut sortir, non sans douleur, de cette relation duelle. Nous avons vu avec quelle souffrance il évoquait un tiers, l'amant pompéien, le rival supposé auprès d'elle dans les ruines. En s'interrogeant sur le fait de savoir si les autres peuvent aussi voir Gradiva ou s'il est seul à posséder ce pouvoir, il donne au regard une fonction de tiers différenciateur. C'est le regard des autres sur Norbert et Gradiva, c'est le regard intérieur de Norbert sur Gradiva et l'amant, le regard extérieur de Norbert sur le couple sympathique. Norbert peut alors posséder quelque chose : un objet, la broche ou les roses, un objet non-moi, et sortir de son autisme.

Les médiateurs que sont les gardiens, l'hôtelier ou le couple sympathique préparent donc sa guérison. Avec les gardiens, symboles d'un père castrateur, interdicteur, il ruse d'abord, se punit lui-même (le pourboire désintéressé) ou se cache d'un regard qui, de face, lui vaudrait un châtiment. De même il se punit en donnant à l'hôtelier un prix d'anglais qu'il sait trop élevé. Mais son effraction peut lui valoir des ennuis, et le lendemain il trouve dans les roses le courage d'affronter le Père et de le restaurer dans sa dignité. Après avoir doublé la somme, Norbert est quitte. Il a réparé le crime œdipien, il peut aller de l'avant. Quant à Gisa, en nommant Zoé, elle confirme que les autres peuvent la voir sans la faire disparaître comme elle a montré, avec son mari, l'innocuité des baisers. Les gardiens, l'hôtelier et Gisa sont en fait les co-thérapeutes de Norbert. Par leur médiation, ils lui permettent d'affronter le manque là même où, enfant, il l'a découvert sur le corps de Zoé. Et c'est alors l'extraordinaire scène du baiser à Zoé. Norbert reprend avec humour, et comme par jeu, tous les thèmes de son délire. Après que la jeune fille, en sautant du mur, a laissé une place vide, là où elle était avant, et transformé la perspective, Norbert peut, sur le corps de celle qui devient l'aimée, découvrir un « détail infime » (qui nous rappelle l'anomalie de l'intérieur de la maison de Méléagre) un petit défaut que n'a pas le visage de pierre et que le visage de pierre avait justement pour fonction de masquer, un petit trou, une fossette. Celle-ci est retournée d'ailleurs en son contraire puisqu'elle est présentée comme un en plus et non comme un en moins.

Merveilleuse ambiguïté du visage vivant, sur cette fossette qu'il regarde attentivement il feint de déceler une mouche, caricature maîtrisée de la non-chose monstrueuse, et s'absorbe enfin dans un baiser où la mouche doit se dissoudre.

Cette dernière scène est pour nous une des plus passionnantes du livre. Selon Freud, c'est le moment définitif de l'explication. Le patient, Norbert, est tout près de la découverte, et Zoé n'a plus qu'à lui donner la reconstruction attendue de l'histoire, reconstruction dont il confirme l'authenticité en associant lui-même Gradiva et Bertgang, nom de famille de Zoé, mots qui ont la même signification : « celle qui resplendit en marchant ».

Mais il se passe autre chose pendant tout le discours de Zoé. Norbert continue à rêver et ne semble prêter qu'une attention superficielle à ce qui lui est dit.

Entendre son nom de la bouche de Zoé, entendre Zoé nommée et reconnue par un tiers l'a introduit brutalement dans un monde réel où Zoé et lui ne sont plus de purs fantasmes, créatures de roman, mais des êtres de chair et d'os et de sang ayant chacun un sexe déterminé. Le temps s'est remis en route, pas celui, immobile, de l'histoire et de l'archéologie, mais un temps vivant. La première réaction est un mouvement d'effroi et surtout de dépression. Regardant la *strada dei Sepolcri*, la rue des Tombeaux, il voit « un tout autre tableau que la veille. La splendeur qui rendait mystérieusement éblouissante toutes les couleurs avait disparu. La rue se voyait avec une morne précision et semblait avoir pris le visage conforme à sa dénomination... » Ainsi le délirant se déprime, souvent, quand son délire l'abandonne.

« Cette impression n'était pas démentie, mais plutôt accrue par quelque chose qu'on voyait remuer à l'autre bout de la rue, aux environs de la villa de Diomède et qui avait l'air d'une ombre en train de chercher son tumulus et de disparaître sous un tombeau ». À nouveau Norbert est saisi par la dépression. Un peu plus tard, alors que Zoé parle, il la contemple, d'abord avec sa tendance coutumière aux détails morcelants, comme un zoologiste regarderait l'animal qu'il vient de capturer ou un archéologue une pièce de musée.

Ce sont encore, nous l'avons vu, les pieds qui le captivent, mais des pieds qui bougent. Il faut donc renoncer à la folie, à une folie qui tenait lieu de l'objet manquant : « Il était tout à fait fou d'avoir cru qu'une Pompéienne ensevelie voici deux mille ans par le Vésuve pût de temps en temps sortir bien vivante, parler, dessiner, manger du pain. Mais lorsque la foi apporte le bonheur, elle fait accepter par-dessus le marché quantité de choses invraisemblables. » On voit combien le fétiche et le délire qui lui ressemble comme un frère avaient ici une fonction anti-dépressive. Ce renoncement au délire et au fétiche n'est pourtant pas si horrible dans la mesure où celle qui parle peut encore être prise pour autre chose, rapprochée de souvenirs familiers, coïncider avec des objets internes. Zoé ne peut certes plus redevenir la petite fille de l'enfance, double rappel du manque, d'abord comme objet définitivement perdu, ensuite parce que c'est probablement sur le corps de cette petite fille qu'a été inscrite et lue la vérité sur la différence des sexes. Transférentiellement, Norbert s'attache néanmoins à y découvrir la concrétisation d'autres souvenirs : une institutrice ou encore une prédicatrice.

Mais alors un changement total de perspective peut se produire et à travers un nouveau médiateur que sont, cette fois, des objets intérieurs (des souvenirs ou des souvenirs de fantasme), Norbert peut associer Zoé à la jeune fille sympathique et au couple embrassé, déclenchant d'ailleurs la jalousie de Zoé. Puis il finit sur Zoé et avec Zoé par accéder à l'illusion suprême qui est celle de l'amour. Mais en même temps, sur le mur d'où Zoé s'est élancée, la place est vide. En se dissolvant, le transfert laisse un manque qui doit être nostalgiquement accepté.

Son dernier vœu : demander à Zoé encore une fois, pour lui seulement, d'être Gradiva traduit une tentative de réillusion consolatrice. Norbert et Zoé avec humour et nostalgie rejouent la scène du délire, dans un bouquet ultime où, parce qu'il est joué, se fait et se défait en même temps, le délire n'est plus qu'une illusion ou un rêve.

Le soin est un conte

Comme Freud, j'ai fini par oublier que Norbert Hanold était un personnage de roman et non un patient atteint d'une psychose hystérique ou d'une bouffée délirante aiguë, de bon pronostic. Si l'on y réfléchit, une telle confusion n'a rien d'étonnant. Le soin psychiatrique, en effet, n'est pas autre chose que l'écriture d'une histoire, d'un roman ou d'un conte qui donne sens à ce que le patient a vécu et continue à vivre avec ses thérapeutes, et qui le relie à ce qu'il a vécu dans le passé. Cette fiction romanesque – admise comme telle et non plus comme tenant lieu de la réalité – prend la place du délire. Construite par les soignants, d'abord pour leur seul usage, elle peut être secondairement communiquée avec prudence au patient, et prépare, éventuellement, cette déconstruction qu'est l'analyse du transfert, ce dernier étant établi seulement lorsque la fiction proposée n'est plus la seule possible, lorsque les mêmes événements deviennent l'objet de plusieurs lectures possibles et de plusieurs écritures. Alors l'interprétation sauvage et univoque de Zoé en réponse à l'attaque de Norbert, « Tu es évidemment fou Norbert Hanold », qui a entraîné la fuite du malheureux archéologue, peut devenir au moment du baiser final une interprétation polysémique, susceptible d'écoutes multiples à de multiples niveaux : « Tu es vraiment fou Norbert Hanold. » On se rappelle qu'avant ce baiser de paix et d'amour, de consolation et de désir, Zoé avait adressé à Norbert une leçon que celui-ci avait perçue comme « une tape sur la bouche ». Il y a toujours de la violence dans une interprétation, encore faut-il que cette violence soit acceptable, et les psychotiques ont, à cet égard, un seuil très bas de tolérance. Je ne serais pas là pour écrire ce chapitre, si je m'étais permis d'interpréter le transfert de M. L. Faire chez lui l'hypothèse d'un fonctionnement inconscient, présupposer que je puisse être pour lui quelqu'un d'autre que je suis pour moi, pour mes proches, pour mes autres patients, bref prétendre avoir une existence différente, sous le regard des autres, de celle que m'imposait son identification projective aurait été parfaitement injurieux, impensable et, finalement, par rapport à sa réalité psychique, inexact. Toute démarche qui lui aurait laissé croire que j'entendais dans ses propos autre chose que ce qu'il y mettait aurait entraîné une blessure narcissique insupportable.

C'est ce que comprend très bien Zoé Bertgang avec Norbert en « entrant dans son jeu » et en leurrant son bizarre soupirant. Elle ajoute, après qu'ils furent passés tous les deux à d'autres jeux, que c'était « par amusement ». Cette dimension de plaisir me paraît essentielle. M. L. ainsi, avec ses charades, me distrayait tout en se distrayant, et m'amusait en s'amusant de moi. Cela était possible, je l'ai dit, en raison d'une proximité entre nous. De même Zoé est l'ancienne camarade de jeux de Norbert, et cette situation – comme Freud l'a noté – soutient son travail thérapeutique. On m'objectera qu'on ne peut pas toujours partager une origine commune ou un passé commun avec ses patients. Certes. Il n'empêche que je pense essentiel, dans le travail avec les psychotiques, de mettre en place une familiarité. J'avais ainsi, jadis, et avant de le connaître, soigné le père d'un de mes clients. Une autre patiente m'avait été adressée par une parente dont elle était la collègue de travail. J'ai eu en traitement un jeune talmudiste qui, lorsqu'il sentait monter en lui des mouvements haineux à mon égard, ne pouvait les exprimer qu'en regardant du coin de l'œil, suspendu au-dessus de mon bureau, le portrait en costume traditionnel de mon arrière-grand-père, rabbi barbu et chevelu d'Europe centrale, qui le rassurait. Quand cette réalité partagée fait défaut, c'est dans les objets matériels (on a vu leur importance dans l'histoire de Norbert) ou encore dans les autres personnages – ceux que j'ai appelés les médiateurs – qu'il faut chercher des éléments qui fondent à la fois notre existence de thérapeute – comme distincte des projections du patient – et permettent de l'appréhender sur un mode non persécutoire ou aussi peu persécutoire que possible. Alors seulement des mots en provenance de cette personne différenciée en même temps que supportée peuvent être reçus et utilisés. C'est ici que le tissu institutionnel, fait d'objets, de situations et de personnes partagées dans une atmosphère de familiarité et qui communiquent entre elles au vu et au su des patients, constitue un atout irremplaçable pour le traitement.

L'essentiel, en psychanalyse, disait Winnicott, est de survivre, et il insistait sur la nécessité pour le patient de détruire, en fantasme, l'objet – c'est-à-dire de renoncer à ses projections – avant de pouvoir utiliser l'objet connu. Avec les psychotiques, cette destruction (c'est-à-dire cette familiarisation avec la réalité) prend du temps et parfois toute la vie. Sans cesse le patient doit éprouver la résistance réelle du thérapeute – comme le fait Norbert en frappant la main de Zoé. C'est le sens de ses nombreux passages à l'acte qui sont autant d'appels à la preuve d'une existence réelle. D'où, encore une fois, la nécessité de s'appuyer sur une organisation institutionnelle qui permet la survie des thérapeutes et facilite le déploiement entre eux et leurs clients d'un espace intermédiaire. La régularité dans la forme et dans les horaires, l'unité de lieu, mais aussi les différentes médiations qu'utilise le soin psychiatrique et qui peuvent aller d'un repas [17] partagé en groupe à des activités manuelles comme le modelage, ou le dessin, certaines aides matérielles aussi (un certificat pour l'octroi d'une pension, l'ordonnance dans le cas de M. L., une lettre de recommandation, etc.), ont pour fonction d'incarner la réalité des thérapeutes et de manifester leur résistance à l'avidité, à l'envie destructrice et aux autres formes d'identification projective. Il importe alors que ces diverses activités demeurent lacunaires, qu'elles évoquent une gratification sans la réaliser, de manière à susciter chez le patient une activité imaginative créatrice. C'est à ce prix qu'elles demeurent symboliques et que le soin ne bascule pas dans la réparation. On peut à ce propos parler de séduction au sens où Freud l'entend lorsqu'il décrit la prime de séduction (*Verlockungsprämie*) en rappelant qu'en allemand *Lockung* signifie leurre.

Pour éviter de sombrer dans la banalité, il importe aussi que ces activités soient sous-tendues par une rêverie théorique qui les encadre et leur donne sens. La psychanalyse intervient alors comme « un fonds métaphysique d'hypothèse », selon l'expression de Karl Popper, une matrice à fabriquer des histoires. Elle permet de relier entre eux, autrement que sur un mode délirant, dans une construction acceptable, les avatars du quotidien. Dans les cas heureux, comme celui de Norbert, elle permet de retrouver le chemin de la raison commune sans devoir recourir à la douche glacée, utilisée par les psychiatres du XIXe siècle, et dont la trombe d'eau qui s'abat, *in fine*, sur Pompéi est peut-être un malicieux rappel.

---

17. *Cf.* le pique-nique improvisé où Zoé manifeste sa réalité en mangeant et en partageant son repas avec Norbert.

Chapitre 6

La peur du fou

La peur du fou est, sans doute, aussi vieille que le monde. Elle a donné naissance à nos institutions et à nos idéologies. Longtemps on a cru que le fou avait quelque chose en plus des autres, qu'il était un voyant, un prophète, un possédé. Aujourd'hui nous avons plutôt tendance à le considérer comme quelqu'un à qui il manque quelque chose, qui est victime d'un déficit (de la « fonction symbolique », du « narcissisme », de l'« espace transitionnel », termes savants qui recouvrent une intuition populaire : il lui manque « une vis » ou « une case »). Mais qu'il soit déficitaire ou hypertrophié, le fou fait peur. D'où les pratiques d'enfermement et de ségrégation.

J'aimerais m'interroger sur le destin de cette peur dans les équipes de psychiatrie communautaire, c'est-à-dire parmi ceux qui essayent de vivre leur rencontre avec le psychotique, sans le filet protecteur de la mise à l'écart que réalise toute institution, peu ou prou asilaire.

Nous sommes sortis de l'asile, nous travaillons autrement, parfois dans la griserie de la nouveauté, souvent déjà par habitude, parce que cela se fait, parce que c'est la mode ou parce qu'on redoute de paraître rétrograde. Du coup, nous oublions comment l'asile s'est constitué. Nous renions une histoire d'avec laquelle nous pensons avoir définitivement divorcé et nous attribuons l'oppression asilaire, que certains d'entre nous ont encore connue, que certains connaissent même encore, à l'obscurantisme ou à la méchanceté de nos aînés.

Par là, nous cherchons à nous rassurer. En effet, si l'oppression et la ségrégation sont liées à la seule méchanceté des autres, nous qui ne la pratiquons plus sommes forcément bons. Nos lumières ont eu raison de l'obscurité des âges précédents.

Hélas, ce raisonnement ne tient plus guère à l'heure du renouveau des études historiques en psychiatrie. On connaît mieux aujourd'hui le projet thérapeutique des fondateurs de l'asile et leurs tentatives, les premières du genre, pour aborder scientifiquement le fait mental. Gladys Swain a ainsi montré l'avancée représentée par la découverte, par Pinel, d'un « reste de raison » chez l'aliéné [1]. Aucun fou n'est entièrement fou et jusque dans sa folie le fou dit quelque chose de raisonnable. L'aliénation ne le réduit pas à l'animalité. Il y a un sujet de la folie. Le traitement moral, même s'il nous choque aujourd'hui par son côté rééducatif et comportementaliste, représente une application rationnelle de cette conception profondément humaniste. Si les asiles d'aliénés ont ensuite dégénéré au fil du XIXe siècle, c'est peut-être faute de moyens suffisants et parce qu'ils étaient surencombrés, c'est peut-être parce que nos devanciers étaient imprégnés de l'idéologie normalisée d'une bourgeoisie sûre d'elle, même lorsque, comme Buchez, Trélat ou Leuret, ils étaient d'extrême gauche et avaient failli payer de leur vie leur fidélité à leurs idées. Mais c'est surtout, à mon avis, parce qu'ils avaient peur. C'est la peur du fou, pas seulement dans la société globale mais plus encore dans ces lieux de concentration de la folie qu'étaient devenus les asiles d'aliénés, qui est pour une part à l'origine de ce qu'on a appelé l'ordre psychiatrique, tel qu'il s'est incarné dans la nosographie et dans les pratiques de l'internement.

Les rites asilaires sont, on le sait, inhérents à toute institution totalitaire. Le sociologue américain E. Goffman a retrouvé leur présence à l'armée, dans les couvents, dans les internats et aussi sur les bateaux à voile au temps de la marine au long cours.

---

1. G. Swain, *Le Sujet de la folie*, coll. Rhadamante, Privat, Toulouse, 1977. *Cf.* aussi : G. Swain et M. Gaucher, *La Pratique de l'esprit humain*, Gallimard, 1980.

Mais dans le cas qui nous intéresse, je crois que ces rites ont surtout eu pour mission de rassurer ceux qui devaient vivre vingt-quatre heures sur vingt-quatre avec les malades mentaux, en contribuant à localiser, comme dans un kyste, cette force terrorisante qui n'est pas la maladie mentale telle que nous l'avons digérée dans nos structures et notre classification, mais la folie. Aujourd'hui, nous avons crevé la paroi du kyste, les fous sont parmi nous. On doit alors se poser la question de savoir ce qu'est devenue la peur du fou. La réponse n'est pas aisée, et la suggérer, comme je vais le faire, c'est déjà se défendre. Chaque fois qu'on parle d'une peur, c'est qu'on cherche soi-même à l'exorciser.

Je vais d'abord essayer de décrire cliniquement la peur du fou. J'esquisserai ensuite une tentative étiologique. Puis je tenterai de repérer les modalités défensives que, dans nos institutions modernes, nous mettons en place, le plus communément, pour nous protéger contre cette peur. Je ne parle pas ici de la peur physique : tout le monde sait que la peur du fou du point de vue purement physique est largement surévaluée, et ce que l'étudiant en psychiatrie ou ce que l'élève infirmier ou le jeune psychologue apprennent le plus vite, c'est que, à quelques exceptions près, les malades mentaux ne sont pas très dangereux. Il y a sûrement infiniment plus de soignants, pour ne parler que d'eux, qui sont blessés ou tués dans des accidents d'automobile que dans des rixes avec des malades mentaux. Mais en localisant le danger que le fou représente sur sa seule musculature, ou sur l'usage qu'il peut faire d'une arme, on essaye de se protéger d'un autre danger qui est infiniment plus angoissant. C'est déjà une mesure défensive : des poings, un couteau ou un revolver, cela se voit, on sait comment s'en défendre, ne serait-ce qu'en s'enfuyant. La peur dont je parle est infiniment plus pernicieuse et beaucoup plus difficile à définir et à se représenter. Ce que j'ai à l'esprit en ce moment, c'est quelque chose de très vague, un sentiment de malaise dans le dialogue avec le psychotique, parfois une somnolence, un engourdissement qui a tous les caractères d'une fascination. Il arrive que surgisse le fantasme de devenir fou à son tour, de transgresser comme le malade les lois de la raison et du bon sens, d'employer comme lui des mots à tort et à travers. Quand on se sent ainsi tout près de se laisser aller à la contagion, on ne peut s'empêcher de frissonner, même si ce vertige a aussi quelque chose de délicieux. D'autres fois, l'image du patient, même lorsqu'il n'est pas là, surtout lorsqu'il n'est pas là, colle à la pensée et paralyse. On en rêve la nuit, ce qui ne serait rien, mais il arrive aussi qu'on hallucine sa présence, qu'on entende avec horreur sa voix dans la salle d'attente alors qu'il est absent. On le croyait parti, il est donc revenu.

Ces phénomènes hallucinatoires, quand ils se répètent dans une équipe soignante, sont souvent un signal d'alarme, la preuve que l'équipe est en difficulté et que les processus psychiques de ses membres sont embrouillés comme un écheveau où aurait passé une main malfaisante. Il s'y associe souvent une sensation de tête vide, une incapacité à imaginer. Tout semble, dans le travail, inadapté, stupide, et le patient renvoie à ceux qui s'occupent de lui un sentiment d'inanité, d'insignifiance. P.-C. Racamier a beaucoup insisté sur ces éléments contre-transférentiels auxquels il accorde une place centrale dans le traitement des schizophrènes. Lorsque les soignants sont ainsi parasités, ils se prennent à douter de leur valeur intellectuelle et, par réaction, s'abandonnent à une haine frénétique contre le malade qui occasionne ce doute. L'accuser alors de dangerosité, imaginer qu'il pourrait tout casser, qu'il faut le maîtriser n'est alors qu'un renversement et qu'une projection de la violence que les soignants sentent monter en eux. Quand on redoute d'un malade qu'il ne devienne dangereux, c'est peut-être en partie parce qu'on redoute soi-même de devenir dangereux pour lui, c'est-à-dire de ne plus pouvoir contenir sa haine et sa violence. La persécution est toujours bilatérale.

Après cette première approche phénoménologique qui visait à établir un terrain de rencontre entre mon lecteur et moi – pour peu qu'il ait eu l'occasion de se trouver en face d'un fou – une étude plus analytique devient possible. Je propose de décrire et d'illustrer trois émotions fondamentales – qu'on a pu déjà deviner et qui sont à la racine de la peur du fou : le sentiment de vidange, le sentiment d'invasion, le sentiment de réduction à l'absurde.

Suzanne, lors d'une crise aiguë où nous avions essayé de

l'accompagner sans l'hospitaliser, était dans l'incapacité de conserver un peu de monnaie sur elle, sans aussitôt la dépenser. Elle avait l'habitude de mendier continuellement auprès des différents membres de l'équipe quelques pièces, sous des tas de prétextes, pour aller donner un coup de téléphone à quelqu'un de sa famille, ou pour aller à la boutique du coin s'acheter un paquet de cigarettes ou un gâteau. J'ai déjà raconté comment, après avoir répondu plusieurs fois à sa demande, je lui avais, un jour, refusé une pièce de cinq francs. L'excuse rationnelle que je lui avais donnée (et m'étais donnée) était que je voulais limiter les dettes qu'elle faisait à son mari, seul en état, économiquement, de rembourser et qui commençait à trouver excessives les dépenses de son épouse. Suzanne, incapable de supporter une frustration, avait réagi violemment puis était allée tenter ailleurs sa chance. Nous découvrîmes entre nous, un peu plus tard, qu'elle s'était heurtée, sous différents prétextes, à une série inhabituelle de refus. Les uns lui avaient fait un cours de déontologie : les soignants n'étaient pas là pour prêter de l'argent aux malades mais pour les aider d'une autre manière. D'autres, plus simplement, avaient argué de leur manque de monnaie. Lorsque nous en reparlâmes, ce fut pour reconnaître, en chacun de nous, épuisés par les exigences continuelles de Suzanne et par l'épreuve à laquelle elle nous soumettait en nous faisant partager son malaise, une pensée commune : celle d'être complètement ruinés, mis sur la paille. Les petits ruisseaux, dit le proverbe, font les grandes rivières. Pour nous, dans notre fantaisie collective, largement induite par la patiente, la pièce de cinq francs s'était multipliée au point de devenir, en toute invraisemblance, une immense fortune. Bien souvent, comme dans ce petit exemple, nous opposons un refus à la demande d'un psychotique, non pas pour des raisons logiques – qu'elles soient techniques, matérielles ou physiques – mais pour des raisons imaginaires, parce que nous avons, en imagination, élevé la dépense à je ne sais quelle puissance, que nous lui avons prêté je ne sais quelle progression géométrique et que nous redoutons de ne plus pouvoir y faire face, d'être complètement dévorés jusqu'au plus profond de nos entrailles, jusqu'au plus profond de notre intimité physique et psychique, comme le pélican de la fable.

J'ai aussi déjà parlé de L. et de son usage immodéré du téléphone. Il avait pris l'habitude d'utiliser un bureau vacant pour appeler la SNCF, afin de demander des horaires de train qu'il ne prenait jamais, pour interroger telle administration sur tel point de règlement apparemment sans intérêt immédiat pour lui, ou pour s'informer, dans un grand magasin, sur le prix d'un article qu'il n'avait ni l'intention ni les moyens d'acheter. Quand on lui demandait pourquoi il s'enquérait de la sorte, il répondait que c'était pour se renseigner. Nous avions cru comprendre son besoin de s'identifier à nous en s'appropriant le téléphone, symbole de notre puissance, et de partager avec nous la propriété du dispensaire où nous le recevions. Il nous avait dit d'ailleurs, en bon paranoïaque, un jour où nous marquions quelques réticences : « Vous êtes ici dans un lieu public qui appartient à tous les contribuables, or je suis un contribuable, donc ce lieu m'appartient autant qu'à vous. » Nous nous étions inclinés devant ce syllogisme imparable et, bon gré mal gré, tolérions avec un certain amusement l'usage peu orthodoxe qu'il faisait de nos locaux. Puis la mauvaise humeur se mit à monter dans l'équipe qui avait alors à faire face à d'autres patients particulièrement difficiles. Un fantasme commença à circuler : nous allions être envahis, dépossédés de ce lieu que nous reconnaissions comme nôtre, où nous avions pris l'habitude de nous sentir chez nous, que nous avions orné de nos objets personnels. Contre toute réalité, et alors que les coups de téléphone de L. ne dépassaient pas un quart d'heure, deux ou trois fois par semaine, nous nous mîmes à nous dire : « Il n'est plus possible de téléphoner, ni de recevoir des coups de fil, la ligne est bloquée en permanence. L. occupe tous les bureaux, il n'est plus possible de recevoir un autre patient. » À écouter ce discours, auquel je participais autant que les autres, on eût pu croire qu'une cinquantaine de patients occupaient tous les bureaux à quatre ou cinq et bloquaient tous les téléphones. C'est ce sentiment que ce patient s'était multiplié en je ne sais combien d'exemplaires, qu'il était partout et tout le temps présent qui nous amena à réfléchir sur la peur d'être envahi. Elle revient chaque fois qu'apparaît dans le discours d'une équipe psychiatrique le souci de « limiter » le patient. Quelquefois certains patients ont effectivement besoin qu'on les aide à trouver des limites ; mais il faut se demander si derrière cette préoccupation légitime ne se dissimule pas le fantasme d'être envahi par des patients qui se divisent en une multitude de morceaux, pour mieux pénétrer tous les recoins du lieu thérapeutique et l'intimité même des soignants, chacun de ces morceaux se mettant à grandir, à gonfler aux dimensions d'un nouvel exemplaire du patient, à nouveau susceptible de se fragmenter et de se reproduire. Certains contes fantastiques ou de science-fiction racontent des histoires de ce genre. Ils utilisent un fantasme probablement très fréquent mais qui est réactivé par les psychotiques dans le préconscient de chacun de ses interlocuteurs.

C'est à travers les contes fantastiques – et en particulier dans les histoires de H.P. Lovecraft – que l'on peut également appréhender la troisième émotion fondamentale, à la racine de la peur du fou : l'angoisse devant l'absurdité et la réduction au non-sens. L'« abomination innommable » qui rôde autour des personnages de l'auteur américain et les étreint a pour caractéristique d'être insensée et non figurable, on comprend donc que je n'ai pas ici à ma disposition de vignette clinique pour la mettre en image. Ce sont peut-être les enfants autistes qui nous la font le mieux percevoir en induisant en nous un état de torpeur, de déliquescence de la pensée, dont j'ai essayé de donner, plus haut, un aperçu. À la place d'un cas de ma pratique, écoutons donc plutôt une histoire de Lovecraft. Près du village d'Arkham, une météorite est tombée dans un puits dont il sort à présent une couleur qu'on n'a jamais vue ! : « La couleur tombée du ciel. » Une couleur qui ne figure pas dans le spectre solaire, qui n'est ni du violet, ni de l'indigo, ni du bleu, ni du vert, ni du jaune, ni de l'orange, ni du rouge, ni aucun mélange entre eux, c'est déjà, en soi, une source d'angoisse, l'abolition de nos repères, la bascule de notre univers. Mais les choses ne s'arrêtent pas là. Par petites touches, autour du lieu de la chute, tout commence à changer. Deux voisins tuent une marmotte, mais c'est une marmotte qui n'est pas tout à fait comme les autres marmottes. D'autres ramassent des choux dont l'odeur, indéfinissable, et dont la forme se distinguent d'une manière imperceptible et en même temps essentielle, de celles des choux ordinaires, etc. Le monde familier s'imprègne d'une inquiétante étrangeté et finit par sombrer dans l'horreur et dans la destruction. On sait que Freud a montré la proximité sémantique, en allemand, des mots *heimlich* et *unheimlich* : l'étrange, c'est le familier plus quelque chose qui le rend absolument autre. Or c'est ce quelque chose d'indicible que le psychotique nous fait parfois éprouver avec le sentiment que les mots qu'il utilise, les gestes qu'il fait sont ceux de tout le monde et en même temps, sournoisement et de manière inquiétante, un peu à côté, ce qui suffit pour les rendre radicalement différents. Les anciens psychiatres allemands utilisaient ainsi le terme de « *praecox gefühl* », le sentiment précoce, pour désigner ce qu'ils éprouvaient devant leurs patients schizophrènes (alors appelés dans la terminologie de Kraepelin « déments précoces »). Ils en faisaient un signe diagnostique et sans doute, par là, comme chacun de nous, se protégeaient contre la peur qu'ils éprouvaient.

La découverte par les psychanalystes, en particulier de l'école kleinienne, des mécanismes de défense utilisés par les patients psychotiques et des fantasmes archaïques qui les travaillent, permet de mieux comprendre ce que ces patients nous font subir et la peur qu'ils entretiennent chez nous. D'abord le psychotique est avide. Il lui faut sans cesse se remplir, et ce véritable ogre n'aime rien tant que notre présence, notre temps et notre intérêt. On peut s'étonner de ce que je dis là parce que nous connaissons tous des psychotiques qui refusent les bonnes choses que nous pensions leur offrir, et qui n'ont, semble-t-il, rien à faire de notre présence et rien à faire de notre intérêt. Mais c'est que l'avidité du psychotique a quelque chose de très particulier : les psychotiques, ou certains psychotiques du moins, ne s'intéressent pas tant à ce que nous leur donnons qu'à ce qu'ils nous prennent. Je dirai même que ce que nous leur donnons, ils n'en veulent pas. Ils le considèrent, pour parler simplement, comme quelque chose dont nous nous débarrassons parce que nous n'en avons plus envie. En revanche, ce que nous gardons pour nous leur paraît beaucoup plus précieux, beaucoup plus désirable, et c'est de cela qu'ils sont avides et dont ils cherchent à s'emparer. Il en est ainsi de notre temps. Nombre de psychotiques ne viennent jamais aux rendez-vous que nous leur proposons, mais toujours à un autre moment qui est juste le moment où nous n'avons pas le temps de les recevoir, c'est-à-dire où ils ont l'impression de nous voler quelque chose de beaucoup plus intéressant que ce que nous étions prêts à leur donner. C'est cette avidité qui explique peut-être ce sentiment que nous ressentons d'être complètement vidés nous-mêmes.

Le deuxième mécanisme important, c'est la haine, ou l'envie haineuse. Les auteurs kleiniens ont beaucoup insisté sur ce point. Ils ont montré que le psychotique, ou la partie folle du psychotique, haïssait férocement la santé mentale et tout ce qui en nous (comme en lui) est harmonie, équilibre. Le « bon » fonctionnement est une cible favorite du psychotique, et un de ses buts essentiels est de contrôler ou de détruire notre santé mentale (et la sienne). Dans cet « effort pour rendre l'autre fou », pour reprendre l'expression du psychanalyste américain Harold Searles, le psychotique, comme dit aussi W. Bion, « attaque les liens », ceux qui lient en lui ses pensées, ceux qui nous lient à lui mais, d'une manière plus toxique encore, ceux qui donnent sa solidité à notre propre appareil mental. En nous imposant des paradoxes inextricables, en nous disant en même temps une chose et son contraire, comme si de rien n'était, le psychotique met le désordre dans nos pensées. Parallèlement, il faut en convenir, il aime bien aussi nous réparer. Un patient m'a fait beaucoup réfléchir là-dessus. Il avait pratiquement réussi à me rendre complètement fou, et j'avais été pris chez lui d'une colère qui dépassait sûrement ce qui est convenable dans une relation entre un patient et son médecin. Après être parvenu à me désorganiser, il m'avait brusquement regardé avec beaucoup d'intérêt et m'avait dit : « Vous savez, je crois que vous n'allez pas tenir très longtemps le coup avec moi, vous devriez vous faire aider par une infirmière. » Si la haine, la volonté de détruire expriment la partie folle du moi en action, il faut toujours entendre aussi chez le psychotique la terreur de la partie saine qui est de parvenir à ses fins et de voir l'interlocuteur succomber.

J'ai déjà longuement parlé, dans un chapitre précédent, du troisième mécanisme : l'identification projective. Elle est au service des deux autres. Je rappellerai très brièvement qu'elle consiste à transformer les émotions, les représentations mentales,

les pensées, en autant de petits objets matériels séparés les uns des autres comme autant de petits fragments durs et agressifs, et à lancer ces fragments à l'intérieur de l'interlocuteur pour essayer de le contrôler. Il ne s'agit évidemment que d'un fantasme. On n'a jamais vu les pensées et les mots devenir des choses qui s'enfoncent dans la chair d'autrui et le possèdent littéralement, sinon, encore une fois, dans les contes de fées. On se souvient de celui de Perrault où une belle et douce jeune fille, pour avoir aidé une fée à boire de l'eau à la margelle d'un puits, se trouve récompensée par le don de laisser sortir de ses lèvres des bijoux et des pierres précieuses. Sa méchante sœur se rend au puits pour obtenir la même chose, mais elle y repousse la fée qu'elle ne reconnaît pas. Elle est punie par un don inverse. Chaque fois qu'elle ouvre la bouche, elle est condamnée à cracher des serpents et des crapauds. Il en est ainsi malheureusement du psychotique dont le venin, malgré lui, nous contamine, surtout si nous nous trouvons sans armure, dans une situation peu structurée où ses fantasmes deviennent très vite des réalités. Nous sommes en effet placés continuellement en face de gens qui ont, pour objectif, de nous rendre fous et qui quelquefois y arrivent, au moins passagèrement, en attaquant très directement nos processus mentaux et ce qui, dans ces processus, permet des liaisons, la mise en sens, l'organisation de l'expérience. Le psychotique, c'est quelqu'un qui, à l'aide de ses pensées ou de ses paroles transformées en projectiles, essaye de démolir notre propre faculté de penser. Ce fantasme, encore une fois qui n'est qu'un fantasme mais un fantasme actif et contagieux, est d'autant plus dangereux qu'il réveille, en chacun de nous, une partie folle. Il fait qu'à certains moments nous nous mettons à fonctionner, à notre tour, de la même manière. Il arrive aussi aux soignants de se trouver pris dans des relations tellement mêlées qu'on ne sait plus du tout qui est qui, ni qui est fou ou sain. Cela m'évoque encore un conte qui est, cette fois, un conte de Grimm bien connu, où des musiciens ambulants s'endorment au pied d'un arbre parce qu'ils n'ont pas trouvé d'auberge. En dormant, ils bougent leurs jambes les uns et les autres, et le matin, toutes leurs jambes sont mélangées. L'un dit alors à l'autre : « Ça c'est ma jambe », « Non, c'est la mienne », répond le voisin. Le troisième intervient : « Je te dis que c'est la mienne », et ils commencent tous à se disputer. Passe alors un voyageur qui s'enquiert de l'objet du débat. Mis au courant, il propose une solution : il se saisit d'un bâton, et tape dans le tas, ce qui permet évidemment à chacun de retrouver ses jambes. Quelquefois, dans les situations dont je parle, nous avons besoin des coups de bâton de la réalité pour arriver à départager ce qui est complètement mélangé.

Ce mélange auquel les psychotiques nous conduisent de manière privilégiée (l'américain courant emploie, le terme de *mixed up*) donne à réfléchir. Il nous conduit aux confins du domaine psychique, sur cette *terra incognita* qu'on appelle, depuis Freud, l'« originaire ». Selon le point de vue phylogénétique, développé en particulier dans *Totem et Tabou* à la suite d'une idée de Darwin, l'être humain viendrait au monde avec un capital fantasmatique hérité de l'histoire de l'espèce. Au début, les hommes vivaient en horde soumis à un père sanguinaire qui se réservait les femmes et tuait ou émasculait ses fils rivaux. Certains s'échappèrent, s'allièrent entre eux (avec le soutien d'une mère qui voulait les préserver), mirent le père à mort et le dévorèrent pour s'assimiler sa puissance. C'est de ce pacte initial que naquit la civilisation. Depuis, le père mort hante l'humanité comme une figure totémique à la fois crainte et révérée. Ce scénario originaire – qu'il soit comme l'ont dit ses premiers critiques : « juste une histoire », ou qu'il soit réellement advenu comme Freud tend à le croire – se décompose en trois fantasmes de base qui sont en fait la réponse à trois questions que se pose l'enfant. À la question première : « D'où est-ce que je viens ? », l'enfant répond en élaborant le fantasme de scène primitive, c'est-à-dire la représentation de rapports sexuels violents entre ses parents dont on ne saura jamais, en dépit de toutes les enquêtes auxquelles Freud se livrait auprès de ses patients, s'il les observa réellement. À la question « Que désire-t-on de moi ? », l'enfant répond par le fantasme de sa séduction par un adulte, laissant là encore son futur analyste dans l'incertitude quant à la réalité ou au caractère imaginaire de cette séduction dont on peut imaginer qu'elle a été, au moins en partie induite par les soins maternels. À la question « Que puis-je faire ? », il répond par le fantasme de castration auquel le décalage entre la maturation de ses désirs sexuels et son impuissance à les satisfaire, ainsi que les menaces qui ont pu lui être adressées donnent peut-être une base réelle, mais dont on admettra que l'angoisse qui l'accompagne est sans commune mesure avec les éléments de réalité qui l'ont peut-être influencé.

Quels que soient donc les éléments de réalité, ceux-ci sont contigents. Le fantasme est une création active même s'il met continuellement l'enfant dans la situation passive d'un observateur médusé et d'une victime séduite ou menacée de castration. Il a pour fonction d'ordonner un chaos primordial, un non-sens premier dans lequel il introduit précocement une organisation sensée. La Genèse en donne une superbe illustration. Au commencement, Dieu sépare le ciel et la terre et institue la différence. C'est seulement au prix de cette dualité première qui implique que le ciel renonce à être la terre et la terre à être le ciel qu'une création est possible. Alors la lumière surgit des ténèbres, l'eau se sépare de la terre ferme, et une série de différenciations vont se succéder pour permettre la naissance des plantes, des animaux, de l'homme enfin, dont la femme se sépare. Chaque différenciation nouvelle est une espèce de répétition analogique de la différenciation première entre le ciel et la terre, dans laquelle on peut voir une figuration de la scène primitive. Il suffit de se rappeler qu'Ouranos, le ciel, féconde Gaia, la terre, dans une autre mythologie il est vrai. La femme sera séduite par le serpent et l'homme et la femme renvoyés du jardin d'Éden devront assumer leur incomplétude et leur castration, la femme en enfantant dans la douleur et l'homme en travaillant et en gagnant son pain à la sueur de son front. Mais qu'y avait-il avant, avant que le temps ne commence avec le déploiement des scénarios fantasmatiques originaires, avant le commencement ? La Genèse nous le dit : « La terre était informe et vide. Il y avait des ténèbres à la surface de l'abîme et l'esprit de Dieu se mouvait au-dessus des eaux. » Avant, il y avait donc le chaos et l'informe, une masse noire, horrible et gélatineuse, même si elle était habitée par l'esprit divin. C'est ce mélange indicible et indécis, cette image brute indifférenciée, cet effacement des contraires et des limites, cette nébuleuse indomptable, cet amas en mouvement qu'un auteur comme Wilfred Bion, jouant sur les mots, appelle *no-thing*, rien : la non-chose. Cette « hallucination négative », pour emprunter un terme à André Green, surgit au lieu d'un manque, là où l'enfant, émergeant de la matrice avec ses attentes préformées, ne trouve rien quand il cherchait quelque chose. À cet antérieur à toute organisation fantasmatique, à ce néant primordial, l'enfant va imprimer son organisation fantasmatique – probablement native. Il va faire des rapports indistincts de l'esprit de Dieu, en mouvement sur les eaux, dans un vide informe, le corps de son père recouvrant le corps de sa mère sous le ciel de lit. De l'attraction vertigineuse par le chaos, il fera le fantasme de séduction, et de son abandon dans les ténèbres du désespoir, un fantasme d'une castration annoncée par la mère, réalisée par le père. Mais quand il n'y parvient pas – et y parvient-il jamais complètement ? –, le chaos originaire surgit à nouveau, et des angoisses paranoïdes l'étreignent, dont il cherche à se débarrasser en tentant de les repasser à autrui, en tentant d'homogénéiser le monde sous le signe de la terreur, ou encore en essayant de le découper en menus morceaux, en le faisant éclater comme lui-même se sent éclaté dans une myriade de particules en fusion.

On comprend que cette guerre qu'il nous mène fasse peur et qu'on essaie de la réduire. Contre la peur du fou, il est en effet naturel que le soignant cherche à se protéger. Je n'insisterai pas sur les protections asilaires, elles sont surtout de type obsessionnel et phobique. Elles consistent à localiser le danger originaire dans le malade et ensuite à l'immobiliser, derrière des murs et, à l'intérieur de ces murs, en classes soigneusement différenciées et isolées les unes des autres. Je vais plutôt essayer d'éclairer certains aspects du fonctionnement de ceux qui travaillent hors les murs et qui ont renoncé à la réaction primitive qui consiste à enfermer la folie pour mieux la domestiquer.

La question qui se pose alors est la suivante : maintenant que nous n'avons plus de murs de béton ou de pierre pour nous protéger, par quoi les remplaçons-nous ? Ne serait-ce pas en emmurant à nouveau la folie, mais, cette fois, à l'intérieur même du patient ? Le concept de « partie folle du moi », concept par ailleurs extrêmement productif, peut se retourner et devenir un concept dangereux, si l'on veut signifier par là que la folie est enfermée quelque part dans le fou, derrière des grillages. Le psychotique serait alors transformé en quelqu'un qui se tient lui-même à distance, un gentil handicapé qui fonctionne bien, qui se laisse socialiser sans trop de heurts, qui se retient poliment de délirer, qui se laisse réadapter ou, comme on dit aujourd'hui, réhabiliter.

N'est-ce pas cette image de marque que nous essayons de vendre aux différentes institutions de la société quand nous aidons un patient à trouver un emploi ou un logement ? Nous faisons alors un véritable marketing auprès de nos différents partenaires sociaux (écoles, usines, régies immobilières), en essayant de les séduire pour qu'ils acceptent notre malade « qui n'est pas si malade que cela, qui n'est même pas malade du tout ». Le procédé défensif le plus fréquent devant la peur du fou consiste à nier la folie et sa dangerosité. Certains vont même jusqu'à affirmer que ce sont les psychiatres qui ont inventé la folie pour faire de l'argent. Au besoin, ils veulent bien reconnaître que certaines personnes sont en difficulté, mais ils pensent que c'est faute d'avoir été secourues, comprises ou aidées. Une variante de cette attitude qui a eu, à une époque, beaucoup de succès consiste à traiter le problème de manière purement politique. Je ne veux pas dire que la folie ne pose pas de problèmes politiques. La question psychiatrique peut même être un des révélateurs de ces problèmes. Cependant, il y a une façon de nier la folie en attribuant, par exemple, son origine à la société capitaliste ou à la famille patriarcale. Un pas est franchi lorsqu'on accuse le langage et la logique : la folie, prétendent certains, ne serait qu'une réaction naturelle à cette structure oppressive qu'est le langage. On sait que les nourrissons ont un babil d'une richesse phonématique infiniment plus grande que celle de toute langue connue. D'où l'idée que le langage constituerait une espèce de répression et que le meilleur moyen de soigner les enfants autistiques, ceux qui ne parlent pas, serait de ne jamais leur adresser la parole, par crainte de leur imposer cette répression. En France, il s'est développé une conception que, personnellement, j'appelle la « psychiatrie écologique ». Dans certaines régions déshéritées du pays où l'agriculture était en déclin, une nouvelle spécialité est apparue : l'élevage commun des psychotiques et des chèvres. Je me rappelle qu'à Lyon, où il était venu nous voir, Bruno Bettelheim avait employé cette phrase très jolie à propos d'une expérience de ce type : « On a beaucoup surévalué la valeur thérapeutique des chèvres et des cochons. » En effet, on voit se répandre aujourd'hui en psychiatrie une croyance naïve dans les vertus curatives du retour à la vie simple, à l'état de nature, auprès des chèvres, des poules et des cochons. Souvent ces entreprises, par ailleurs généreuses, s'effondrent au premier hiver un peu rigoureux. Quelquefois, elles aboutissent à la reconstruction de néo-asiles qui ont l'inconvénient, par rapport aux anciens, d'être beaucoup moins confortables et d'avoir beaucoup moins de gens pour s'occuper des malades [2].

Il existe une autre protection possible de la part du soignant face à la peur de la folie, qui est plus pernicieuse, et à laquelle, à mon avis, aucune institution psychiatrique n'échappe : c'est l'activisme. Il me semble que nous avons tous un jour donné un exemple de cette situation où, à la passivité des soignés, nous avons répondu par un surcroît d'activité. La passivité des soignés est le meilleur excitant de l'activité des soignants. Faute d'accepter une passivité et une chronicité également déprimantes, l'équipe devient alors euphorique, fait énormément de choses, entreprend sans cesse. Cependant, les patients s'écroulent de plus en plus sous le poids de cette activité, et ils deviennent de plus en plus déprimés, et de plus en plus coupables de ne pas réussir à satisfaire une équipe qui s'agite autant. Cette ronde infernale, où la passivité des uns accroît l'activité des autres, laquelle augmente à son tour la passivité des premiers, peut se comprendre en rappelant ce que j'ai dit précédemment. Quand un malade nous a mis à bout, nous a attaqués, nous a envahis, il devient extrêmement important de lui montrer à lui, mais aussi à nous-mêmes, que nous n'avons pas été complètement démolis et qu'il reste encore quelque chose de bon en nous. Malheureusement, cet activisme qui peut, par ail-

2. Cette remarque est datée, et la « psychiatrie écologique » a fait long feu, du moins dans ses illusions rousseauistes de départ (1994).

leurs, avoir des dimensions intéressantes traduit fondamentalement la faillite d'une fonction essentielle dans les soins psychiatriques, la fonction de contenance, qui est notre capacité à contenir les émotions que les patients suscitent en nous. L'activisme montre, en somme, que nous avons perdu contenance et que, quand nous prétendons rassurer les patients, c'est notre propre sécurité qui est en cause. Il faudrait plaider, dans la psychiatrie moderne, pour un droit des patients à l'insatisfaction et l'inscrire quelque part, en lettres d'or, dans les institutions psychiatriques. Quand nous voulons absolument satisfaire les malades par notre activisme, je ne puis m'empêcher de penser à ces mères intrusives qui mettent sans cesse des bonbons dans la bouche de leurs enfants dès qu'ils s'apprêtent à crier, de manière à ne plus les entendre. Plus profondément, c'est probablement – en écho à l'angoisse de nos patients – contre l'originaire que nous nous défendons, contre les terreurs associées à une frustration qui, ici, signifie le retour à la non-chose. D'autre part, cet activisme est souvent stimulé par notre intolérance envers un phénomène aussi fondamental qu'angoissant : l'autoérotisme. Nous avons beau savoir que la masturbation n'est pas grave, et penser, intellectuellement, être au-dessus des vieux tabous, il ne nous est tout de même pas facile d'admettre que l'on puisse prendre ainsi plaisir avec soi-même. Cela reste encore quelque chose qui, en nous, est entaché de culpabilité. L'activisme contre la passivité des malades est aussi une façon de lutter contre tout ce qu'il y a en eux d'auto-érotique, contre le plaisir qu'ils prennent avec eux-mêmes. Si l'on interroge les gens qui s'occupent de malades mentaux ou déficients intellectuels sur la sexualité de leurs patients et sur leur réaction face à la masturbation, la réponse est souvent : « Si ça ne se voit pas trop, s'ils font ça tranquillement dans un coin, on peut le supporter. » Je crois que tout le problème est là : effectivement on ne veut pas que cela se voie. L'autoérotisme (qui n'est pas seulement la masturbation au sens le plus courant du terme) doit rester secret, être caché. L'activisme devient une façon de lutter contre toutes les angoisses que l'autoérotisme des patients déclenche en nous, car il fait référence à nos propres besoins autoérotiques.

L'activisme peut revêtir une multitude de formes. Il peut être philanthropique, comme celui de la maman dont j'ai déjà parlé, qui met sans arrêt des bonbons dans la bouche de son nourrisson. Dans ce cas, l'équipe est alors toujours prête à donner aux malades, à se dévouer. L'activisme peut aussi être social, par exemple quand on impose aux patients de travailler, de se réintégrer dans la société, de trouver un logement. Je ne veux pas, ici, décourager les bonnes volontés. Tout ce que je veux souligner c'est que, s'il est important de faire quelque chose pour les malades, il est parfois encore plus important de réfléchir et de se demander pourquoi on fait quelque chose et, surtout, pour qui on le fait. Il n'est pas interdit, non plus, de faire des choses pour nous. Nous avons bien le droit, nous aussi, de trouver un certain plaisir à notre travail, mais il vaut mieux le savoir et se l'affirmer à soi-même plutôt que d'imposer au malade d'avoir à accepter nos soins, en faisant semblant de croire que c'est pour lui que nous agissons alors que, en réalité, nous le faisons pour nous. L'activisme peut prendre aussi un aspect psychanalytique. J'ai connu des institutions où le patient ne pouvait pas ouvrir la bouche ni faire quoi que ce soit sans être l'objet d'une interprétation. Je n'entends pas critiquer, ici, la pertinence d'une interprétation faite au bon moment. Je crois qu'il est important d'intégrer l'approche psychanalytique aux soins psychiatriques et d'utiliser non seulement ce qui est dit, comme dans une cure psychanalytique typique, mais aussi ce qui est fait, c'est-à-dire les échanges matériels, dont on essaie de faire apparaître la valeur symbolique. L'interprétation, autrement dit la mise en sens, est parfois communiquée au malade. Le plus souvent, elle reste l'affaire des soignants, ce qui les aide à supporter les projections. Il faudrait savoir quelquefois retenir nos interprétations. L'activisme peut également être médicamenteux, et c'est sans doute le plus commun. Il aboutit à un nouvel emmurement de la folie, transformant d'abord le fou en un malade mental qui prend des médicaments, ensuite en un handicapé qui reçoit une aide sociale. Pour illustrer ce que j'entends par emmurement intérieur, je vais me servir d'un livre écrit il y a soixante ans par un écrivain autrichien, Gustav Meyrink, et intitulé *Le Golem*.

Ce livre s'inspire de la légende du golem de Prague. C'est

l'histoire d'un rabbin du XVIIe siècle qui a construit une statue de glaise. Celle-ci s'anime lorsqu'il lui met sous la langue un morceau de parchemin sur lequel est inscrite une formule magique : les lettres sacrées qui composent le nom de Dieu. Lorsque le golem a le tétragramme sous la langue, il obéit aux ordres du rabbin et fait tout ce qu'il lui demande. Lorsque le rabbin lui enlève le tétragramme, le golem redevient une statue de glaise qui peut être rangée dans un coin. Un jour, le rabbin oublie d'ôter le texte magique au golem et celui-ci s'enfuit dans les rues de Prague, semant la terreur et brisant tout sur son passage. Le roman de Meyrink ne traite de cette histoire que d'une manière allusive et onirique. Du golem, il n'est question que comme de quelque chose qui est enfermé dans une pièce grillagée et sans issue, située on ne sait trop où sous les combles de la vieille synagogue. Il en sort tous les trente-trois ans, et il se produit à ce moment des catastrophes. C'est alors qu'il possède quelqu'un, qui devient lui, et qui se reconnaît en lui. Je voudrais surtout retenir un passage du roman qui concerne un personnage qui a la particularité de ne se rappeler absolument rien de son passé. Il ne sait ni qui il est ni d'où il vient. Il a seulement de vagues rêves, de temps en temps, qui lui laissent entrevoir une réalité perdue qu'il essaye de retrouver, sans jamais y parvenir. Un jour, étant à moitié endormi, il entend dire par ses voisins qu'il a été fou et soigné dans un hôpital psychiatrique. Il apprend que le médecin qui l'a soigné l'a confié à des amis, des habitants d'une petite rue du ghetto de Prague, en leur demandant de veiller sur lui. Voici les paroles du médecin : « Vous comprenez, nous avons une méthode : nous avons pour ainsi dire emmuré la maladie, avec beaucoup de peine d'ailleurs, comme on isole le lieu d'une catastrophe parce qu'il rappelle trop de tristes souvenirs. » Lorsque le patient entend raconter cette histoire, il se prend à penser : « Depuis longtemps, une angoisse sourde me rongeait, le soupçon qu'on m'avait pris quelque chose et que j'avais parcouru une longue étape de ma vie au bord d'un précipice, comme un somnambule. » Il parle alors d'un rêve étrange, sans cesse répété, où il se voit enfermé dans une maison contenant une suite d'appartements inaccessibles, et de l'angoissante défaillance de sa pensée sur tout ce qui touche sa jeunesse : « J'avais été fou et l'on m'avait soumis à l'hypnose ; on avait verrouillé la chambre qui, dans mon cerveau, assurait la liaison avec ces appartements, faisant ainsi de moi un vagabond sans patrie au milieu de la vie qui m'entourait et aucune perspective de jamais retrouver les souvenirs perdus. Les ressorts de ma pensée et de mes actes se trouvaient dissimulés dans une autre personnalité oubliée depuis longtemps et que je ne pourrais jamais reconnaître. Je suis une plante déracinée, un rejeton poussé sur une souche étrangère. Si j'arrivais un jour à forcer l'entrée de cette chambre, ne tomberais-je pas aux mains des fantômes qui en étaient bannis ? Je sentais qu'il y avait là, insaisissables, soudées les unes aux autres, des choses qui se ruaient comme des chevaux aveugles lancés sur un chemin dont je ne connaissais pas le but. »

Ce témoignage évoque quelque chose que nous connaissons bien en clinique, c'est-à-dire ces états psychotiques aigus où la folie a été en quelque sorte emmurée par notre activisme médicamenteux, psychothérapique, social, et où le sujet, se sentant volé d'une partie de lui-même, ne peut « guérir » qu'en emmurant un morceau de lui dans un lieu qui lui reste inaccessible. Cette guérison n'en est du reste pas une : parfois, le golem se réveille et court follement dans la cité ; mais ce réveil, si impressionnant soit-il, peut aussi être le moment où la vie se remet à circuler entre les « appartements » du sujet et où le clivage peut être résolu, la folie réintégrée, métabolisée, et non plus incluse comme un corps étranger. C'est ce qui se passe dans certaines crises, comme celles de Jeanne ou de Suzanne racontées plus haut. Elles peuvent être un gage de progrès si nous savons les accompagner sans les réprimer.

D'autres modalités défensives pourraient encore être mentionnées ici, telle la tentation bureaucratique. Dans ce procédé, le malade n'existe plus comme tel mais en tant que fiche dans une file active, point sur une courbe statistique. La psychiatrie se transforme alors en une pure gestion de la folie. Au nombre des défenses contre la peur du fou, il faudrait aussi mentionner cette idéalisation de la technique et de la théorie psychanalytique, qui fait que nous avons tout d'un coup l'illusion de tout comprendre, de tout expliquer, et où le psychiatre devient « monsieurréponse-à-tout ». On peut ajouter également certaines perversions théoriques qui visent à expulser le sujet de la folie, à voir dans le malade le simple effet d'un discours extérieur à lui, à nier la puissance créative du fou au service de sa propre folie. Ou encore, que dire de la parodie de psychanalyse qu'est le respect dévot de la « demande », le refus d'intervenir, abstention fautive qui n'est que formation réactionnelle contre l'activisme.

Tout cela gagnerait à être mieux étudié et développé. Je n'ai fait que suggérer des voies de recherche et j'espère ne pas avoir trop noirci le tableau. Après tout, il n'y a pas si longtemps que nous sommes sortis de la matrice institutionnelle. De gardiens, nous nous sommes mués en thérapeutes et nous sommes encore bien près de notre originaire collectif, l'asile dont nous nous sommes échappés.

Chapitre 7

L'institution mentale

Il est rare que l'argent rencontre la morale. C'est pourtant ce qui s'est passé lorsqu'un peu partout, dans le monde occidental, un mouvement philanthropique et politique contre la ségrégation asilaire et pour la défense des droits de l'homme a correspondu aux préoccupations d'ordre strictement économique des administrateurs de la santé, soucieux de réduire les coûts médicaux et sociaux occasionnés par la maladie mentale. La désinstitutionnalisation qui sous des dénominations différentes a marqué les années soixante-dix et quatre-vingt, en Amérique du Nord comme en France, en Grande-Bretagne ou en Italie, recouvre donc un ensemble de pratiques hétéroclites, aux motivations ambiguës et où le meilleur peut côtoyer le pire. On sait qu'à la suite de travaux critiques comme ceux d'Erwing Goffman ou de Thomas Szasz, puis à la lumière des expériences antipsychiatriques de Laing, Cooper et Esterson et des expériences italiennes du mouvement de psychiatrie démocratique prêché par Franco Basaglia, un espoir romantique a germé : celui de remettre à la bonne nature le soin de guérir les schizophrènes. Assimilée à la culture – dans ses aspects les plus répressifs –, la dimension institutionnelle de tout traitement psychiatrique a été mise en accusation. Institution est devenue synonyme d'oppression et d'aliénation, et désinstitutionnalisation de libération.

Il n'est pas nécessaire, je pense, d'insister beaucoup sur les excès commis par un certain nombre d'esprits néophytes, victimes d'un matraquage médiatique sans nuance, sur les espoirs et sur les déceptions d'un certain nombre d'entreprises communautaires et finalement sur le degré d'abandon, de désespoir thérapeutique et de chronicisation néo-asilaire ou pré-asilaire auxquels se sont trouvés réduits des patients sous l'effet d'une idéologie de la libération mal comprise. Il n'est pas nécessaire non plus d'insister sur l'accent grandissant mis sur le social et la réadaptation aux dépens des soins aux malades. Le modèle du handicap fait aujourd'hui beaucoup de mal à nos conceptualisations.

Pour avoir personnellement longtemps et fermement bataillé contre l'institution totalitaire, pour avoir non moins énergiquement défendu la psychiatrie dite « communautaire », je m'estime en droit de proférer une affirmation que d'aucuns trouveront scandaleuse : « il n'y a pas de traitement possible d'un psychotique en dehors d'une institution ».

Ayant dit cela, j'éprouve aussitôt le besoin de nuancer mon propos. Le terme « institution » recouvre des réalités si variées, voire antinomiques, qu'on ne sait plus de quoi on parle ni quand on prône le traitement institutionnel ni quand on se saisit du drapeau de la désinstitutionnalisation. Une institution peut se définir par des murs ; et c'est dans ce sens qu'on l'entend généralement, tant pour désigner des établissements pédagogiques que des établissements de soins. Une institution, c'est aussi un ensemble de lois et de règlements qui codifie des rapports sociaux comme l'institution du mariage. L'institution encore, c'est un ensemble humain, qu'il soit ou non localisé dans l'espace, mais qui fonctionne pour un projet défini, selon un certain nombre de pratiques et au nom d'une idée : l'église ou l'armée sont, en ce sens, des institutions. On peut enfin proposer une dernière définition : l'institution, c'est aussi ce qui, en chacun de nous, est constitué par notre histoire, par notre structure biologique, par l'état de nos relations avec les autres, bref ce que d'aucuns ont appelé l'« institution du Sujet », à quoi je préfère quant à moi le terme d'« institution mentale ». Les topiques freudiennes ne sont finalement qu'une manière imagée de rendre compte de ce fonctionnement institutionnel intrapsychique dont les différentes variables psychosociales, rôles, statuts, ne forment que l'aspect le plus visible. Cette institution mentale a, à son tour, un rôle instituant. Elle organise les pensées. À l'origine, c'est ce sens qui privilégiait le terme d'institution puisqu'il désignait l'action d'enseigner. Quand Calvin écrit *L'Institutions chrétienne,* il n'a pas pour objet tel ou tel établissement d'enseignement religieux mais bien le fait de transmettre le christianisme. De ce sens premier, il nous reste le beau mot d'instituteur. Il véhicule quelque chose d'essentiel, que le psychotique a perdu ou est en voie de perdre, à savoir l'existence en soi d'un fonctionnement mental ordonné et transmissible, d'une pensée qui fait issue hors de l'autoérotisme pour se couler dans les moules de la langue, avec sa grammaire et sa syntaxe, et pour devenir non seulement communicable mais partie prenante d'un vaste ensemble : la culture commune d'une famille, d'un peuple, d'une nation, d'une société.

C'est Bion, qui, réfléchissant sur les différences entre la religion et la mystique, voyait dans la religion l'établissement institué d'un rapport collectif et organisé à Dieu et dans la mystique, l'élan purement pulsionnel vers une divinité objet d'un investissement érotique exclusif qui ne tient aucun compte des limitations sociales. Poursuivant sa réflexion, il ajoutait que le psychotique a un rapport mystique avec la langue, un rapport purement personnel très différent du rapport religieux, établi ou institutionnel, que nous avons, les uns et les autres, qui ne sommes pas schizophrènes, avec l'objet linguistique.

On sait que c'est de l'établissement de ce rapport institutionnalisé que Piera Aulagnier fait dater ce qu'elle appelle le refoulement primaire, à partir duquel l'enfant limite sa pensée à ce qui est exprimable dans une langue donnée et rejette l'inexprimable hors du champ de la conscience, inexprimable qui va subsister sous la forme de pictogrammes originaires.

J'appelle donc « institution mentale » cette instance en moi, succédant au refoulement primaire et qui me fait parler la langue de tout le monde, organiser ma pensée avec des mots et selon les catégories communes du temps, de l'espace et de la causalité. Cette institution, toujours en train de se faire, comprend un instituteur interne et un institué, ou si l'on préfère, un contenant et des contenus. Les contenus psychiques, ce sont les affects, de plaisir ou de déplaisir, les images et les mots qui leur sont liés. Le contenant, c'est l'appareil qui rend ces affects perceptibles par la conscience, qui représente les objets réels en images et qui les unit à des mots. On peut, si on a l'esprit topique, le localiser dans ce que Freud décrit sous le nom de préconscient. Mais on en retrouve aussi les éléments dans la fonction alpha de Bion, comme dans l'espace transitionnel de Winnicott. Il a aussi des rapports avec la notion de pare-excitation. Regardons-le un moment au travail, car je préfère le considérer comme un processus plutôt que comme un réceptacle figé. Plus qu'à un organe il me fait penser à un organisateur.

Les choses du monde externe, comme les mouvements pulsionnels qui agitent notre monde interne, sont *a priori* impensables. Pour que la conscience, que Freud définissait comme un organe des sens capable de percevoir les qualités psychiques, puisse prendre conscience des choses qui affectent nos organes des sens comme de nos émotions internes, il faut que ces choses soient psychisées, c'est-à-dire affectées d'une qualité psychique. Les neurophysiologistes aujourd'hui ne disent pas autre chose lorsqu'ils distinguent ce qu'ils appellent la « couleur psychique » d'une vibration, d'une longueur d'onde particulière qui affecte notre rétine. Ce travail de psychisation qui fait que des ondes électromagnétiques, des forces gravitationnelles, des substances deviennent en nous des perceptions, qui fait aussi que nos pulsions se transforment en représentants perceptibles par la conscience, on peut considérer qu'il se produit dans le préconscient, qu'il protège, comme une pare-excitation, la conscience d'un assaut brutal et incompréhensible par les choses, et qu'il établit entre les choses et nous cette zone de familiarité que Winnicott dénomme « transitionnelle ». Bion l'a formulée, on le sait, en parlant de transformation des éléments bêta en éléments alpha. Rappelons que selon son schéma, le nourrisson soumis à l'afflux de sensations externes et internes totalement incompréhensibles commence par les excréter hors de lui, avec ses cris, ses gestes, ses différentes déjections. Ces objets excrétés, irreprésentables, impensables sont accueillis par la psyché maternelle qui les pense ou les rêve et, les pensant ou les rêvant, leur donne une qualité psychique, un sens qu'elle restitue à l'enfant par son langage et ses attitudes, lui transmettant ainsi des éléments alpha dont l'organisation en réseau va former, dans la psyché de l'enfant, cette fonction alpha qui lui permet ensuite de s'affranchir de la dépendance maternelle et de rêver à son tour sur les sensations de toutes sortes qui autrement l'agresseraient et détruiraient son appareil à penser. J'appelle encore une fois « institution mentale » ce travail qui donne à nos sensations, à nos émotions et à nos pensées un caractère institué, organisé et forme ce que Bion appelle l'appareil à penser les pensées. On a vu le rôle essentiel qu'y joue cet instituteur externe qu'est la psyché de la mère, à l'origine d'un instituteur interne, la fonction alpha de l'enfant.

Le psychotique, selon l'idée que je m'en fais, est quelqu'un qui perd momentanément, durablement ou définitivement cette institution et dont les pensées projetées et flottantes dans le monde extérieur, comme des personnages en quête d'auteur, se développent désormais de manière désinstitutionnalisée et anarchique. Il n'est sans doute pas revenu au stade du nourrisson, encore que certaines productions schizophréniques côtoient cet impensé radical que sont les éléments bêta. Le plus souvent, il conserve des bribes de son appareil psychique, des morceaux d'institution mentale qui vont accompagner dans leur mouvement les pensées projetées. À la recherche de cet instituteur que fut jadis pour lui la psyché maternelle, le psychotique utilise l'identification projective pour placer dans les autruis qu'il rencontre, ou dans des structures matérielles (comme des objets inanimés) ou immatérielles (comme une idéologie par exemple) non seulement ses émotions et ses sentiments mais des fonctions psychiques. Il attribuera, par exemple, à tel personnage sa mémoire, ou à tel objet personnifié ses facultés d'observation et d'attention (c'est peut-être là en partie le mécanisme fondateur de la machine à influencer) ou encore à telle doctrine son idéalité, etc. Ce sont ces mécanismes autoréparateurs, ces recherches désespérées d'un contenant actif capable de réinstituer en lui un appareil à penser les pensées qui sont à la base du délire, dont Freud a souvent dit qu'il était une tentative de guérison. Le délire est ainsi une néo-institution où les pensées projetées et flottantes viennent se prendre et se cristalliser de manière ordonnée avec une apparence plus ou moins grande de logique.

J'ai connu ainsi une patiente, délirante chronique, qui me racontait l'expérience suivante. Fille unique, elle avait perdu sa mère très jeune, autour de sa vingtième année, après une adolescence difficile marquée en particulier par une hospitalisation pour anorexie mentale. Restée seule avec son père – un homme qu'elle admirait et qui représentait pour elle une sorte de tuteur comme on dirait pour une plante fragile –, elle s'était entièrement dévouée à l'entourer, à le soigner, à s'occuper de lui. Et puis, alors qu'elle approchait de sa quarantième année, ce père était mort après quelques mois de maladie. Elle s'était trouvée seule à la tête d'une affaire assez florissante qui avait rapidement périclité sous sa mauvaise gestion. En quelques mois, elle s'était ruinée. Elle avait traversé ensuite une période qu'elle décrivait comme épouvantable, faite d'angoisse, de dépression et surtout d'une grande confusion. Elle ne savait plus où elle en était, vivait des moments de dépersonnalisation, avec l'impression de perdre tous ses repères. Un sentiment persécutif intense l'habitait qu'elle ne savait comment expliquer. Les psychiatres de la fin du XIXe siècle ont très bien décrit la séméiologie de cet état dramatique de perplexité qui précède parfois l'éclosion du délire, et où le sujet a le sentiment de se dissoudre dans un monde ambiant hostile et incompréhensible. Nos connaissances psychodynamiques modernes permettent de reconnaître dans cet état la reviviscence d'angoisses schizoparanoïdes où la substance mentale du sujet, projetée en menus morceaux, faute de pouvoir représenter un deuil et une expérience de séparation, faute aussi de rencontrer un contenant élaboratif, faute donc de pouvoir s'organiser, lui revient, si j'ose dire, en pleine figure sous l'aspect d'attaques multiples et impossibles à éviter.

C'est alors qu'un jour, dans ce chaos, la lumière s'était faite. Elle avait compris. Toutes ces persécutions mystérieuses, toute cette ambiance inquiétante, étrange et confondante, avaient un sens. Elle avait fait un rapprochement. Dans son adolescence, peu avant l'éclosion de son anorexie mentale, elle avait été invitée à une surprise-partie dans l'aristocratie lyonnaise. Pour elle, qui n'était que de bonne bourgeoisie, cette invitation, c'était un peu comme un conte de fées : Cendrillon qui se trouve soudain au bal de la cour. Comme Cendrillon, elle s'était crue jusque-là laide, bien que fort belle encore lorsque plus tard je la connus. Elle souffrait en effet d'une légère claudication secondaire à une ostéochondrite de la hanche, plus ou moins bien soignée dans son enfance et qui l'infériorisait. Elle découvrait soudain qu'elle pouvait plaire. Elle avait séduit un prince charmant, le fils de la famille invitante, qui – comme cela se faisait souvent alors – lui avait fait la surprise de l'entraîner dans sa chambre. Et là, alors que toute rougissante, anxieuse et excitée, elle s'apprêtait à connaître le grand frisson, le drame s'était noué en quelques instants : le prince charmant s'était révélé impuissant. Humiliée, renvoyée à ce qu'elle considérait comme sa tare physique, elle s'était enfuie dans la nuit, comme Cendrillon encore, aux douze coups de minuit. Mais aucun serviteur n'était venu ensuite, dans la clinique où on soignait son anorexie, lui apporter à essayer la pantoufle de vair. Et maintenant, plus de vingt ans après, elle comprenait. L'humiliation n'était pas la sienne, c'était celle du jeune homme d'alors, devenu depuis un personnage très en vue dans la ville, dont elle pouvait lire le nom dans les journaux. Il fallait la faire taire, car elle était dépositaire d'un secret qui pouvait nuire à la réputation de ce personnage. On avait donc organisé contre elle un complot qui visait à la faire passer pour une homosexuelle, amoureuse de son père de surcroît, avec qui on prétendait qu'elle avait eu des relations incestueuses. Tout ce mystère, toute cette étrangeté qui l'entouraient, toutes ces attaques incompréhensibles dont elle se sentait victime, s'expliquaient à la lumière de ce complot dont le but était de la discréditer et accessoirement de la ruiner, pour l'empêcher de parler. À partir de ce postulat, toute sa vie actuelle prenait un sens, tout s'organisait sous le signe de cette histoire, et le procès quasi kafkaïen dans lequel elle pensait se débattre était devenu à lui seul une institution. D'autant qu'elle y avait inclus les rares amis et relations qui lui étaient restés ainsi que les médecins qu'on l'invitait à consulter lorsque son comportement devenait trop aberrant. Je devins l'un d'eux, et elle sut me séduire assez pour m'entraîner à l'écouter régulièrement, sans lui apporter d'autre aide, mais suffisamment pour qu'elle m'intègre dans son délire et s'imagine, en me confiant sa détresse, apitoyer par mon intermédiaire qu'elle supposait agissant ses persécuteurs. L'institution psychiatrique, limitée dans ce cas à une consultation bihebdomadaire dans un service public de psychiatrie communautaire, donnait donc, parce qu'elle y était accueillie, droit de cité, existence légitime à sa construction délirante.

Il n'en va pas toujours ainsi, en particulier chez les schizophrènes qui échouent généralement à construire un délire structuré. Leurs projections ne rencontrent pas de contenant mental, s'insinuent alors dans l'organisation matérielle de l'institution, au sens d'établissement, qui leur donne asile. Les processus projectifs, en effet, on le sait bien aujourd'hui, sont des processus contagieux, et on a souvent dit que l'asile, tel que nous l'avons hérité du XIXe siècle, était une sorte de reduplication de l'organisation schizophrénique.

On comprend que devant un univers ainsi schizophrénisé, toute une génération, en particulier celle qui avait été sensibilisée par la découverte des camps de concentration à l'issue de la Seconde Guerre mondiale, ait cherché à lutter contre l'institution assimilée à une incarnation du principe de mort et prôné la désinstitutionnalisation. J'ai, je l'ai dit, participé à ce mouvement et je ne me renie pas. Ce qui me paraît seulement important à préciser aujourd'hui, c'est qu'on ne peut jeter l'enfant avec l'eau du bain. C'est surtout que l'institution schizophrénique (l'asile) doit être comprise comme un symptôme lié au fonctionnement schizophrénique, et non comme une manœuvre méchante de la société industrielle. Comme tout symptôme, elle représente pour le schizophrène une issue à sa problématique, elle comporte des bénéfices primaires et secondaires. Les bénéfices secondaires sont bien connus : ce sont essentiellement les avantages de la régression et de la dépendance. La politique de désinstitutionnalisation tous azimuts envisageait de lutter contre ces bénéfices secondaires en cherchant à autonomiser de force les patients et à les imposer, de manière non moins autoritaire, à leur famille ou à leur quartier. « Nous vivons sous le régime de la tolérance obligatoire », me disait en souriant un collègue italien, en pleine période Basaglia. De la tolérance on passe vite à l'indifférence et à l'abandon si on ne prend pas aussi en compte et si on n'analyse pas les bénéfices primaires que le patient schizophrène peut tirer du fonctionnement schizophrénique qu'il a, en partie, imposé à l'asile. Ce sont ces bénéfices primaires que j'ai essayé de décrire en montrant, de manière convaincante, je l'espère, que le schizophrène en manque de pensée instituée avait besoin de placer ses pensées dans un système instituant et, par là, de le corroder et de le rendre semblable à lui-même. Nous n'en avons pas fini avec cette corrosion schizophrénique. Elle ne s'arrête pas forcément parce qu'on a démoli les murs de l'asile et qu'on a externé de gré ou de force la multitude de patients qui y croupissaient certes, mais qui y avaient néanmoins trouvé, avec un abri physique, un contenant mental. Ce contenant pouvait être devenu fou. Il pouvait aussi se défendre contre la folie par l'obsessionnalisation des rapports, la rigidification des comportements et des règlements, ou encore par une dérive paranoïaque personnelle de ses agents, d'autant plus importante que la position occupée dans la hiérarchie était plus élevée. Il avait, malgré tout, le mérite d'exister. L'honneur du mouvement de psychothérapie institutionnelle de l'après-guerre a été de s'attaquer à la folie de ce contenant pour essayer d'en faire un espace spécifique où la psychose pourrait se dire, s'accueillir et se traiter et qui serait organisé de manière à résister aux attaques des schizophrènes. Certaines expériences ont été heureuses, d'autres moins, et c'est la masse des expériences malheureuses, comparées à la rareté des expériences réussies, qui a conduit, avec le souci d'économie dont je parlais plus haut, à la désinstitutionnalisation. Il n'est pas sûr, du coup, que là aussi nous ayons su toujours éviter la corrosion ou la contagion schizophrénique et que l'absence d'instance réinstituante, l'absence de lieu de référence ne soient pas devenues à leur tour une reduplication en miroir de l'errance topique du psychotique. C'est un peu comme si en externant ses patients, en projetant dans le monde extérieur des morceaux d'institution balkanisée, atomisée, l'institution psychiatrique, ces dernières années, était allée au bout de la schizophrénisation à laquelle les patients la soumettaient, comme si la désinstitutionnalisation était devenue l'extrême du processus de contagion schizophrénique. C'est pourquoi, à nouveau aujourd'hui, nous ressentons le besoin d'offrir à nos patients schizophrènes des lieux institutionnalisés et institutionnalisants, un réceptacle à leur folie qui en permette l'élaboration thérapeutique.

Allons-nous pour autant reconstituer l'asile ? Je ne le pense pas. L'avantage en effet de la critique institutionnelle de ces dernières années et des connaissances accumulées est de nous avoir amené à mieux connaître les processus de schizophrénisation d'une institution et à mieux comprendre les moyens de l'éviter.

1. Certains sont d'ordre théorique. Pour offrir aux schizophrènes un contenant capable d'organiser leurs pensées et de résister à l'attaque destructrice et envieuse qu'ils font subir à nos propres mécanismes de pensées, il faut une théorie du fonctionnement mental, mais une théorie qui ne soit pas réifiée en dogme (où on recrée un asile mental aussi totalitaire que l'asile physique dont nous avons essayé de sortir nos patients), une théorie avec laquelle nous puissions garder un rapport vivant, ludique, avec laquelle nous puissions continuellement jouer non pas pour enfermer nos patients dans des interprétations définitives, dans une construction bétonnée, mais pour rêver ensemble à leurs propos dans nos réunions d'équipe, dans nos supervisions, voire dans les élaborations que nous poursuivons à leur sujet chacun à l'intérieur de nous. Ainsi se constitue une institution mentale accueillante et souple, traversée de mouvements émotionnels, sous-tendue par un investissement libidinal qui donne sens et valeur aux productions verbales et comportementales des schizophrènes. C'est ce travail intellectuel, trouvant en lui-même sa justification et son plaisir, qui constitue le premier gardien contre la dérive asilaire de nos institutions.

2. D'autres garde-fous sont d'ordre plus matériel. On sait aujourd'hui qu'une institution (ou plus exactement un groupe de vie et de travail thérapeutique) qui dépasse une dizaine de personnes, mettant ensemble six ou sept patients et trois ou quatre soignants, est difficilement gérable. Les rapports humains, la masse des échanges interpersonnels, au-delà, deviennent si complexes qu'ils ne sont plus compréhensibles et donc plus interprétables.

On sait aussi tout l'intérêt du parcellaire, du lacunaire. S'il est important de définir un lieu mental et physique spécifique pour accueillir les projections des schizophrènes, il importe autant que possible que ce lieu ne réponde pas à tous les besoins des patients et que dans la vie institutionnelle soient organisés un certain nombre de manques qui laissent à ce qui se passe une dimension symbolique, qui font de la vie institutionnelle une sorte de psychodrame en décor naturel, justement parce qu'il y a place pour autre chose. La distinction, par exemple, des lieux de vie et des lieux de soins, l'intervention d'instances sociales tierces pour l'organisation des loisirs ou encore, pour les enfants, le recours à l'école, tous ces éléments permettent la mise en place de systèmes d'oppositions dans le monde extérieur qui s'intériorisent ensuite sous la forme de systèmes d'oppositions internes, d'espaces psychiques différenciés permettant une organisation à condition que ces espaces ne soient pas clivés les uns des autres et communiquent entre eux. La mise en place d'éléments de communication, d'un tissu conjonctif, fait d'ailleurs partie intégrante du travail institutionnel. C'est pourquoi il n'y a pas d'opposition conceptuelle entre la psychiatrie communautaire et la psychiatrie institutionnelle. On est loin, on le voit, du retour à l'asile homogène et isomorphe qui assurait la totalité de la vie des patients de manière indifférenciée, sans systèmes d'oppositions ou alors seulement avec des oppositions non significatives entre des espaces clivés les uns des autres et qui ne communiquaient pas.

3. Un dernier point concerne la forme du pouvoir dans les institutions que nous sommes appelés à mettre en place, ou, si l'on préfère, le fonctionnement politique des institutions psychiatriques.

Historiquement, il existe trois sortes d'institutions politiques.

— Les unes sont de droit divin : le pouvoir y vient toujours du dehors, il ne se définit que de manière transcendantale. Au XIXe siècle, les philosophes catholiques traditionnalistes comme De Bonald ou De Maistre se moquaient de ces hommes assez fous pour avoir cru qu'ils pouvaient inventer des constitutions alors que toute constitution, toute loi, ne peut venir que d'ailleurs, du Grand Autre ou de Dieu;

— Une forme particulière ou dérivée des institutions de droit divin est représentée par les institutions charismatiques. Le pouvoir, en particulier le pouvoir de légiférer, est incarné dans un homme exceptionnel dont dérive toute autorité. Même si elle est sanctionnée et soutenue par un consensus, la loi y est promulguée par quelqu'un qui pense détenir la légitimité d'un don spécial, d'un charisme;

— Enfin, il existe des institutions contractuelles fondées sur un contrat social entre les contractants qui aliènent dans le collectif une part de leur liberté pour permettre à l'ensemble de fonctionner.

On m'accordera que l'ancien asile était une institution de droit divin, même s'il était rigoureusement laïc et n'avait plus de référence religieuse. L'origine du pouvoir s'enfonçait dans la nuit des temps, la coutume prolongeait une histoire perdue et imposait à la hiérarchie (le terme implique une connotation sacrée) un fonctionnement rigide « au goût étrange venu d'ailleurs ».

Certaines institutions antipsychiatriques fondées contre l'asile ont eu ou conservent tous les caractères de l'institution charismatique, et tout le monde connaît des exemples où la personne et les opinions du leader informent par identification collective tout ce qui se fait dans l'institution.

Si ma préférence va aux institutions contractuelles et démocratiques, ce n'est pas uniquement par choix politique personnel. (Je crois que, dans ce domaine, il faut se défier de l'idéologie et de l'illusion de réaliser dans le champ psychiatrique l'institution politique de nos rêves.) C'est essentiellement pour des raisons pratiques. Je crois que si nous voulons servir, les uns et les autres qui constituons une équipe psychiatrique, de contenant élaboratif aux projections de nos patients, il faut que nous puissions nous appuyer les uns sur les autres, trouver dans le compagnonnage institutionnel un étayage qui nous évite la désorganisation. Cela est plus facile si nous nous sentons, non pas soumis au droit divin ou à un leader charismatique aussi prestigieux soit-il, mais bien les coauteurs, coresponsables du contrat institutionnel. Comment rêver rendre l'autonomie à nos patients si nous ne nous sentons pas nous-mêmes autonomes dans les limites du contrat qui nous lie volontairement les uns aux autres ?

Peut-être est-il nécessaire pour avancer de nous livrer à une analyse plus précise de nos institutions, celles que nous avons héritées du passé, celles que nous mettons en place, pour y repérer ce qui est de l'ordre du droit divin, de l'ordre du charisme de tel ou tel leader et ce qui est de l'ordre du contrat. Cette analyse devrait nous conduire à nous interroger sur ce que représente, dans le contre-transfert institutionnel, chacune de ces modalités de pouvoir, comment elles interviennent et à quel moment de la vie de l'institution, en confrontation avec quel type de patient. On pourrait alors rechercher la signification des mouvements dialectiques qui traversent l'institution psychiatrique, comme toute institution humaine, bricolée, faillible et non idéale, la maladie d'idéalité étant la perversion fondamentale qui nous guette dans notre travail.

Est-ce trop rêver que d'imaginer que les données de l'expérience de ces dernières années nous permettront, en suivant les quelques règles simples que je viens d'énoncer et probablement un certain nombre d'autres qui sont à découvrir, d'éviter et la reconstitution des forteresses asilaires et l'anarchie d'une désinstitutionnalisation sans foi ni loi, et la construction d'un délire paranoïaque et la dissolution schizophrénique ?

Chapitre 8

Le traitement de l'autisme infantile [1]

« À Chartres, un jeune homme de vingt-trois ans, fils d'un artisan, sourd et muet de naissance commença tout à coup à parler, au grand étonnement de la ville. On sut de lui que trois ou quatre mois auparavant, il avait entendu le son des cloches et avait été extrêmement surpris de cette sensation nouvelle et inconnue. Ensuite, il lui était sorti une espèce d'eau de l'oreille gauche et il avait entendu le son des cloches parfaitement des deux oreilles. Il fut trois ou quatre mois à écouter sans rien dire, s'accoutumant à répéter tout bas les paroles qu'il entendait et s'affermissant dans la prononciation et dans les idées attachées aux mots. Enfin, il se crut en état de rompre le silence et il déclara qu'il parlait quoique ce ne fût qu'imparfaitement. Aussitôt des théologiens habiles l'interrogèrent sur son état passé et leurs questions roulèrent sur Dieu, sur l'âme, sur la bonté ou la malice morale des actions. Il ne parut pas avoir poussé ses pensées jusque-là. » L'abbé Étienne Bonnot de Condillac, qui rapporte de seconde main cette histoire, regrette de n'avoir pas lui-même observé le patient. Au lieu de s'inquiéter de la présence en lui de prétendues idées innées, il aurait cherché à étudier la

1. L'autisme infantile est un trouble précoce du développement particulièrement grave, et heureusement rare, puisqu'il affecte environ trois enfants sur dix mille. Il consiste essentiellement en une difficulté de communication qui enferme l'enfant dans un repli par rapport au monde extérieur dont l'isole un rempart fait de gestes répétitifs (les stéréotypies), de particularités du langage (souvent absent ou en écho) et d'anomalies de la pensée qui ignore l'abstraction et la généralisation.

génération progressive de sa réflexion, contemporaine de son accession au langage. Précurseur de Piaget, il poursuit : « Raisonner, c'est former des jugements en observant la dépendance où ils sont les uns des autres. Or, ce jeune homme n'a pu le faire tant qu'il n'a pas eu l'usage des conjonctions ou des particules qui expriment les différentes parties du discours. Il était donc naturel qu'il ne tirât pas de la comparaison de ses idées tout ce qu'il en aurait pu tirer. Sa réflexion qui n'avait pour objet que des sensations vives ou nouvelles n'influait point dans la plupart de ses actions et que fort peu dans les autres. Il ne se conduisait que par habitude et par imitation, surtout dans les choses qui avaient moins un rapport à ses besoins [2]. »

Ce texte important contient en germe un débat qui n'a pas fini d'opposer ceux qui considèrent la pensée comme une création autonome du sujet à ceux qui y voient une « sensation transformée », l'effet progressif des impressions de l'environnement sur la cire vierge d'une *tabula rasa*. Sa présence en introduction à notre propos se justifie : l'autisme infantile n'a-t-il pas, depuis Itard, été souvent considéré et traité comme une surdimutité, et les querelles sur son étiologie n'opposent-elles pas encore ceux qui en font un trouble cognitif congénital et ceux qui y voient l'effet d'une viciation des premières relations du bébé avec son environnement ? Plus précisément, les hypothèses sur l'origine de l'autisme, souvent défendues avec une arrogance et une passion proportionnelles à leur fragilité et à leur degré d'incertitude, peuvent se regrouper en trois rubriques principales :

— Tantôt l'autisme infantile est considéré comme une maladie neurologique, une sorte d'aphasie ou d'agnosie, liée à un trouble du fonctionnement cérébral. On l'attribue alors à une anomalie génétique et on met en cause le chromosome X (fragile), une perturbation des neuromédiateurs (la sérotonine) ou encore un dysfonctionnement du vermis cérébelleux... La liste n'est pas close ;

— Tantôt l'enfant est décrété victime de sa position au sein de la constellation inconsciente de ses parents ; objet de leur jouissance perverse, forclos d'un ordre symbolique qu'aucun

2. Condillac, *Essai sur l'origine des connaissances humaines*, 1746.

signifiant paternel ne viendrait marquer, voire effet d'une transmission directe, d'une véritable injection de fantasmes mortifères, éruption violente d'une crypte, d'un secret, d'un non-dit... là non plus la liste n'est pas close ;

— Tantôt c'est au niveau de l'interaction entre l'enfant et une mère déprimée, incapable de lui répondre ou de le solliciter que gît le lièvre à débusquer par une catamnèse soigneuse. Ce vice interactif serait à l'origine d'un « défaut fondamental » que l'autisme viendrait signifier, la permanence d'un autoérotisme initial dont rien n'aurait dérangé l'enfant ou qu'un trop-plein d'attention – réparatrice et réactionnelle – aurait fait durer en satisfaisant les besoins avant toute demande et donc en inhibant tous les désirs.

Il faut bien reconnaître notre incapacité à prouver, comme à falsifier, ces hypothèses, reconnaître donc nos limites et notre ignorance. Ce n'est pas facile et cela explique probablement qu'identifiés à l'enfant autiste, fascinés à la fois par sa détresse et sa manière de s'en protéger, nous ayons recours devant lui, plus qu'à des théories scientifiques, à la mise en scénario des angoisses originaires qu'il nous fait éprouver. On pourrait ainsi considérer, un peu rapidement, les différentes étiologies proposées comme la traduction en termes savants d'un fantasme de scène primitive (l'enfant monstrueux stigmatisé par son hérédité) de séduction (l'enfant victime de la perversion des adultes) ou de castration (l'enfant porteur d'un manque à être ou à avoir). Les parents, faut-il l'ajouter, sont dans une situation semblable à la nôtre. Ils nous demandent une explication en même temps qu'ils récusent celles que nous pouvons leur donner, surtout lorsqu'elles ajoutent à leur blessure narcissique profonde une mise en cause personnelle qui ne peut pas ne pas être ressentie comme une culpabilisation. Cela ne les empêche pas d'imaginer à leur tour des histoires plus ou moins fantaisistes qu'il nous arrive de prendre pour la réalité. Nous nous placerons ici dans une position différente en refusant de nous interroger sur des origines qui nous échappent et en nous contentant de l'observation de ce qui se donne à voir et à comprendre dans une institution de soins psychiatriques référée à la théorie psychanalytique. L'enfant y apparaît non plus comme la victime d'une faille, l'effet d'une destruction attribuée à des agents extérieurs, mais plutôt comme le créateur d'une organisation défensive dressée contre l'ordre symbolique, dont à défaut de connaître la cause nous pourrons, du moins, pressentir la finalité.

Cette position d'humilité a l'avantage de la rigueur. Elle est, de plus, cohérente avec le regain du nativisme dans les neurosciences, où, après deux siècles de sensualisme, un faisceau d'arguments empiriques engage à considérer l'appareil mental, coexistant au cerveau, comme l'organisateur de ses perceptions et de son environnement. Dans cette perspective, où ce n'est plus le monde qui conditionne le sujet, mais le sujet qui construit son monde, l'autiste peut retrouver la propriété de sa psychose et cesser d'être présenté aux soignants comme l'objet d'une réparation toujours illusoire. Architecte d'une citadelle formidable, sentinelle abritée derrière des murailles soigneusement entretenues, il ne s'inscrit plus dans le registre du manque ou du défaut mais dans celui de la différence qu'il faut savoir respecter si on veut pouvoir la contourner pour la réduire.

L'appareil mental de l'enfant autiste peut donc être envisagé comme une machine dont tout le fonctionnement est tendu vers un seul but : la destruction de la pensée, celle du sujet autiste comme celle de ses interlocuteurs. Deux attitudes psychiques, fréquemment rencontrées, contribuent puissamment à la réalisation de cet objectif : la tendance au clivage, la tendance à l'homogénéisation.

L'enfant autiste se comporte souvent en passant d'un lieu à un autre, ou d'une occupation à une autre comme s'il était mû par un interrupteur. Il se déclenche pour s'arrêter, fonctionnant en tout ou rien et sans que quelque chose paraisse persister du moment passé ou de l'espace précédemment occupé, dans le temps ou dans l'espace présent. Les véritables « coups de foudre » qui lui font investir un objet animé ou inanimé n'ont d'égal que le désintérêt total qui les suit. On peut donc supposer que sa vie intérieure, au lieu d'avoir les caractères d'un film où des « fondus enchaînés » relieraient harmonieusement et de manière fluide les différentes situations vécues, a plutôt l'aspect d'une succession de diapositives, entrecoupées de blancs, et qui viennent occuper l'écran intérieur, l'une après l'autre, par saccades. Des concepts comme celui d'« attaque contre les liens » (W. Bion) ou de « démantèlement » (D. Meltzer) rendent bien compte de ce que nous essayons de décrire et qui se rapproche de la notion d'attracteur empruntée par Didier Houzel à la théorie des catastrophes. On sait qu'il existe sur les massifs des lignes de partage des eaux à partir desquelles la totalité du flux se dirige d'un côté ou de l'autre. Face à l'objet de son désir, l'enfant autiste se trouverait dans une position analogue, menacé d'un écoulement total à l'origine d'« angoisses de précipitation ». Le processus de clivage, en fragmentant l'objet en poussière d'éléments distincts et en maintenant des secteurs cloisonnés à l'intérieur de la vie mentale, le préserverait donc d'une perte totale de lui-même mais au prix d'un morcellement qui fait cohabiter en lui autant de sujets déchirés en pièces qu'il a d'objets et le fait s'opposer farouchement à leur unification.

L'homogénéisation est le processus inverse. Elle réduit tout à l'indifférence, amalgame les fragments de représentations de sujet et d'objet en une bouillie informe, un chaos sans limites et sans principe organisateur. On y a vu – nous l'avons dit – l'effet structurel d'une forclusion du Nom du Père. Nous préférons la considérer comme une activité permanente de mélange, qui évite à l'enfant de se confronter à l'altérité et au désir, douloureux et dérangeant car insatisfait, qu'elle suscite. On conçoit que cette bouillie conceptuelle, ce malaxage d'images, ne soit guère favorable à l'acquisition d'un langage fondé sur des articulations entre des entités discrètes.

Le travail thérapeutique va chercher à tourner ces défenses, à exercer sur l'enfant une véritable séduction réglée qui l'attire hors de sa forteresse et lui fasse éprouver les bénéfices d'un fonctionnement mental différent. Il y faut, comme dit Didier Houzel, « du doigté et de la fermeté » mais aussi l'offre d'une prime de plaisir. Il y faut surtout un certain type de fonctionnement institutionnel dont nous allons essayer de préciser quelques principes.

L'institution – au sens où nous l'entendons – ne se définit pas forcément par ses murs ou par sa structure hiérarchique (nous préférons alors parler d'établissement). Nous entendons par institution ce qui institue le sujet : un ensemble d'oppositions significatives, d'abord matérialisées dans le temps et l'espace de situations concrètes avant de pouvoir être intériorisées. Ainsi entendu, le traitement institutionnel n'exclut pas la psychothérapie individuelle ; il est plutôt, à notre avis, ce contexte qui lui permet de se développer et de trouver un sens en opposition et en articulation avec d'autres approches, rééducatives, récréatives ou pédagogiques.

Un premier principe est celui de la différenciation. Après des années, dominées par les deux extrêmes du « tout pédagogique » (où tout devenait prétexte à apprentissage) ou du « tout thérapeutique » (où le suffixe thérapie venait s'accoler abusivement à toutes les activités de jeux, de musique, de sport, de repas, etc.), il nous semble aujourd'hui que la situation s'est clarifiée. Nous savons la nécessité de séparer clairement et distinctement des lieux de vie, des lieux de soin, des lieux d'apprentissage. Dans le trajet qui le conduit de l'un à l'autre, l'enfant expérimente concrètement la différence et la distance qui séparent ces lieux et ce qu'on y fait. Ainsi se trouve combattue sa tendance à l'homogénéisation. Cela est bien connu, et les soignants, aujourd'hui, sont avertis de la nécessité de préserver leur spécificité en s'opposant, avec parfois une certaine dose de violence, aux continuels processus de brouillage induits par l'enfant, à la confusion qu'il cherche à imposer à son environnement et qui conduirait tous ses protagonistes à reproduire avec lui les mêmes attitudes et à s'engager dans les mêmes activités stéréotypées. Encore faut-il que la structure même de l'établissement et que l'organisation des pouvoirs ne viennent pas confirmer cette confusion. Il nous est ainsi apparu nécessaire d'étayer physiquement et institutionnellement les différences et les spécificités en mettant en place un système ambulatoire complexe où l'enfant, résidant dans sa famille ou dans une famille d'accueil, vient pour ses soins individuels dans un centre médico-psychologique, participe à des activités de repas ou à des groupes dans un local annexe, est accompagné par des soignantes dans des centres sociaux ou des centres de loisir, est accueilli enfin, pour des temps précis, dans une classe spécialisée située dans un groupe scolaire. Si les soignants *stricto sensu* appartiennent à une même organisation psychiatrique de secteur, les enseignants se reconnaissent comme membre à part entière de l'équipe pédagogique de l'école où ils travaillent, et les accueillants des centres sociaux ou de loisir ont leur propre inscription sociale.

Un deuxième principe, celui du caractère lacunaire des activités proposées à l'enfant, est, lui aussi, devenu de l'ordre de la banalité. Après les déboires occasionnés par l'usage immodéré des institutions totales sinon totalitaires, on sait aujourd'hui que ce que l'on ne fait pas est aussi important, sinon plus, que ce que l'on fait. Parce qu'elles ne prétendent pas répondre à la totalité des demandes de l'enfant, parce qu'elles laissent place à un ailleurs ou à autre chose, chacune des séquences qui rythment la vie institutionnelle se découpe sur un fond d'absence. On pourrait presque dire, sous forme de boutade, que ce qui leur manque est ce qui fait leur intérêt, que la thérapie tire sa valeur de n'être pas pédagogique et la pédagogie de n'être pas thérapeutique et qu'à l'intérieur même du cadre temporo-spatial soignant chaque moment thérapeutique compte plus par son insuffisance à répéter un autre moment que par son contenu. Ce caractère lacunaire a une triple fonction. D'une part, il contribue à l'effet de différenciation. Les manques d'un élément évoquent l'élément manquant et assurent concrètement la distinction des deux dans la synchronie. De même dans un puzzle, l'excroissance convexe appelle la concavité correspondante tout en permettant d'expérimenter, dans un jeu avec les formes, la différence concomitante du creux et du plein. D'autre part, la lacune s'oppose à la compulsion de répétition, au besoin d'identité (*sameness*) à la persévération du même si dramatiquement caractéristique de l'existence autistique. Elle introduit un germe de changement, une possibilité diachronique et rythme un temps qui recommence à s'écouler. Même si le retour régulier d'activités semblables introduit une indispensable pare-excitation, celles-ci, d'être répétées, donc secondes par rapport à une expérience première, ne sont jamais identiques et toujours impuissantes à l'être. Dans cet écart entre une situation et son retour s'introduit, en germe, la représentation. En effet, la troisième fonction du lacunaire est d'initier au symbolique. On n'a pas assez réfléchi sur la fameuse histoire de la pomme de

Mme Sechehaye [3]. Il est inutile de rappeler en détail la technique de réalisation symbolique proposée par cet auteur et basée sur la manipulation commune d'éléments de réalité pour parvenir, dans la relation psychothérapique, à la reproduction symbolique d'un rapport mère-nourrisson. Contentons-nous pour la schématiser d'une image célèbre, popularisée par le cinéma, et où Mme Sechehaye offre à sa patiente Renée des pommes qu'elle a auparavant posées contre sa poitrine et qu'elle désigne comme un équivalent symbolique du sein. « Lui faire cadeau de pommes comme à un adulte, remarque-t-elle, ne servait à rien. Ce qu'il fallait que je fasse, c'était devenir la mère-gentille qui nourrit son enfant et lui prouve par là qu'elle l'aime et lui donne droit à la vie. » Renée a souffert, dans sa toute petite enfance, de restrictions alimentaires imposées par sa mère sous un prétexte diététique. La cure, pour elle, doit être une deuxième naissance, une petite enfance revisitée où elle pourra découvrir la réalité telle qu'elle aurait dû être. Et A.M. Sechehaye ajoute : « Le pivot central, le moteur qui octroie sa valeur à l'acte thérapeutique de cette méthode, est la satisfaction, sous forme symbolique, des besoins instinctuels fondamentaux qui ont été frustrés. »

Mme Sechehaye insiste sur cet aspect symbolique de sa méthode, beaucoup plus qu'on a voulu l'entendre. Une petite notation clinique est, à ce propos, éclairante. Renée, de prime abord, refuse, en effet, les pommes qu'on lui offre. Elle s'exclame : « " Renée ne veut pas de ces pommes de grandes personnes, elle veut des vraies pommes, des pommes de maman. " En disant cela, poursuit Mme Sechehaye, elle désignait du geste ma poitrine. Ce fut un trait de lumière pour moi. Je compris et le symbole profond des pommes et la conduite que je devais adopter pour soulager la malade. Je lui donnais aussitôt *un morceau de pomme et non une quantité de pommes,* en lui disant : " C'est l'heure de boire le bon lait des pommes de maman, maman va le donner elle-même à sa petite Renée. " Et Renée, appuyée sur mon épaule, mangea son *morceau de pomme* avec toute la concentration et la plénitude de bonheur d'un nourris-

3. A.M. Sechehaye, *Psychothérapie des schizophrènes,* Paris, PUF, 1953.

son. » Ce morceau, cette pomme lacunaire, en introduisant la patiente à la fois à la satisfaction et à l'expérience du manque, du caractère limité de cette satisfaction, l'oblige, pensons-nous, à imaginer la pomme manquante, à la construire autour de l'élément concret mais parcellaire qui évoque la pomme entière sans l'être réellement. C'est dans cette oscillation que s'ébauche l'activité symbolique. Il y faut, nous le répétons, une certaine séduction pour contrer les défenses autistiques, une « prime d'attraction » *(Verlockungsprämie)* qui engage l'enfant à s'avancer en terrain découvert et à quitter l'abri de ses remparts anti-symboliques. Cette prime est offerte par le plaisir qui accompagne les activités de jeu, ou de repas, partagées avec l'enfant et où lui sont données des choses à son goût. Mais ce plaisir n'est que plaisir préliminaire qui attire (selon l'expression freudienne) « les tendances plus profondes », et met en route une mentalisation.

Nous voudrions insister sur un troisième principe, peut-être moins connu et qui dérive également de notre analyse des mécanismes de défenses autistiques. C'est le principe d'articulation. Si la différenciation et le caractère lacunaire des activités engagées avec l'enfant mettent en échec sa tendance à l'homogénéisation, elles ne peuvent rien contre les clivages féroces (« cruels », disait Bion) qui sont tout aussi typiques de son existence. Dans une certaine mesure, elles les favorisent, d'autant plus que contre-transférentiellement les thérapeutes de l'enfant autiste sont poussés par lui à former avec lui des isolats, des « duos narcissiques » (Woodbury), prétendument réparateurs mais qui correspondent en fait à ce qu'il y a de plus pernicieux dans les défenses autistiques. On aboutit au maximum, comme René Diatkine aime à le rappeler, à une situation dérisoire où l'enfant, amené régulièrement par des parents ayant le goût du sacrifice, s'enferme dans une thérapie interminable avec un(e) psychothérapeute, coupé(e) de toute réalité, qui croit déceler du changement dans un matériel intangible de pure satisfaction mutuelle. L'autisme est devenu, pour de brefs moments, une ou plusieurs fois chaque semaine, un délire à deux. L'enfant n'en tire pas d'autres bénéfices que celui de pouvoir maintenir un cloisonnement de son existence en secteurs qui ne communiquent pas les uns avec les autres et n'ont aucune signification les uns par rapport aux autres. Les acquis de la psychothérapie (s'il y en a) restent limités au cadre de la séance et ne sont jamais transférés dans la vie quotidienne. Les apprentissages sont lettre morte en dehors de l'école (voire en l'absence de la personne spécifique qui les a guidés).

Pour éviter cette évolution délétère (et décrite ici volontairement de manière caricaturale), il importe d'abord que les différents intervenants qui s'occupent de l'enfant aient continuellement présente à l'esprit l'existence des autres. On pourrait penser que cela va sans dire et que la nécessité d'une collaboration entre parents, enseignants et soignants ainsi que d'un travail d'équipe à l'intérieur de l'organisme de soins est une évidence. C'est compter sans la force des processus autistiques et de leurs effets sur l'entourage. L'enfant autiste fait tout pour fasciner celui qui est en face de lui et le soumettre à un système d'identification spéculaire, excluant du champ de la conscience toute référence à un tiers différenciateur. Aussi la réalité institutionnelle doit-elle être construite de manière à mettre concrètement en échec la tendance contagieuse aux clivages répétitifs. Entre les espaces et les temps différenciés qui la constituent et qui peuvent être considérés comme les mots d'une phrase, mots qui ne tirent leur sens que d'être distingués les uns des autres et opposés les uns aux autres, elle doit introduire des éléments de liaison et d'articulation, des « particules », comme disait Condillac des conjonctions de coordination.

Conjonction fait penser à conjonctif. Rappelons nos souvenirs d'anatomiste débutant : le tissu conjonctif forme une matière interstitielle entre les organes, une sorte de masse indifférenciée dans laquelle ces organes, chacun bien distinct dans sa structure et sa fonction, sont noyés. Peu importe l'exactitude de la métaphore. Elle nous a longtemps servi à attribuer un rôle essentiel à ce qu'inspirés par René Diatkine nous appelions « les temps vagues ». Ils désignaient des moments d'errance où, laissés à eux-mêmes, les enfants allaient de la salle d'attente aux différents bureaux pendant que les soignants dialoguaient entre eux ou avec les parents, de manière informelle. Ces moments, pensions-nous alors, permettaient, pour les enfants témoins de ces échanges, une unification du milieu thérapeutique dans lequel ils étaient immergés. Des sorties à la campagne, des journées « conviviales » où parents, soignants et enseignants pouvaient s'entretenir, en groupe, de l'institution dans son ensemble et de l'évolution particulière de chacun, voire des séjours d'une semaine, dans une maison de vacances, de plusieurs enfants avec deux ou trois thérapeutes, faisaient, pour nous, partie de ce tissu et étayaient par les liens ainsi tissés (analogues aux fibres conjonctives) l'ensemble du processus thérapeutique et pédagogique.

Avec le temps, nous sommes devenus plus exigeants et plus rigoureux dans l'analyse des conjonctions de coordination. Nous n'insisterons pas ici sur l'importance des réunions de synthèse entre les différents soignants et enseignants de l'enfant. Elles contribuent au réglage et à la différenciation des attitudes respectives de chacun des intervenants et plus encore à l'écriture commune d'une histoire où les acquisitions cognitives et les mouvements émotionnels induits par la thérapie prennent sens les uns par rapport aux autres. Nécessaires, nous ne pensons pas qu'elles soient suffisantes pour s'opposer aux clivages organisés par l'enfant et imposés par lui à son environnement. Aussi en sommes-nous venus à prêter une attention toute particulière à la manière dont s'opérait concrètement pour l'enfant le passage d'un lieu et d'un temps à un autre et à ce qui s'y jouait. Les activités d'accompagnement d'un enfant de son domicile au centre médico-psychologique, à l'école, ou à l'intérieur même du centre, le passage du bureau de la psychothérapeute au bureau de l'orthophoniste, le départ pour une activité de piscine ou de patinoire, les courses pour préparer un repas sont maintenant, pour nous, des moments privilégiés de soin où s'effectuent l'appréhension à la fois de la différence et de la continuité. Dans un même lieu, il arrive que se succèdent avec les mêmes enfants et des soignants communs ou différents des activités différentes, telles qu'un groupe psychothérapique et un repas. La manière dont l'enfant évoque ce qui n'est pas là ou ceux qui ne sont pas là en présence de ce qui est là et de ceux qui sont là est un exemple de cette mise en coordination. Elle est favorisée par l'existence d'un agent de liaison, une soignante de référence

– généralement la psychothérapeute de l'enfant – qui est garante de cette continuité à travers les différences. Cela nécessite de sa part souplesse, disponibilité et mobilité et un renoncement au confort que donne l'observance rigide (et parfois défensive) des règles d'un *setting* analytique qui n'est pas ici de circonstance. En allant chercher l'enfant chez ses parents, en l'accompagnant à l'école, en participant avec lui à certaines activités de groupe mais aussi en lui consacrant jusqu'à cinq fois par semaine de longs moments individuels dans un bureau, authentifié comme espace psychothérapique, la thérapeute se donne les moyens de recueillir un matériel (correspondant, toutes proportions gardées, au récit en séance d'un sujet névrotique) qu'elle peut relier à ce qui se passe dans l'ici et maintenant de la thérapie. Elle figure, pour l'enfant, cette « particule », cet élément d'articulation et de coordination entre les différentes séquences de sa vie, facilitant la mise en sens des unes par rapport aux autres. Ce faisant, par identification à elle, elle permet à l'enfant d'intérioriser l'activité conjonctive. L'expérience nous a montré, à plusieurs reprises, que des interprétations proposées à l'enfant pendant une séance étaient reprises par lui, dans une autre situation (un repas par exemple) à condition que sa thérapeute soit là. Par sa présence, celle-ci permettait alors un transfert de prise de conscience (s'il est permis de s'exprimer ainsi) de la psychothérapie à la vie quotidienne, un travail de généralisation qui signifiait une réelle modification de la position psychique occupée par l'enfant. Ce travail nous paraît alors sous-tendu par un mouvement identificatoire marqué par une atmosphère de complicité, une sorte de clin d'œil de l'enfant à sa thérapeute individuelle, au sein du groupe, mouvement sur lequel il faut s'expliquer.

Le processus autistique, avons-nous dit, peut être décrit comme une machinerie antisymbolique, une destruction de la pensée, un contre-investissement de cet organe des sens particulier qu'est, pour Freud, la conscience. En d'autres termes, l'enfant autiste, qui ne trouve que souffrance dans le fait de penser et dont l'activité de représentation entraîne une douleur intolérable, lutte contre cette sorte d'hypocondrie mentale en tentant de se débarrasser de son appareil à percevoir et à concevoir. Pour des raisons que nous ignorons, le chemin inverse du plaisir d'organe lié au simple fait de faire fonctionner sa pensée lui est barré. Selon nous, l'essentiel de l'activité thérapeutique consiste à lui faire trouver ou retrouver un autoérotisme mental, un plaisir à manipuler gratuitement et pour le seul plaisir de fonctionner, des images et des mots.

Nous posons comme hypothèse que la découverte de ce plaisir passe par une identification avec les thérapeutes. C'est là la base de cette fonction d'agent de liaison, de conjonction de coordination que nous leur assignions plus haut. Elle repose sur l'activité autoérotique de rêverie (au sens de Bion) qu'ils développent au cours de leur travail en accueillant en eux les productions verbales et non verbales de l'enfant, en cherchant à les organiser en un ensemble signifiant et en les mettant en relation avec un modèle théorique – sorte d'objet interne souple et déformable. Le jeu interne avec la théorie est en effet la source d'un plaisir qui vivifie la mise en sens du matériel de l'enfant. On peut le comparer à la production d'un conte. Le passage à la narration de ce qui est vécu entre l'enfant et ses soignants favorise une identification croisée. En racontant à l'enfant leur histoire commune, les thérapeutes transmettent le plaisir pris à la créer et accroissent leur plaisir de le voir refleté par l'enfant. Ainsi s'ouvre un espace transitionnel, lieu de la rencontre de deux mouvements autoérotiques qui, selon Winnicott, se généralise en expérience culturelle. C'est ici qu'on peut retrouver le problème posé par Condillac. Le sourd-muet de Chartres, miraculeusement guéri, ne savait qu'imiter, faute de posséder l'usage des conjonctions. Sa pensée, de ce fait, se limitait à la représentation élémentaire d'objets concrets nécessaires à la satisfaction de ses besoins les plus immédiats. Ainsi fonctionnent, en faux-*self*, certains autistes « guéris » dûment conditionnés à refréner leurs symptômes antisociaux et à se conformer à l'attente des autres, une attente sans grande ambition, tout le contraire d'une illusion anticipatrice. Pour aller plus loin, « transformer » les sensations et atteindre le niveau de la pensée abstraite et de la manipulation des concepts, il faut peut-être éveiller des compétences plus profondes, une faculté de liaison. Nous pensons, pour conclure, que ce réveil nécessite une identification à l'activité mentale de coordination d'une personne, appréhendée d'abord physiquement et concrètement dans différentes situations, avant que son image puisse être intériorisée. Cette identification se réalise par le biais d'un plaisir partagé à relier entre eux des événements disparates dans le temps et l'espace d'un récit et sous le primat d'une causalité historique.

Chapitre 9

La métaphore maternelle
Une métapsychologie de la consolation

« Elle me soigna comme jamais mère n'a soigné son enfant »

Jean-Jacques ROUSSEAU

L'expérience de nos échecs et de nos réussites, un approfondissement de la connaissance des processus de changement psychique dans ce véritable laboratoire qu'est, pour le psychiatre de terrain, l'exercice de la cure psychanalytique, une meilleure appréhension des erreurs théoriques ou pratiques dans lesquelles les patients nous induisent, m'ont amené à dévier de mes premières directions. C'est ainsi que je ne travaille plus de la même manière avec les familles. Je les rencontre, je les écoute, j'essaie de les aider dans leurs difficultés. Je m'appuie aussi sur elles et, toutes les fois que cela est possible, sollicite ou encourage leur participation active au traitement de leur enfant. Je suis devenu volontiers explicatif et ne prétends plus distinguer dans le discours des parents ou des frères et sœurs, et encore moins traiter, des attitudes inconscientes que le cadre de nos entretiens, engagés sur la base d'une collaboration avec eux, et non d'un soin pour eux, ne me permet pas de connaître. Formé à la thérapie familiale aux États-Unis, puis dans le séminaire parisien de Michael Woodbury, c'est au moment où elle devenait populaire que je m'en suis paradoxalement écarté, pour la limiter, dans ma pratique, à quelques indications où la pathologie de l'enfant me paraissait étroitement intriquée à un dysfonctionnement de la famille tout entière. Dans d'autres cas particuliers, et lorsqu'une demande personnelle émerge, il m'arrive d'envisager avec un parent, un frère ou une sœur, l'éventualité d'une psychothérapie personnelle. Habituellement, la demande est alors orientée vers un autre thérapeute.

J'ai compris aussi tout ce qu'il entrait d'illusoire dans les mythes de la réparation et de la restauration narcissique. Le narcissisme – ai-je écrit à plusieurs reprises – n'est ni un chef-d'œuvre en péril ni un client pour restaurant du cœur. Les dommages supposés subis par nos patients – s'ils ont existé – sont, par définition, irréparables. On n'efface pas un souvenir, fût-il inconscient. On peut seulement aider à son inscription dans une histoire qui permet de l'assumer, de l'articuler à autre chose et, par là, de le transcender. Cette prise de distance par rapport à une théorie du traumatisme qui revient si fort à la mode aujourd'hui, en particulier aux États-Unis, m'a conduit à me détacher de l'optique « ferenczienne ». Je doute qu'une régression à des stades archaïques du développement (à supposer qu'elle soit possible) puisse nous apporter avec des renseignements sur ce qui s'est réellement passé, les possibilités d'une cure rédemptrice où serait enfin obtenu ce qui n'a pu advenir. La mise en cause d'un traumatisme initial (séduction sexuelle, sévices graves, perte précoce d'un objet d'amour ou carence d'investissement par cet objet) n'est-elle pas, du reste, calquée sur ce que les patients veulent nous faire croire en projetant, défensivement, le mal à l'extérieur d'eux-mêmes, et en niant, par là, toute implication personnelle dans le déterminisme de leur souffrance ? Il n'est pire mal, j'en suis aujourd'hui persuadé, que celui qu'on se fait à soi-même.

Si l'on renonce à changer la famille ou la communauté de référence, si l'on ne cherche plus à réparer une faille primitive, qu'est-ce alors que soigner ? Étymologiquement, c'est d'abord répondre à un besoin, à une nécessité biologique ou psychique, mais c'est aussi un travail, une action de transformation, une production. Les trois mots soin, besoin, besogne, bien qu'ayant connu des évolutions divergentes, ont en effet la même origine. Il en reste quelque chose. On peut étudier cette double dimension de réponse et de mise en circulation d'un produit transformé dans la dynamique du soin maternel, véritable paradigme de toute activité soignante.

Le soin maternel

Aucun de nous n'existerait s'il n'avait obtenu de sa mère, des substituts maternels ou, plus généralement, d'un environnement suffisamment maternant, satisfaction à ses besoins de base. Un bébé quel qu'il soit, où qu'il soit, exige de la part de celle ou de celui que Freud appelait l'« objet secourable », d'être nourri, maintenu à bonne température, protégé des stimulations excessives. La prématurité du bébé humain lui interdit de se dresser sur ses pattes pour aller, comme un petit veau, chercher le pis de sa mère. D'où l'idée d'un état initial de pure passivité que les travaux modernes sur les interactions mère-nourrisson ont remis en cause. On sait, en effet, que la mère reçoit de son bébé autant qu'elle lui donne. Le besoin de l'enfant induit du côté de la mère une tension qui représente, chez elle, un besoin correspondant de soutenir et de nourrir son enfant. Grâce à l'observation directe dans des situations naturelles ou expérimentales et à l'enregistrement vidéo, on peut maintenant déterminer les stratégies utilisées par le bébé pour éveiller cette tension. Dès les premières heures de sa vie, un nourrisson détecte la voix et l'odeur maternelle, et se tourne préférentiellement vers leur source. Très tôt, il reconnaît des oppositions de phonèmes et sait distinguer le visage maternel parmi d'autres formes. Ces compétences précoces – qu'elles soient innées ou, pour certaines, acquises *in utero* – lui permettent d'entrer en communication et d'exprimer une véritable soif de connaissance et de relation. Le bébé a autant besoin de relations que de lait. Sensible à cet appel, la mère répond, d'abord par tâtonnements puis par des comportements de plus en plus adaptés où son besoin de donner rencontre le besoin de recevoir de l'enfant et s'harmonise avec lui. Ainsi s'établissent entre l'enfant et la mère un système de symboles, un protolangage où la mère entraîne l'enfant à reconnaître, par de multiples signes, non seulement qu'elle est prête à le nourrir mais aussi qu'elle est dans tel ou tel état émotionnel. Parallèlement, l'enfant enseigne à sa mère l'art de donner sens à ses signaux de faim, de détresse émotionnelle, ou au contraire de complétude et de joie. Si, comme l'écrivait il y a déjà trente ans Talcott Parsons, l'enfant « apprend à aimer sa mère », celle-ci réciproquement est, comme on dit de nos jours, « maternalisée » par son enfant qui l'institue comme mère.

Ce modèle comportementaliste a l'avantage d'être observable et manipulable. On peut en isoler les variables et les tester scientifiquement. D'où son succès dans ce vaste mouvement de recherche qu'on appelle les sciences cognitives. Même s'il lui donne matière à réfléchir et à infléchir certains de ses points de vue, le psychanalyste ne peut s'en contenter. Il a eu, sur son divan, des femmes enceintes et des jeunes mères. Il sait que, pour elles, le bébé ne se limite pas à cet être gigotant qu'elles tiennent sur leurs genoux, et à qui elles donnent, avec plus ou moins d'adresse, le sein ou le biberon. Au bébé réel, comme Serge Lebovici l'a montré, se surajoutent par strates successives, un bébé imaginaire, un bébé fantasmatique, un bébé mythique, un bébé narcissique [1]. Le bébé imaginaire, c'est celui consciemment ou préconsciemment attendu par la mère, celui auquel elle a, par avance, donné un prénom, qui parfois prend sens dans l'histoire personnelle des parents, celui dont, soutenu aujourd'hui par le cliché échographique, elle connaît le sexe et cherche à deviner le visage, la position en elle, les sentiments, celui pour lequel elle se fait du souci, dont elle peut redouter l'anomalie. Le bébé fantasmatique, lui, renvoie à son histoire personnelle, à la signification inconsciente de ses jeux de poupée, à la présence en elle, refoulés, des désirs œdipiens adressés à son propre père, transférés éventuellement sur son psychanalyste ! Le bébé mythique, c'est sa part d'ombre, le magique, l'effrayant, le fantastique, le monstrueux dont elle tente de se débarrasser. Le rire sanglant de l'ogresse, le poison de la sorcière, ont ensemble été

1. S. Lebovici, *Le Nourrisson, sa mère et le psychanalyste*, Le Centurion, Paris, 1983.

instillés dans la pomme donnée à Blanche-Neige, comme un enfant mortifère. La belle jeune fille renaîtra à la vie et se lèvera de son cercueil quand, après un cahot du chariot qui la transportait vers sa dernière demeure, le morceau toxique, coincé dans sa gorge et qui l'étouffait, sera ressorti d'elle, par une sorte d'accouchement buccal. L'enfant narcissique enfin, c'est l'enfant prolongement, l'enfant gardé avec soi comme masque de son incomplétude, l'enfant qui doit être ce qu'on n'a pu être, avoir ce qu'on n'a pas eu, réussir où on a échoué, gage d'un retour au nirvana du sac amniotique, à la fusion éternelle avec le paradis perdu.

Car l'être humain n'est pas que de besoin. Derrière le besoin, étayé sur sa satisfaction, surgit le désir, par définition impossible à satisfaire car s'adressant à un objet manquant. *Desiderium*, le désir, veut d'abord dire expérience du manque. Quand l'enfant tète sa mère – et quand la mère donne à téter à son enfant – il n'y a pas que satisfaction réciproque du besoin de nourriture et de celui d'être soulagé d'une tension mammaire. Les lèvres pour l'enfant, le mamelon pour la mère, sont les lieux d'une autre excitation. La mère sait déjà, l'enfant pas encore – mais on peut supposer qu'il le devine – que le mamelon comme les lèvres sont la source d'autres plaisirs qui s'assortissent préalablement d'une autre tension en d'autres organes. À la double satisfaction des besoins s'ajoute donc l'évocation d'un désir impossible à assouvir. Quand bien même elle le voudrait, la mère ne pourrait réaliser avec son nourrisson l'élan libidinal qui s'éveille en elle à l'occasion des tétées. Quand bien même il saurait ce qui lui arrive, le bébé ne pourrait baiser sa mère sur les lèvres et lui faire l'amour. La sexualité qui imprègne l'expérience de la tétée est une sexualité impossible, elle renvoie à une incessante frustration. Pour le bébé, c'est – selon la terminologie de Jean Laplanche – l'énigme d'une séduction primaire, pour la mère, l'origine d'une transmutation de l'émoi sexuel en fantasme.

Wilfred Bion, auquel je me suis déjà référé, a particulièrement insisté sur le rôle de la rêverie maternelle dans le développement psychique du nourrisson et dans son accession à la pensée. Je rappelle que, pour cet auteur, l'enfant vient au monde avec une « pré-conception », un programme inné comme disent nos modernes cognitivistes ou encore un « autre virtuel », selon la formule du neuropsychologue Colin Trewarthen. L'enfant s'attend à trouver là, dans le monde, une chose susceptible de satisfaire ses besoins. Quand ce quelque chose surgit au bon moment, l'enfant s'apaise (mais, on vient de le voir, tout laisse supposer que derrière cet apaisement subsiste un « reste » de frustration). Au contraire, quand le besoin s'exprime et qu'il n'y a rien pour le satisfaire, la frustration est à son acmé. Elle entraîne un afflux de pulsions débridées, une inondation de stimulations impossibles à maîtriser et à organiser. Bion fait alors l'hypothèse d'une sorte de prépsychisme qui ne saurait fonctionner que sur le mode de l'incorporation et de l'expulsion, à la manière d'un tube digestif. Pour l'enfant, le manque n'est pas zéro, le rien est quelque chose que, jouant sur les mots, Bion appelle *no-thing*, la non-chose. L'enfant projette cet objet menaçant hors de lui par ses cris, par ses gesticulations, par ses régurgitations, par son système excrétoire, et en renversant le fonctionnement normal des organes des sens. L'œil, au lieu de recevoir des perceptions, devient projecteur, l'oreille, au lieu de recevoir des sons, devient émettrice ; ainsi naissent des hallucinations qui ne sont encore que du protopsychique, des esquisses de représentations, mais qui ont le statut de choses concrètes, dures, matérialisables. Leur destin est d'être rejetées en menus fragments qui ne peuvent s'associer entre eux. Représentées comme errant dans l'espace, ces choses ont une cible dont l'enfant, grâce à sa préconception, se crée un début d'image : le sein maternel. Quand le sein surgit, ce que l'enfant en attend n'est pas d'abord d'être nourri mais d'être débarrassé des stimulations qui le submergent. Plus que d'apport d'une substance positive, l'enfant a besoin que quelque part quelque chose absorbe son trop-plein de charges négatives. Avant d'être une fontaine de lait, le sein maternel est donc une pompe qui aspire ce qu'un de mes patients psychotiques appelait ses « excréments psychiques ». Dans le sein, les excrétions du bébé vont subir une transformation. Elles seront, comme je l'annonçais au départ, l'objet d'un travail. Détoxifiées par le sein, bonifiées, elles se transforment en nourriture, et alors seulement peuvent être ingérées. Tout se passe comme si, en ce moment inaugural, le bébé ne pouvait absorber que ce qui vient de lui – mais par le détour d'un autre. Le lait qui le nourrit est conçu comme l'effet de la métabolisation par le sein de ce que l'enfant y a rejeté, un renversement de la négativité en positivité.

J'insiste sur cette idée fondamentale, l'activité de nourrissage, et, plus généralement, les soins maternels n'ont pas pour seule fonction de satisfaire un besoin biologique, ils ont d'abord, ils ont surtout pour rôle de transformer le rejeté en incorporable, de positiver le négatif... ou du moins de le rendre tolérable.

La rêverie maternelle, suscitée par la frustration d'une sexualité immédiatement impossible, est l'activité mentale par laquelle la mère opère cette transformation positive. En termes simples, on peut dire ici que la mère anticipe le sens des productions de l'enfant. Dans ses gesticulations désordonnées, dans ses grimaces, dans ses cris ou dans ses excrétions, elle perçoit une adresse à son égard, une démarche qu'elle charge d'intentions et qu'elle restitue à l'enfant, avec la musique de sa parole. Ce qu'elle fournit donc, avec la nourriture et le confort somatique, c'est un environnement psychique, un premier capital de significations où les projections de l'enfant commencent à se relier en séquences organisées qui prennent de plus en plus une valeur symbolique, c'est-à-dire qui renvoient à autre chose qu'elles-mêmes dans un système d'échanges vectorisés selon une intentionnalité.

De toute cette expérience préverbale, il ne nous reste rien. C'est pourquoi il est difficile de la mettre en mots. C'est pourquoi aussi Bion avait été acculé à user d'un langage abstrait analogue aux mathématiques. Il désignait sous le nom d'éléments bêta les excrétions du nourrisson que la mère accueille et transforme dans sa rêverie. Il appelait éléments alpha la restitution maternelle des éléments bêta transformés. Les éléments alpha avaient, selon lui, la propriété de s'articuler entre eux en réseau et de former, à l'intérieur du psychisme de l'enfant, une instance métabolisatrice et psychisante intériorisée, construite sur le modèle de la rêverie maternelle, la fonction alpha, qui nous permet toute la vie de transformer nos émotions primitives et les données des sens en pensée. Il est vain en effet, selon le neurophysiologiste Gerald Eldelman, de vouloir retrouver ces expériences primitives, aussi vain que de prétendre que l'eau a une mémoire. La maturation du système nerveux est progressive, et il est impossible que subsiste des « traces mnésiques », comme une sorte de négatif photographique archivé, qui attendrait d'être révélé. En revanche, le cerveau ne cesse jamais, au cours de multiples évocations, de se raconter son histoire et, chaque fois, de la reconstruire.

Dans le schéma proposé ici, ce récit est d'abord un récit de la mère sur l'enfant, avant de devenir le récit de l'enfant sur lui-même. La rêverie maternelle, comme j'ai essayé de le montrer ailleurs, a, en effet, trois caractéristiques : c'est un récit, c'est un récit destiné à un tiers, c'est un récit source d'un plaisir spécifique [2].

La mère, en rêvant en présence de son bébé, traduit, à son usage, le comportement de l'enfant dans ce langage intérieur qui, une fois établi, ne s'arrête jamais et se prolonge sous des formes variées, la nuit comme le jour. Dire de la rêverie maternelle qu'elle est un récit, c'est postuler qu'elle a une forme verbale. Grâce à un travail de traduction, les actions du bébé sont reliées à des mots. Mais ces mots que la mère met sur les agis du bébé sont plus qu'un simple lexique. Ils ne se limitent pas à un décodage, terme à terme, où tel acte viendrait recevoir telle désignation. Les mots de la mère sont unis par une syntaxe. Ils s'arrangent selon une temporalité, un avant, un pendant, un après que représentent les temps du verbe. Unis par des conjonctions et des prépositions, ils se succèdent selon une causalité, en fonction d'une intentionnalité, et l'action qu'ils décrivent occupe un espace [3]. C'est dire que, dans ce récit, tout ne peut trouver place. Certaines expériences sont indicibles, au-delà des mots (« *nameless dread* », « la terreur sans nom », disait Bion, pour désigner certaines émotions du nourrisson). D'autres font sauter les

2. *Cf.* J. Hochmann, « Les fondements autoérotiques de la pensée », *Journal de psychanalyse de l'enfant*, n° 14, 1993.

3. Il faudrait peut-être nuancer : l'activité informative de la mère, la rêverie maternelle, n'est peut-être pas seulement verbale. Il y a aussi une pensée inconsciente, Freud l'avait dit, qui articule les représentations de choses entre elles sans le secours des représentations de mots. Cette articulation entre des objets concrets et des situations à valeur symbolique est peut-être à l'origine de ce que Daniel Stern appelle des « enveloppes pré-narratives », *cf.* D. Stern in *Journal de psychanalyse de l'enfant*, n° 14, 1993.

cadres syntactiques. Elles dépassent les possibilités du récit. Elles sont proprement inénarrables. La rêverie maternelle opère donc une sélection dans le matériel du bébé et ne retient, *a priori*, que ce qui est compatible – au sens moderne des logiciels d'ordinateur – avec les règles générales du fonctionnement mental humain, hérité de la phylogenèse, avec les contraintes d'une culture donnée et avec les capacités variables qu'a la mère, en fonction de sa propre histoire, à contenir et à transformer les projections de son enfant. Le reste, rejeté, constituerait cet ensemble obscur qualifié par Piera Aulagnier d'« originaire ». Il émergerait parfois sous la forme d'instantanés incompréhensibles par le sujet, et sans liaison avec le reste de son fonctionnement psychique. Piera Aulagnier appelait « pictogrammes » ces parasites de la vie mentale.

Dans l'hypothèse que j'essaie de soutenir ici, à la suite des travaux de Bion, l'originaire n'est pas entièrement inaccessible. Formé des éléments bêta projetés par l'enfant et qui n'ont pu trouver une traduction verbale, il connaît une transformation sémantique d'un ordre différent que je propose de qualifier de métaphorique. Lorsque le langage du dictionnaire fait défaut, soit qu'il n'y ait pas de terme dans la langue pour désigner un élément de la réalité physique, soit que les mots soient impuissants à communiquer une émotion, le locuteur devient poète. Il a recours aux figures de rhétorique et, en particulier, à la métaphore. Au XVIIIe siècle, dans son fameux *Traité des tropes*, le grammairien Du Marsais disait d'elle (après Aristote) qu'elle était « une figure par laquelle on transporte pour ainsi dire la signification d'un nom à une autre signification qui ne lui convient qu'en vertu d'une comparaison qui est dans l'esprit. Un mot pris dans un sens métaphorique perd sa signification propre et en prend une nouvelle ». Au sens premier du nom, « ce pourquoi il a été établi » s'ajoute donc un sens figuré, dérivé d'une association entre l'idée principale et une idée accessoire qui lui est liée, non seulement dans l'esprit du locuteur mais encore dans celui de son interlocuteur, au sein d'une culture donnée. Ce qui fait qu'il est généralement difficile de traduire une métaphore d'une langue dans une autre, et que les « *private jokes* », ces métaphores intimes, réservées à un couple d'amants, à un groupe d'amis ou à une famille, sont incompréhensibles en dehors du contexte interactif où elles se sont forgées. La métaphore cherche, dit Du Marsais, à donner « de la vivacité et de la grâce au discours », pour éveiller l'attention, plaire ou persuader. Au service de l'éloquence, elle a aussi pour fonction de transmettre « l'énergie » d'un mouvement de l'imagination. Elle éveille des passions en écho aux nôtres et fait sentir à autrui ce que nous ressentons. Elle est vecteur d'empathie. Écoutons encore Du Marsais : « L'expression figurée [...] est même ordinairement plus vive et plus agréable, parce qu'elle réveille plus d'une image, elle attache ou amuse l'imagination et donne aisément à deviner à l'esprit. » Le transfert métaphorique, la sommation et le mouvement d'images qu'il détermine, le plaisir qu'il donne, la curiosité qu'il entraîne, permettent de susciter en autrui un sentiment comparable à celui qui anime le locuteur. Il apporte à la liaison représentation de mot-représentation de chose, un surplus d'investissement, en termes freudiens : une « prime de séduction ». C'est que la métaphore, liée à la sensorialité, attache le corps et la parole, l'affect et la représentation. Elle donne chair aux abstractions et les fait, selon Du Marsais, « toucher au doigt et à l'œil ». Par sa magie, le langage prend du goût, une épaisseur, une musique, presque une odeur. Pour reprendre l'heureuse expression d'André Green, la métaphore est « représentance d'affect ».

Paul Ricœur rappelle qu'à elle seule elle est une histoire, et que, dans le mouvement métaphorique, les deux termes sont modifiés l'un par l'autre [4]. Ainsi, quand je dis « l'homme est un loup pour l'homme », je ne me contente pas de transférer la signification loup, de l'animal au sentiment de férocité, « en vertu d'une comparaison qui est dans l'esprit » (féroce comme un loup). Je donne à un terme abstrait une coloration concrète perceptible par les sens. Mais surtout je raconte une histoire où, dans ce rapprochement, l'homme se « lupinise » en même temps que le loup s'« hominise », pour laisser au bout du compte, en face de mon interlocuteur, l'image condensée du lycanthrope. Ainsi en est-il du récit maternel. Il commence par reprendre le

4. P. Ricœur, *La Métaphore vive*, Le Seuil, Paris, 1975.

gazouillis ou le cri du bébé, puis il se transforme peu à peu en un langage-bébé, une création où les néologismes abondent. (Certains se fixeront, dans l'échange, pour désigner, par exemple, l'objet transitionnel, ce jouet en peluche, cette sucette ou ce morceau d'étoffe qui deviennent « nono » ou « vava », véritables créations linguistiques au lieu d'un mot manquant, sortes de catachrèse.) Il se sert des mots pour dire plus que les mots et ce que les mots, à eux seuls, ne peuvent pas dire. Daniel Stern a ainsi beaucoup insisté sur ce qu'il appelle la « transmodalisation », cette traduction par la voix maternelle d'un mouvement du bébé [5]. La voix de la mère monte du grave à l'aigu, alors que le bras de l'enfant s'élève. Elle ne se contente pas de dénoter par des mots l'intention de l'enfant – atteindre un objet élevé. Elle connote, dans une gamme ascendante, le mouvement lui-même. Par cette magie « transmodalisatrice », le geste devient musique et la parole mise en acte, geste et voix s'unissant pour désigner un tissu commun de l'échange, une élation partagée, ce que Daniel Stern, encore, appelle un affect commun de vitalité.

La métaphore, au sens élargi où je l'entends ici, la métaphore originaire, « inouïe » comme disait Ernesto Grassi [6], est donc à la racine de l'intersubjectivité. Semblable à ces rêves inauguraux d'une psychanalyse qui contiennent, en condensé, la problématique qui se déroulera dans la cure, elle rassemble les éléments déployés ensuite dans le récit de la mère. Celui-ci, comme tout récit, a un destinataire dont l'existence contribue à lui donner forme. Une histoire doit toujours obéir, je l'ai dit, à des conditions de narrabilité. Elle est, en puissance, racontée à quelqu'un et s'organise en fonction de ce quelqu'un d'une manière telle qu'elle pourra lui être racontée. Le destinataire n'a donc pas que la fonction passive d'une écoute. Sa présence, à l'horizon plus ou moins lointain du narrateur, l'anticipation de la transmission qui lui sera faite, structure activement l'histoire elle-même. Le destinataire du récit est ici une figure complexe où se condensent le géniteur de l'enfant, le partenaire sexuel (ce n'est pas forcé-

5. D. Stern, *Le Monde interpersonnel du nourrisson*, trad. fr. PUF, Paris, 1989.
6. E. Grassi, *La Métaphore inouïe*, Quai Voltaire, Paris, 1991.

ment le même), mais aussi le père de la mère, sa mère, voire toute sa généalogie avec le cortège inconscient de ses imagos. C'est comme objet d'un désir ambigu, à la fois objectal et narcissique, que le destinataire joue un rôle dans la rêverie maternelle. Curieuse position que la sienne : d'être désiré, il est absenté ! Le destinataire est en effet à la fois présent et absent, là et pas là. Dans un travail récent, se référant aux modèles mathématiques de R. Thom, Didier Houzel propose de considérer la mère, dans la relation précoce qu'elle a avec son nourrisson, comme un « attracteur ». De même qu'une vallée attire vers sa déclivité les eaux en provenance des montagnes qui la bordent, de même la mère, par sa présence, attire le regard, les affects, les mouvements, les expressions et les excrétions puis les pensées du nourrisson qui l'inscrit comme objet de satisfaction, dans la visée de son élan pulsionnel [7]. J'ajouterai que cet attracteur maternel, pour être justement attracteur, n'est pas que simple présence. Il est à son tour attiré, organisé dans son flux, par une absence, celle du tiers, vers lequel la mère projette, de manière anticipatoire, le récit en gestation des moments vécus avec le nourrisson. Figure indécise de la rêverie, le tiers n'est pas encore nommé ni désigné. Il reste donc comme un creux dans la parole maternelle et un inconnu pour l'enfant. Celui-ci, pris dans un mouvement métaphorique qui lui échappe, comme il échappe en grande partie à l'activité consciente de la mère, est soumis à une division, à une sorte d'aliénation fondamentale. Le sens ajouté par la traduction maternelle à ses premières productions, quand elles viennent se lier aux représentations verbales et non verbales de la mère, est un sens pour autrui. Le Grand Autre transcendental devant lequel on s'est tant prosterné et l'assomption trompeuse du sujet dans le miroir pourraient trouver dans cette conception d'un récit sur l'enfant, organisé préconsciemment et inconsciemment par la mère à l'intention d'un tiers absent, une forme plus incarnée et plus compréhensible. On y trouverait aussi de quoi soutenir, contre la mode d'un trop-plein de discours à l'enfant, l'éloge d'une certaine dis-

7. D. Houzel, « Pensée et stabilité structurelle à propos des théories post-kleiniennes de l'autisme infantile », *Revue internationale de psychopathologie*, n° 3, 1991.

crétion dans les rapports mère-bébé. Les vieux professeurs d'éloquence n'enseignaient-ils pas un « art de se taire ». Une forme de silence et de mystère est indispensable au bon fonctionnement de l'attracteur. L'inconnue et l'absence du tiers sont essentielles à la production du récit. Si le tiers était simple et non énigmatique, le récit en serait appauvri. Il manquerait de résonance. Si le père était là, la mère penserait à autre chose et ne rêverait pas à son enfant. Selon la formule de Michel Fain et de Denise Braunschweig, elle redeviendrait amante [8].

Le plaisir que procure à la mère la fabrication de son récit, s'il est de nature érotique, est en effet d'un ordre différent de celui de la jouissance sexuelle. C'est, pourrait-on dire, un plaisir suspendu, anticipation d'un plaisir à venir avec le partenaire, chargé de libido mais d'une libido qui se retourne sur elle-même, qui devient, selon le mot de saint Augustin, plaisir d'aimer et non plaisir d'amour. (« Non seulement j'aimais, non seulement j'étais aimé, mais j'aimais aimer » confessait l'Évêque d'Hippone en se souvenant de son adolescence tourmentée.) En fait, le désir se décharge toujours, en partie, dans la relation avec l'enfant. On sait, depuis Freud, le caractère séducteur des soins maternels. Aucune mère n'évite de jouir érotiquement de son bébé. Habituellement, toutefois, le récit intérieur de la rêverie interpose, entre l'enfant et la mère, comme un filtre protecteur, une sublimation originaire qui s'exerce en toute méconnaissance de la nature sexuelle de l'expérience. Michel Fain et Denise Braunschweig ont insisté sur l'importance de cette méconnaissance dans la mise en latence des pensées excitantes et, par là, dans la constitution du préconscient. L'excitation mise en latence, la satisfaction renvoyée à plus tard sont défléchies vers le partenaire sexuel « naturel » de la mère, destinataire du récit et donc du désir qui le sous-tend. En attendant, le désir revient sur soi, se décharge par petites quantités et engendre un plaisir mesuré. À ce retour et à ce suspens du désir, enchâssé dans la construction d'un récit et au plaisir qu'il donne, j'ai proposé de donner le nom d'autoérotisme mental. On peut discuter cette application du terme d'autoérotisme, puisque le plaisir ici naît

---

8. D. Braunschweig et M. Fain, *La Nuit et le jour*, Paris, PUF, 1975.

du commerce avec un objet. Freud n'employait-il pas le mot seulement quand il n'y avait pas d'objet ? Mais d'autres, en particulier Jean Gillibert dans un travail fondateur, nous ont engagés à mieux préciser la place dans toute fantaisie autoérotique d'un objet plus ou moins internalisé. Par autoérotisme mental, j'entends aussi quelque chose de l'ordre de ce qu'Evelyne Kestemberg appelait un « plaisir de fonctionnement », un plaisir pris avec l'appareil psychique en train de produire des pensées. Ce plaisir est un plaisir calme et tranquille, un plaisir teinté de nostalgie. Je voudrais m'arrêter un instant sur cet affect de nostalgie qui me paraît indissociable de toute activité narrative. Raconter quelque chose, c'est en effet, du fait même qu'on le raconte, se convaincre de la flèche du temps et se laisser pénétrer par le sentiment d'une perte. Tout récit est soutenu par ce que Freud, dans un de ses plus beaux textes, appelait le sentiment de l'éphémère, qu'on a traduit aussi par « passagèreté ». Devant l'inéluctable, disait-il, plusieurs réactions sont possibles. L'une, dépressive, consiste à ne s'attacher à rien puisque tout est destiné à disparaître, l'autre, psychotique, consiste à nier le temps et les pertes qu'il occasionne nécessairement. La troisième, celle du stoïcien que Freud ne cesse jamais d'être, revient à voir, dans leur caractère passager, ce qui justement donne du prix aux choses. Ainsi, dans le récit maternel, un deuil est au travail, deuil de ce qui va disparaître à jamais de l'instant privilégié vécu avec le nourrisson, deuil anticipé qui fera du moment des retrouvailles avec l'aimé, autour du berceau, le moment précurseur de la séparation. Or ce travail de deuil – comme celui qui sous-tend une création littéraire – est un travail de consolation où ce que le philosophe Max Scheler appelait « la violente nostalgie du cœur » se transforme en plaisir. Le plaisir nostalgique est un plaisir d'évocation pris avec son appareil mental en train de construire une histoire, un calme plaisir d'attente où la répétition et la régularité favorisent la mise en latence des excitations présentes et à venir. Freud dénommait pare-excitation cette fonction d'habituation qu'il comparait à la constitution de la couche cornée. De même, grâce au plaisir redondant de sa rêverie, la mère se protège des stimulations excessives et se console de ses pertes et de ses renoncements.

En même temps, elle protège son enfant en lui proposant et en partageant avec lui un espace de familiarité et de fiabilité où le temps s'abolit. C'est tout ce complexe qu'elle transmet à son bébé quand elle le console à l'aide de son bercement ou de sa caresse. Toutes les mères le savent, il est difficile de donner la tétée à un nourrisson, à l'acmé de sa faim, quand l'attente a été trop longue. Le bébé se jette alors sur le sein ou sur le biberon avec une envie qui détruit l'objet de son désir. Pour pouvoir être utilisé, l'objet doit d'abord être reconstruit, réparé. En berçant son enfant, en le caressant, la mère, en s'apaisant elle-même, l'apaise et le ramène au calme. Ce qu'elle restitue à l'enfant, par ses activités consolatrices, c'est la possibilité de retrouver dans la réalité un objet satisfaisant qui est resté contenu dans sa rêverie, comme dans un conservatoire où, sans être consommé, il gardait néanmoins la dimension imaginaire d'un objet de plaisir. Ce qu'elle lui apporte aussi, avec le plaisir qu'elle éprouve à le nettoyer, à le langer, à le nourrir, de lait et de mots, soutenus par les images de son visage mobile et expressif, et avec le récit qu'elle s'en fait et qu'elle lui fait, c'est un investissement érotique du corps. À l'origine, le corps du bébé est troué et ses orifices n'ont pas de destination et de polarité particulières. Le bébé incorpore et rejette dans le même mouvement et ne distingue pas de fonctions spécifiques dans ses trous. Sa bouche, son anus, ses yeux, ses narines, ses oreilles sont confondus. À travers les soins maternels et la forme d'investissement particulière de chaque zone, il découvre que le plaisir d'absorber est différent de celui de retenir et d'évacuer, que les excitations orales, visuelles, olfactives, auditives sont de natures différentes même si elles tissent entre elles une série de correspondances, comme dit le poète, entre les couleurs, les parfums et les sons.

Que se passe-t-il, en effet, du côté du bébé et comment s'approprie-t-il la rêverie maternelle ? Le suçotement du pouce fournit ici un modèle utile. Pour la clarté de la démonstration, on peut le décomposer en deux expériences étroitement conjointes :

— Le pouce dans la bouche, objet discret, aux contours précis, vient combler un manque. Il remplace concrètement le sein absent et aide l'enfant à halluciner, de manière compensatrice, la satisfaction de sa tétée. Ce n'est pas encore un symbole, simplement un objet substitutif du désir, comme le sera plus tard, en partie, l'objet transitionnel ;

— Mais en même temps, en caressant sa joue, en passant alternativement ses autres doigts devant ses yeux, en tripotant de son autre main, avec un rythme lent et soutenu, un morceau de couverture ou son premier jouet, en émettant des bruits de gorge, l'enfant crée alentour une brume métaphorique, un vague illusoire et lâche où flottent des esquisses d'images dans un continuum indécis.

Ainsi s'établissent deux lignées de plaisir : le plaisir clonique de décharge, le plaisir tonique de consolation. Le premier est contemporain de la jouissance, par essence discontinue, le second rétablit la continuité et forme tout autour un étayage auquel les jeux sexuels préliminaires de l'amour donneront sa pleine signification. Marcel Proust décrit magnifiquement cet étayage, dans un passage où il se remémore, avec une odeur de renfermé, « un plaisir consistant auquel je pouvais m'étayer, délicieux, paisible, riche d'une vérité durable, inexpliquée, certaine ». Dans ce qu'il a perçu de la rêverie maternelle, l'enfant a trouvé les racines de ce plaisir calme, inexpliqué mais indiscuté et certain. Il le recrée à son usage, en utilisant le conglomérat psychosomatique qui est alors à sa disposition : le rythme de sa motricité élémentaire, l'autostimulation visuelle, auditive, olfacto-gustative et tactile, ses ébauches de pensée, bref l'activité autoérotique indispensable à la formation de son moi corporel. En s'identifiant à sa mère rêveuse, l'enfant protège l'objet nourricier des effets de sa haine.

Les interactions consolatrices entre le bercement de la mère et le suçotement de l'enfant recréent ainsi, avec un retour au calme, les conditions d'une satisfaction. La rêverie maternelle et l'autoérotisme de l'enfant, en écho l'une par rapport à l'autre, forment un réseau d'identifications croisées, réparatrices, un autoérotisme à deux, qui rend la jouissance possible. La mère et l'enfant sont alors, l'un pour l'autre, objet d'élection, pris dans l'illusion d'une dualité, exclusive de ce qui n'est pas elle. Cette illusion, Freud la projetait sur son passé en affirmant que les grands hommes avaient été souvent les préférés de leur mère et que cette préférence fondait la confiance en soi. Winnicott, lui, parlait de la « préoccupation maternelle primaire » comme d'une folie ordinaire par laquelle les mères confirment leur enfant dans son sentiment d'élection. Collectivement, c'est aussi l'illusion du Peuple Élu lorsque, dans une de ses plus déchirantes prières, il cherche une consolation auprès d'un Dieu plein de miséricorde, en usant d'un terme hébraïque qui signifie aussi matrice.

Le sentiment d'élection est alors ce qui permet d'appréhender le monde des objets. Un objet concret, réel, l'objet propre du besoin, n'est jamais plaisant. Il est trop différent de l'objet attendu. Pour s'emparer de son objet, l'enfant doit exercer un effort, dépenser une énergie plus grande que celle nécessitée par une hallucination de désir. Et l'effort est pénible. L'objet réel serait donc continuellement frustrant, sollicitant de manière préférentielle les forces de destruction, s'il n'était, au préalable, « transitionnalisé », enrobé d'illusion. Choisi et nommé par la parole maternelle, objet d'un plaisir d'évocation, métaphorisé, il devient consommable parce que l'écart entre sa préconception et sa réalisation est comblé de rêveries qui le rendent familier. Plus exactement, c'est cet écart qui rend la rêverie possible. Un objet parfait, une idole, apaiserait toutes les faims, étancherait toutes les soifs, mais anéantirait aussi toute transmutation et toute création. L'écart est donc investi en lui-même, comme permettant l'identification au plaisir de la rêverie maternelle. L'attente et la mise en latence de l'excitation prennent la valeur positive de sources d'une figuration qui va se développer en joie d'apprendre et de connaître.

La consolation en effet doit rester imparfaite et ne se compléter que sur un mode imaginaire. Sinon, l'élément de stabilisation nécessaire qu'elle introduit dans la relation, la compulsion de répétition qu'elle utilise à son profit, l'emporteraient. La mort connaîtrait sa victoire.

Dans la paix du tombeau toi qui m'as consolé
Rends-moi le Pausilippe et la mer d'Italie.

Gérard de Nerval, « le ténébreux, le veuf, l'inconsolé », peut continuer à chanter « sur la lyre d'Orphée » et à rêver « dans la grotte où nage la sirène » parce que son désir n'est pas assouvi, parce que la « tour abolie » n'est pas entièrement reconstruite, parce qu'il prend le risque, vital dans son cas, de regarder en face « le soleil noir de la mélancolie ». Pour être efficace, le soin consolateur laisse subsister un nécessaire quantum de souffrance, sans lequel un processus actif de cicatrisation serait impossible. Il faut souligner ceci, au risque de se répéter. La réparation qu'offre une activité consolatrice n'a de valeur que symbolique. N'est consolateur que ce qui laisse subsister un manque. La mère, en recevant un apport libidinal de son enfant qui l'investit et projette en elle ses besoins, ne restitue pas tout par ses soins. On l'a vu, les désirs éveillés en elle à l'occasion des soins maternels ne peuvent entièrement se satisfaire sur place. L'inévitable excitation sexuelle qu'entretiennent le corps à corps avec le bébé et la tétée (ou tout ce qui en tient lieu dans l'allaitement artificiel) ne peut être déchargée immédiatement. Mise en latence, elle trouvera plus tard, avec un autre partenaire, sa satisfaction. Le plaisir pris avec l'enfant devient occasion repoussée de plaisir avec un autre. L'enfant, à sa manière, confusément, pressent cette incomplétude, cette impuissance à satisfaire sa mère à lui tout seul. Le pressentiment du tiers nécessaire est déjà, au sein même de l'illusion, brisure de cette illusion. Mais c'est justement cette imperfection qui éveille son propre désir, qui sollicite ses potentialités créatrices et qui, de manière encore embryonnaire, met en route ses propres processus de consolation, sa capacité à transfigurer les insuffisances et les failles et à rétablir, par-delà les ruptures qu'entraînent l'émergence des besoins non satisfaits, une continuité narrative, une fiction personnelle qui tient lieu, pour la vie, de colonne vertébrale psychique. Ainsi commencent les processus de symbolisation.

Histoires de consolations

Le petit ours n'avait plus de couleur. Maintes fois reprisé, rapiécé, recousu, il était difficile de savoir à quelle espèce du genre peluche il avait jadis appartenu. Son origine se perdait dans la nuit des temps. On disait, dans la famille, qu'il avait été ramené par le père, alors au service militaire, d'un arbre de Noël pour les enfants des soldats. Sa propriétaire, une jeune personne de cinq ans, passait avec lui ses nuits et, malgré de nombreux autres jouets, lui restait fidèle depuis avant la fin de sa première année. Elle l'emmenait avec elle dans ses déplacements les plus importants. Un voyage à Rome avec les grands-parents valut au petit ours son baptême de l'air et une visite du Forum. C'est là que le drame se noua. Il tient en peu de mots annoncés par une voix d'enfant entrecoupée de sanglots : « On a perdu le petit ours. » Le premier soir fut tragique. La petite fille était inconsolable, donnant tous les signes d'une extrême détresse qui contaminait son entourage. À ceux qui maladroitement lui proposaient (trop tôt) un jouet de remplacement, elle déclarait pleine de colère, crispée sur sa souffrance : « Mon ours ne peut pas être remplacé. » Elle accusait aussi ses grands-parents, garants de sa sécurité, de lui avoir laissé emporter son ours. N'auraient-ils pas dû prévoir cette perte et l'empêcher, en lui enjoignant de laisser l'ours à la maison ? Ainsi mis directement en cause, attaqués (et coupables), les grands-parents perdaient toute valeur consolatrice. La petite fille ne put, ce soir-là, se calmer qu'en téléphonant à ses parents, en obtenant par-delà les frontières, leur appui apitoyé et en leur faisant partager son bouleversement.

Le lendemain, à la première heure, le grand-père parcourut le Forum en tous sens, interrogea les gardiens, fouilla les poubelles et les buissons. En vain, l'ours devait rester à jamais perdu. À son retour, la petite fille connut un nouveau moment de désespoir et de haine. La veille, le grand-père, en promettant de partir à la recherche de l'ours, avait manifesté son doute quant au succès de cette quête. La petite fille tonna : « C'est ta faute, tu avais dit que tu ne le retrouverais pas, c'est ta faute si tu ne l'as pas retrouvé. » Elle évoqua avec déchirement le destin de l'ours, passant par le déni (« Non, ce n'est pas vrai, je le retrouverai, il va revenir. »), à l'acceptation endeuillée (« C'est fini, je ne le reverrai plus. ») avec des mouvements de révolte (« Je ne veux pas qu'il soit perdu dans les ordures. »). Elle se calma peu à peu. On évoqua alors avec elle le dessin qu'elle avait fait quelque temps avant de partir : un portrait de l'ours épinglé dans sa chambre. Elle parut trouver un premier apaisement à cette évocation. Elle se mit alors à raconter, avec tristesse, la légende familiale de l'origine de l'ours, le service militaire de son père. L'idée du remplacement, parallèlement, faisait son chemin. On partit pour un magasin de jouets. Plusieurs peluches l'intéressèrent. Elle finit par jeter son dévolu sur une belle chatte blanche qui tenait une souris dans sa bouche et qui avait pour elle quelque chose de familier : son nom de marque était celui d'un autre de ses jouets. En rentrant, la chatte serrée contre elle, elle se mit à évoquer l'ours, mais sur un mode euphorique, un peu excité. Elle l'appelait comme un esprit qui aurait flotté autour d'elle, lui parlait. Elle expliqua qu'il était maintenant à l'intérieur de la chatte et qu'elle pouvait ainsi le garder avec elle. Quelques jours plus tard, revenue chez ses parents, elle dessinait un nouveau portrait de l'ours avec un cœur tout noir « Il est méchant, disait-elle, il m'a abandonnée. » Aujourd'hui l'ours est devenu un souvenir un peu douloureux, mais surtout une histoire qu'on peut raconter et que la petite fille, parfois, au coin du feu, en jouant, discrètement se raconte à elle-même. Que dit-elle alors, qu'en dit-elle ? C'est son secret...

La psychanalyste anglaise Hannah Segal a écrit du symbole qu'il était « une précipitation du deuil de l'objet [9] ». On voit dans cette histoire la nécessité d'un travail de deuil avant qu'un objet substitutif – la chatte blanche – puisse venir remplacer (symbolise) le jouet perdu. Ce travail de deuil reproduit en accéléré toutes les étapes classiques du deuil, la projection sur les

9. H. Segal, *Dream, Phantasy and Art*, Tavistock Routledge, London, 1991.

autres, le déni, la révolte, l'exaltation maniaque des retrouvailles avec un objet mythique (l'ours immatériel quasi halluciné), l'identification projective de l'ours à l'intérieur de la chatte, l'expression de l'ambivalence. Ces étapes sont prises dans un faisceau narratif, une histoire des origines à nos jours qui avec l'activité représentative (les dessins) permet de maîtriser les angoisses dépressives. Ce qui est caractéristique de l'enfance, c'est le rôle particulièrement important dans ce processus de ce qu'on pourrait appeler les objets tutélaires (grands-parents et parents) avec, à un moment, une division du travail qui permet aux uns de servir de conteneur à la projection haineuse et omnipotente, et aux autres d'instance réparatrice.

C'est à cet usage des objets étayants et contenants qu'il faut réserver le nom de consolation. La consolation est cette activité de soutien qui permet à l'endeuillé d'introjecter progressivement l'objet perdu, de détacher de lui sa libido et d'être libre pour de nouveaux attachements, en d'autres termes de faire un travail de deuil, en d'autres termes encore de mettre en route, à l'intérieur de lui, une activité narrative, une remémoration active et recréatrice du passé perdu, bref une autoconsolation.

L'enfant psychotique a les plus grandes difficultés pour s'engager dans un pareil mouvement. La perte d'un jouet donne lieu, chez lui, à une désintégration autrement dramatique. Elle est perte d'un morceau de soi-même. Parfois elle est paradoxalement scotomisée, de manière préventive. Elle n'est jamais reprise spontanément dans un récit nostalgique. C'est que l'enfant psychotique fonctionne sur le registre de ce qu'Hannah Segal a appelé l'équation symbolique. Pour lui le symbole ne représente pas la chose symbolisée, il est la chose même. Entre ces deux étapes – l'équation symbolique et la représentation symbolique –, l'histoire du petit ours nous permet de mettre en évidence une étape intermédiaire où l'objet symbolique, transitoirement, contient la chose perdue. Si le symbole achevé est un cénotaphe, un monument commémoratif dont le corps mort est absent, le présymbole, dont ici il s'agit, est un sépulcre, le corps y est encore présent, au moins sur le plan imaginaire. Cette étape présymbolique, on l'a vu chez la petite fille, est habituellement fugace. Rapidement la chatte blanche tient lieu de l'ours perdu, le rappelle, mais ne se confond pas avec lui et ne le contient plus. Certains enfants se fixent à ce moment intermédiaire. L'objet symbolique reste alors un fétiche qui, dans son immuabilité, doit garder pour l'éternité la corporéité du temps perdu. Il est des stéréotypies ou des délires qui ont aussi cette valeur funéraire.

Un groupe d'enfants psychotiques soignés depuis longtemps dans un centre médico-psychologique devait déménager, avec ses thérapeutes, vers de nouveaux locaux. Une activité fut alors programmée. Pendant plusieurs mois, une fois par semaine et en compagnie des soignants, les enfants se rendaient sur le chantier où ils suivaient l'édification de ce qui allait devenir leur nouveau lieu d'accueil. On prenait des photos, on relevait les plans, et ces éléments matériels permettaient de soutenir, un autre jour de la semaine, un compte rendu que les enfants devaient faire, avec l'aide des soignants, à une orthophoniste restée au logis. À travers cette activité, les enfants (et les soignants avec eux) se préparaient au changement. Celui-ci, néammoins, ne se fit pas sans mal. Ainsi, une petite autiste refusa d'entrer, pendant plusieurs jours, dans le nouveau bureau de sa psychothérapeute. Celle-ci dut rester avec elle, dans le couloir. La petite fille, blottie contre elle, désignait, à côté dans l'espace, une forme hallucinée à laquelle elle donnait le nom de la thérapeute. Il fallut patienter, se montrer avec elle dans la glace, reprendre un à un les objets familiers, insister sur leur identité et raconter maintes fois l'histoire du déménagement, pour que cette hallucination, où se surimposaient probablement les traits de la thérapeute et les éléments de l'ancien décor, s'estompe et qu'elle reconnaisse une continuité entre l'ancien et le nouveau. Cependant l'activité du groupe se poursuivait dans l'autre sens. Les enfants retournaient dans les locaux qu'ils avaient quittés, les photographiaient vidés de leurs meubles et continuaient à raconter à l'orthophoniste leur nouveau destin. Des travaux entrepris par le nouveau locataire, les modifiaient rapidement. Un jour, ils trouvèrent quelques cloisons démolies. Ils se précipitèrent vers un tas de détritus où ils se saisirent de morceaux de briques encore recouverts de plâtre et des anciennes couleurs. Une petite fille emporta ce souvenir qui trône encore chez elle comme une idole. Plus totémique dans ses réactions, Gabriel – un petit autiste – en dévora un morceau.

Le soin professionnel

Nos patients en effet ont tous en commun, quel que soit leur âge, une problématique du deuil. La consolation, pour eux, ne va pas de soi. D'où la tendance à vouloir les réparer dans la réalité et à restaurer ce qui leur manque ou est supposé leur avoir manqué. J'ai dit la vanité de cet effort ainsi que l'erreur que feraient les professionnels en prétendant faire mieux que les parents. Le soin maternel dont j'ai essayé de montrer la fonction métaphorisante et consolatrice ne peut servir d'exemple aux soignants professionnels que sur un plan métaphorique. Dans la formule de J.-J. Rousseau, placée en exergue, deux mots méritent d'être relevés : comme et jamais. « Elle me soigna comme une mère », mais surtout « comme jamais » une mère ne l'a fait ou ne le fera. S'il y a, entre le soin professionnel et le soin maternel, une analogie, il y a aussi une distance, la même que celle qui sépare le sens propre du sens figuré, le jeu de la réalité. Le soin professionnel, pour oser un raccourci, est une métaphore de métaphore. Il s'adresse spécifiquement à des patients dont l'évolution psychologique a gêné le développement d'une pensée métaphorique ou dont la souffrance actuelle paralyse les possibilités de métaphorisation. Métaphoriser, mettre de la poésie dans la vie quotidienne, est en effet un talent qui s'acquiert progressivement et qui nécessite, pour s'exercer, un certain degré de liberté par rapport à l'urgence des besoins fondamentaux.

On peut gloser longtemps sur l'origine des difficultés métaphoriques qui affectent les malades mentaux. Une vulnérabilité biologique peut parfois être invoquée. Il existe, c'est aujourd'hui à peu près sûr, des familles où se transmet génétiquement un trouble de l'humeur qui s'exprime tantôt sur le mode de la classique psychose maniaco-dépressive, tantôt sur celui, moins typé, des psychoses dites dysthymiques dont l'apparition peut être précoce. L'hérédité de la schizophrénie est déjà moins certaine, encore qu'il y ait des arguments, là aussi, en faveur d'une susceptibilité. J'avoue, d'un autre côté, mal comprendre le brouhaha médiatique qui cherche à nous convaincre de l'hérédité de l'autisme infantile quand je regarde mon expérience et celle de mes confrères. Sur la centaine d'autistes vrais – au sens de la description admise par la communauté scientifique internationale – que j'ai pu rencontrer dans ma carrière, aucun n'avait un parent, proche ou éloigné, atteint du même trouble.

Des travaux récents ont essayé de déterminer à quoi pouvait correspondre cette vulnérabilité biologique (qu'elle soit acquise ou innée). Les recherches s'orientent aujourd'hui vers la détermination de difficultés cognitives de base. Ainsi, dans certains cas d'autisme infantile, une équipe anglaise a mis en évidence un défaut de « théorie de l'esprit », c'est-à-dire de la faculté – précocement acquise au cours du développement – à se représenter l'activité mentale d'autrui, à penser l'autre comme un être pensant, prévisible et obéissant à des règles logiques [10]. Pour d'autres, il s'agirait d'une incapacité à lire et à interpréter correctement les émotions sur le visage de l'interlocuteur maternel [11]. Un argument en faveur de cette hypothèse est la prévalence dix fois plus importante de l'autisme infantile chez les aveugles de naissance. Quelle qu'elle soit, cette vulnérabilité biologique n'a pas une relation causale linéaire avec la pathologie qui s'édifie sur elle. Elle-même peut être, dans certains cas, secondaire à un désordre émotif. On connaît en effet le rôle du stress sur le développement d'anomalies hormonales et immunitaires qui influencent, à leur tour, le développement du cerveau. Surtout, l'enfant et sa mère ne forment pas un ensemble inerte, soumis mécaniquement à la destinée. L'enfant construit sa personnalité, à partir de son fonds biologique, mais en s'appuyant activement sur le monde extérieur auquel il emprunte sans cesse des matériaux en utilisant un processus psychique dont les bases organiques sont encore inconnues, mais dont on ne peut nier l'existence : l'identification. Dans ce monde extérieur, les parents

---

10. U. Frith, *L'Énigme de l'autisme*, trad. fr., O. Jacob, Paris, 1992.
11. P. Hobson, *Autism and the Development of Mind*, Lawrence Erlbaum ed., Hove, 1993.

représentent, par leur personnalité et leur histoire propre, des éléments essentiels. On a beaucoup accusé les psychanalystes de les culpabiliser. Certains propos outranciers tenus par quelques psychanalystes méritent certes d'être dénoncés. Mais est-ce culpabiliser indûment les parents que de reconnaître – avec eux, car ils n'ont pas attendu la psychanalyse pour cela – qu'ils ont une certaine responsabilité dans la manière dont leur enfant se structure, pour le meilleur comme pour le pire ? Responsabilité ne veut pas dire culpabilité, et parler d'une certaine responsabilité ne signifie pas que toute la responsabilité leur incombe. L'enfant, encore une fois, est un être actif. Il naît avec un équipement cognitif et pulsionnel variable. Il a plus ou moins de curiosité, plus ou moins d'appétit, plus ou moins d'agressivité innée, plus ou moins de capacités à attirer l'attention et à se servir de celle qui lui est offerte. Certaines mères sont déprimées, trop obnubilées par leur désordre personnel pour accorder cette attention initiale. Certains pères sont incapables de les soutenir ou de les écouter et sont des destinataires inscrits aux abonnés absents. Mais certains enfants projettent autour d'eux une angoisse et une détresse insoutenables ou ne peuvent stimuler l'intérêt maternel, du fait de leur apathie native. Il est temps aujourd'hui de sortir des modèles étiologiques unidimensionnels qui engendrent des guerres de religion plutôt qu'un travail coopératif et interdisciplinaire. L'avenir est probablement à des modèles complexes capables d'associer des facteurs multiples, d'ordre et de niveaux différents, et qui interréagissent les uns avec les autres. Entre ces différents niveaux, organique, cognitif, psycho-affectif, il faut des points de passages, des articulations. Le travail de métaphorisation commence peut-être là [12].

Évitons de nous laisser contaminer par la pensée psychotique. Celle-ci est marquée par des clivages féroces et par ce que le psychanalyste français Paul-Claude Racamier a désigné sous le nom d'hyperréalisme. Peu ou prou, les psychotiques fonctionnent comme si les choses n'étaient que ce qu'elles sont et comme si les êtres animés étaient des choses inertes, immobiles

---

12. *Cf.* J. Hochmann et M. Jeannerod, *Esprit où es-tu ? Psychanalyse et neurosciences,* O. Jacob, Paris, 1991.

et non reliées entre elles par des correspondances. La réalité, pour eux, est coupante et nette, les mots n'ont qu'un sens, sans profondeur et sans durée. Je me souviens d'un des premiers schizophrènes que j'aie connus : à la suite d'une déception sentimentale, il affirmait avoir le cœur brisé et réclamait un électrocardiogramme avec le même sérieux que mettraient aujourd'hui certains chercheurs à limiter son trouble à l'accumulation d'un neuromédiateur au niveau de ses synapses. Léo Kanner, le psychiatre américain qui a le premier décrit, en 1943, l'autisme infantile précoce, avait déjà noté que les enfants autistes ne faisaient pas de comparaison et que, lorsqu'ils employaient un mot pour un autre, ce n'était pas pour jouer avec le transfert de signification mais pour désigner, de manière immuable, un objet ou une situation. Un petit autiste de ma connaissance avait ainsi remarqué que la porte du bureau de sa thérapeute était peinte en marron du côté du couloir et en blanc du côté du bureau. Il appelait marron tout ce qui était extérieur, blanc tout ce qui était intérieur. Ce code était intangible et il n'aurait pas supporté qu'on lui dise, par exemple, que le marron pouvait évoquer les excréments (rejetés au-dehors) et le blanc la couleur du lait (ingéré). Une telle interprétation, basée sur la possibilité d'allées et venues d'un mot à un autre, d'une situation à une autre, bref sur une association d'idées, aurait été contraire à toutes les règles de sa pensée unidimensionnelle. Il fallut un long travail pour que l'opposition marron-blanc perde les caractères d'une donnée brute et parvienne progressivement à désigner des sentiments de paix pendant la séance, d'inquiétude au moment des séparations, et finalement devienne l'élément d'un jeu complice, entre sa thérapeute et lui, et qui consistait à évoquer, nostalgiquement et avec humour, leur passé commun.

Cette mise en histoire commence en effet par le partage d'une réalité. Évhémère, un Grec du IIIe siècle avant Jésus-Christ, affirmait que les dieux de l'Olympe étaient des rois dont les aventures réelles, agrandies et déformées avaient donné naissance aux mythes. Le soin est évhémériste. On ne peut pas soigner un psychotique, adulte ou enfant, sans faire d'abord quelque chose de réel avec lui. Ce faire – on l'a vu – peut se limiter à une lettre ou un certificat, à la prescription de médicaments. Avec un enfant, ce sera un jeu, une sortie, un repas. La réalité partagée soutient l'échange affectif et permet le maintien d'une relation signifiante et modérément gratifiante. Sans un apport positif, sans un effet de baume, la relation avec un psychotique risquerait en effet d'être persécutrice. Fussent-ils ses esclaves, et quel que soit le degré de son masochisme, un psychotique ne pourrait, comme Baudelaire, se satisfaire d'interlocuteurs dont « l'unique soin » serait « d'approfondir le secret douloureux » qui le fait « languir ». Sa souffrance est trop profonde, ses besoins trop oppressants, son intolérance à la frustration trop grande. Mais il convient que cette gratification reste limitée et j'ai maintes fois dénoncé l'illusion réparatrice, plus métonymique que métaphorique. L'élément de consolation qui entre dans la chimie de toute action soignante doit laisser, là aussi, persister une insatisfaction. Si ce qu'on fait avec un psychotique est souvent plus important que ce qu'on dit – car les paroles, pour lui, éclatent comme des bulles de savon, tour à tour fascinantes et inquiétantes –, ce qu'on ne fait pas est plus important que ce qu'on fait.

Surtout, il importe que le faire devienne un dire, qu'il s'articule, se transforme, se transmette dans une histoire. De Kohut à Carl Rogers, on a beaucoup insisté sur l'importance de l'empathie dans l'activité soignante, comme dans les premières relations entre une mère et son nourrisson. À mon tour, j'accorde une grande place à cette modalité primitive de communication qui privilégie l'échange affectif sur celui des mots. Avec un psychotique – comme avec un bébé – l'échange affectif doit être incarné. Il s'étaie sur des gestes ou sur des choses partagées. D'autre part, pour être réellement structurant, il doit se dérouler dans une séquence temporelle et dépasser une simple synchronisation des affects. Le concept d'« enveloppe narrative » récemment introduit par Daniel Stern semble particulièrement opératoire. L'empathie n'est efficace que si elle est à l'origine d'un récit qui se déroule dans le temps. Au départ, c'est dans l'esprit des soignants que ce récit se construit. Il utilise les matériaux du vécu commun et les soumet au crible d'une théorie de référence, véritable matrice à fabriquer des contes. Grâce à la théorie, des événements anodins se relient entre eux et prennent un sens. Ils s'inscrivent dans une narration. Les actes les plus simples : la manière dont se confectionne puis se consomme un repas, le coucher, le lever, un entraînement sportif ou encore une sortie au cinéma, tissent ainsi, quand on sait observer ce qui se passe et relier entre eux de menus incidents, une trame significative. Ce morceau d'histoire peut être mis en relation avec le développement du patient et avec la dynamique des échanges au sein de sa famille qui ont rythmé ce développement. On a trop confondu les données tirées de ces narrations avec des faits objectifs. Ce sont plutôt des hypothèses fragiles et provisoires où les liens de causalités ont davantage pour fonction de maintenir la cohérence du récit que d'apporter une explication. Au fur et à mesure de la progression du soin, dans une situation donnée, ces hypothèses se modifient, et diverses légendes se succèdent. Ni les unes ni les autres ne doivent être tenues pour des vérités scientifiques mais plus pour une rêverie sur le mythe des origines. Le psychiatre clinicien est mal placé pour proposer une étiologie rigoureuse des troubles mentaux, travail qui revient à l'épidémiologiste, au biologiste ou, éventuellement, au généticien. Son objet est ailleurs, et les théories auxquelles il se réfère et qu'éventuellement il fabrique cherchent davantage à donner de l'imagination aux soignants qu'à proposer une cause mécanique des troubles mentaux. D'où l'avantage des théories ouvertes qui permettent l'invention et le bricolage, et qui sont, pour celui ou celle qui les utilise, source d'un plaisir. L'auto-érotisme mental, dont on a vu la place dans la rêverie maternelle, est essentiel aux soins. Le plaisir éprouvé par le soignant à mettre en histoire ce qu'il vit avec son patient, à lui donner sens et ensuite à le raconter, est le moteur principal du soin psychiatrique. C'est pourquoi je conserve personnellement une certaine défiance envers tous les dogmatismes, qu'ils soient psychanalytiques, systémiques, cognitivistes ou comportementalistes. Dès lors qu'un soignant a reçu un manuel du soin parfait ou de la parfaite pédagogie, dès lors qu'une langue de bois – il y en a sous toutes les latitudes – lui prescrit une réponse adaptée à toutes les questions et une action adéquate pour toutes les situations, il reste bien peu de place à la remise en route d'une pensée figée par l'autisme ou la psychose. Il reste bien peu de place pour le plaisir, sinon pour celui, suspect, de la soumission à un chef ou à une doctrine. La fixation sur des positions anales n'est pas, ici, une attitude à conseiller. Je lui préfère, quant à moi, une certaine dose d'hystérisation, un art du spectacle et de la séduction qui commence par se diriger vers ceux à qui on raconte l'histoire, l'équipe de travail, le superviseur, pour se faire plaisir et pour plaire, avant de revenir vers le patient.

Le moment de ce retour est délicat : ni trop tôt, ni trop tard. Le soin est une émotion contenue, et une répercussion trop précoce, sous la forme d'interprétations-boomerang et de traductions extemporanées du code psychotique, peut avoir un effet destructeur. On a beaucoup insisté, ces dernières années, sur la fonction de contenant, ou de conteneur, mise en évidence par W. Bion. Les projections du psychotique ont besoin de rencontrer, comme celles du bébé, une métaphore du sein, des personnes articulées entre elles dans une institution, qu'elle ait ou non des murs importants, moins que l'échange de pensées qui les relient et les instituent dans leurs fonctions respectives. Dans cette « institution mentale », les pensées et les actes du psychotique sont accueillies et peuvent, pendant un temps, s'abriter. Elles y perdent de leur violence initiale, en devenant l'objet du plaisir des soignants qui acceptent de les contenir. Ainsi s'opère quelque chose comme une mise à la terre où se décharge l'excitation destructrice qui leur était liée. En calmant en lui les remous contre-transférentiels occasionnés par le patient, avec l'usage qu'il fait de son activité de pensée et avec le plaisir qu'il prend à cette activité et qu'il prendra plus tard dans le récit qu'il en fera à ses collègues, le soignant calme son patient. Winnicott insistait beaucoup sur l'idée que, dans le soin, l'essentiel était de survivre, c'est-à-dire de ne pas s'abandonner aux manœuvres de rétorsion. Survivre aux attaques, sans attaquer à son tour, lier en soi le clivé, construire du sensé avec le non-sens, c'est faire de la déraison raison.

Je dois ici, incidemment, corriger ce qu'avaient de trop abrupt certains de mes propos antérieurs. J'ai dit que je ne pensais pas qu'il y ait un transfert psychotique. J'avais raison si l'on conserve au terme son sens, freudien, d'illusion partagée laissant place à une désillusion acceptée. David Rosenfeld, psychanalyste argentin de psychotiques, insiste sur le fait que ce qu'il appelle le « transfert régressif » s'accompagne d'une absolue conviction [13]. Néanmoins, Freud nous l'avait déjà rappelé, après Pinel, aucun psychotique n'est entièrement fou. « Même dans un état aussi éloigné de la réalité du monde extérieur que celui d'une confusion mentale hallucinatoire, on apprend des patients, après leur guérison, qu'alors, dans un coin de leur esprit, comme ils disent, il y avait une personne normale cachée qui, à la manière détachée d'un spectateur, observait le tumulte de la maladie qui les traversait [14]. » Ce « clivage du Moi », selon l'expression freudienne, laisse subsister, à côté de la partie malade, une partie saine susceptible de transfert. Il arrive ainsi, remarque Freud, qu'un jaloux délirant, malgré la force de sa conviction délirante, apporte à son analyste un rêve qui dément le délire. Tout est alors affaire d'équilibre. Si la partie folle l'emporte, la psychose s'installe. Elle régresse si la partie saine devient prépondérante, mais persiste dans l'inconscient, toute prête pour une nouvelle irruption. Qu'en faire alors ? La projection par le psychotique des images parentales sur les soignants ne souffre pas, au début du moins, d'être interprétée. Il faut un long travail préalable d'aménagement d'une aire de calme, travail qui comporte un certain degré de désamorçage des projections les plus violentes et les plus persécutoires, dans une réalité modérément gratifiante partagée, pour que le patient, trouvant un certain agrément et une certaine sécurité dans la relation soignante, puisse accepter des interprétations de transfert. Dans un premier temps, l'analyse minutieuse et la mise en sens de la vie quotidienne, dont je parlais plus haut, constituent les fondations où une possibilité de transfert pourra ultérieurement s'ancrer. On doit savoir attendre longtemps, et parfois sans espoir qu'apparaisse un insaisissable Godot. En revanche, il y a, dès le début, un contre-transfert ou, mieux, un ensemble de contre-attitudes suscitées chez les soignants par le comportement et le discours du patient. Le soin passe d'abord par l'élaboration de ce contre-transfert, la mise en histoire de ces contre-attitudes. Le contenant proposé au patient par l'équipe soignante n'est donc pas une

---

13. D. Rosenfeld, *The Psychotic. Aspects of the Personality*, Karnac books, Londres, 1992.
14. S. Freud, *Abrégé de psychanalyse*, 1938.

simple boîte à idées, un réceptacle neutre et inerte. C'est un transformateur vivant, à l'intérieur duquel le matériel des patients s'accroît d'une valeur ajoutée par l'intérêt et l'attention des soignants et par le travail mental qu'ils font sur ce matériel. La représentation du tiers institutionnel dans ce transformateur est à une place de destinataire analogue à celle du père dans la rêverie maternelle. Ce tiers institutionnel sous ses multiples figurations, personnifiées par les différents membres de l'institution et par leurs fonctions diversifiées, incarne aussi la théorie de référence. Il y aurait tout un travail à faire sur le lien affectif avec la théorie, sur ce véritable transfert sur la théorie qui, pour les soignants analysés, peut être considéré comme un résidu du transfert sur l'analyste. Il alimente le plaisir à rêver et à métaphoriser le matériel des patients.

Les patients, avant même de recevoir des interprétations, sentent le plaisir qu'ils ont suscité et s'identifient à ce plaisir. Devinant que leurs actes et surtout leurs idées sont, pour autrui, l'objet d'un intérêt et d'un plaisir, découvrant chez les soignants l'existence de souvenirs, de projets et de pensées qui les concernent, bref un espace psychique, ils peuvent commencer à trouver de l'intérêt à jouer eux-mêmes avec ce qu'ils ont dans la tête, c'est-à-dire à contenir en eux leurs affects et leurs représentations. Le processus psychotique – comme j'ai essayé de le montrer à plusieurs reprises – est en effet une anti-pensée. Il vise à éviter au sujet la douleur de penser, c'est-à-dire d'abriter des pensées contradictoires. Il permet aussi de lutter entre les angoisses de séparations liées à la pensée elle-même. Penser c'est en effet rendre absent ce à quoi l'on pense par le simple fait qu'on y pense. Se représenter quelque chose c'est remettre au présent ce quelque chose, et donc, en préalable, accepter de le reconnaître absent. Le psychotique ne peut s'y résoudre. Il lui faut s'identifier d'abord à un autre pensant – et prenant du plaisir à penser – pour apprivoiser ses propres pensées et cesser d'être persécuté par elles. Cette identification l'aide à sortir de l'hyperréalisme et à trouver ou retrouver le bonheur de la métaphore.

Préconiser un calme soignant, proscrire l'activisme, ne signifie donc pas que les soignants se comportent comme des notaires véreux qui laisseraient s'accumuler, à leur seul profit, les bénéfices réalisés par le placement en eux des projections des patients. Le temps de la restitution ne peut être repoussé indéfiniment. Néanmoins, pendant longtemps, cette restitution consiste davantage à s'offrir comme objet d'identification possible et à partager, avec le patient, un plaisir de rêverie et d'histoire commune. Elle consiste à se remémorer et à se raconter inlassablement ce qu'on a vécu ensemble plutôt qu'à traduire en mots les motions inconscientes qui sous-tendent ce vécu. J'ai proposé d'appeler conte thérapeutique ce préalable à l'interprétation [15]. Il vise plus à montrer que ce qui se passe ici et maintenant peut avoir un autre sens, ou des sens multiples, à fournir à la réalité une connotation métaphorique, assortie de la transmission du plaisir à métaphoriser, qu'à donner un sens défini et qu'à rendre l'inconscient conscient.

---

15. J. Hochmann, *Pour soigner l'enfant psychotique. Des contes à rêver debout*, Privat, Toulouse, 1984.

Charles VI, quand il se fut épanché sur le sein d'Odette et quand il eut reçu son compte de caresses, apaisantes et douces, trouva plaisir à se remémorer ce qui s'était passé. Consolé et réconcilié avec lui-même, en un mot soigné, il écouta Michelet lui raconter son histoire et il la trouva triste et belle. Puis il voulut en savoir davantage sur lui-même et sur ce qui l'avait amené là. Il voulut mieux comprendre la somme d'érotisme et de désirs de mort qui continuait à le traverser. Alors seulement, ayant aménagé en lui une intériorité psychique, il se chercha un psychanalyste et entreprit, sur son divan, de se raconter à sa manière une autre histoire, la sienne.

Conclusion

La psychiatrie à l'heure du GATT

Comme le monde qui l'entoure et dont elle exprime, en partie, les difficultés, la psychiatrie est en crise. Pourtant, dans le monde occidental, jamais il n'y a eu autant de psychiatres, de psychologues, d'infirmiers psychiatriques. Jamais ceux qui soignent les malades mentaux n'ont eu à leur disposition, pour le bénéfice de leurs patients, autant de médicaments actifs et des formes aussi nombreuses et aussi variées de psychothérapies. Jamais on ne s'est autant préoccupé de prévenir les troubles mentaux chez les enfants. Même si on estime qu'ils sont insuffisants, jamais les maladies mentales n'ont fait l'objet d'autant de programmes de recherche. La crise serait-elle donc une crise de croissance liée à un développement trop rapide ? Faut-il encore proposer un moratoire ? Certains le pensent, reprenant, sans craindre le scandale, l'ancienne proposition de Jacques Monod qui suggérait de suspendre, pendant quelques années, tous les crédits de la psychiatrie et de les affecter à la recherche biologique, supposée seule capable d'éradiquer définitivement la folie du cœur des hommes et de vaincre les maladies mentales à la manière dont on a vaincu la variole ou la diphtérie.

D'autres, utilisant des vocabulaires et des motivations idéologiques variés, ont déjà proclamé la mort de la psychiatrie. Ils estiment – comme l'avait fait déjà Binet au début de ce siècle – que les troubles mentaux des enfants sont chose trop sérieuse pour être confiés aux psychiatres et réclament le transfert vers les institutions pédagogiques des sommes actuellement allouées aux institutions de soins. Ou encore, luttant contre la ségrégation, ils proclament la fin du mythe de la maladie mentale, ne voient dans les prétendus malades mentaux que des exclus sociaux et dans les psychiatres des agents de la répression qui authentifient le rejet par une fausse science. Certains, sciant la branche sur laquelle ils sont assis, s'affirment marchands de bonheur à bon marché et dénoncent les consolations, illusoires selon eux, que procure l'activité psychiatrique, qu'elle soit médicamenteuse ou psychothérapique.

Ces critiques, qui n'épargnent pas notre vieux pays, ont trouvé surtout acquéreur aux États-Unis où existe une vieille tradition d'empirisme, de sectes religieuses soignantes et d'idéologie antimédicale.

Face à cette mise en cause qui leur fait mieux percevoir la fragilité de leur statut et le caractère à tout instant réversible des politiques médico-sociales qui ont favorisé, pendant une trentaine d'années, un développement ininterrompu, les psychiatres se crispent et se cherchent hâtivement des appuis. Le plus utilisé actuellement est le retour au biologique. L'ancrage dans la médecine a toujours été une revendication des psychiatres qui y voyaient un gage de respectabilité. Cet ancrage a pris historiquement des formes différentes. Il s'est parfois accommodé de références à une psychologie – qu'elle soit comportementaliste ou, plus récemment, psychanalytique. Mais le poids du corps a toujours fini par l'emporter sur l'immatérialité de l'esprit. La tendance naturelle de la psychiatrie est de revenir au modèle physico-chimique de la médecine somatique et donc de s'absorber dans l'étude des déterminants cérébraux des troubles mentaux. Elle connaît aujourd'hui un nouvel essor avec le développement des techniques modernes d'exploration *in situ* du cerveau en activité, et il est possible qu'elle amène à réviser un certain nombre d'idées reçues et à développer des orientations thérapeutiques nouvelles.

À l'heure actuelle, il faut pourtant bien reconnaître – de l'aveu même de ses plus lucides pionniers – que la psychiatrie dite biologique reste stagnante. L'espoir de trouver des indicateurs biologiques de troubles mentaux qui permettraient de suivre, comme en médecine, une évolution sur des examens de laboratoire et d'adapter les traitements à cette évolution, a été déçu. Si le nombre des médicaments actifs sur certains troubles mentaux (les hallucinations, l'agitation, l'anxiété, les troubles de l'humeur) s'est multiplié, leur découverte a généralement été le fait du hasard et leur mécanisme d'action reste, généralement, inconnu. Quand on connaît l'effet pharmacologique d'une drogue sur telle fonction cérébrale ou, de manière plus précise, sur la fixation ou le métabolisme de tel neuromédiateur, on n'est pas, pour autant, capable de relier cette action physiologique aux effets comportementaux de la drogue en question. Quant au renouveau de la théorie des localisations cérébrales qui voudrait rattacher tel trouble mental à l'atteinte de tel « centre » ou réseau, il apporte des résultats contradictoires. Tour à tour, le lobe frontal, le lobe temporal, le système limbique voire le cervelet sont convoqués et font quelques tours sous les feux de l'actualité avant de retomber dans la nuit de nos ignorances. La véritable crise, si l'on y regarde d'un peu près, est celle de la psychiatrie biologique. Au point qu'elle se fait aujourd'hui de plus en plus honteuse et se masque derrière de nouveaux paradigmes, chargés de nouveaux espoirs, ceux des sciences cognitives qui considèrent le cerveau comme une machine à traiter de l'information et qui appliquent à son fonctionnement des modèles produits par les progrès des ordinateurs. Qu'on m'entende bien. Je ne récuse pas l'intérêt des recherches biologiques en psychiatrie. Je sais tout ce que nous devons (et les malades plus que nous) aux médicaments psychotropes. Je souhaite que se poursuive une étude de leurs modes d'action qui permettrait d'affiner leur prescription. Je suis prêt à admettre que le programme des sciences cognitives ouvre un nouveau champ interdisciplinaire où la psychopathologie peut s'inscrire avec ses questions spécifiques.

Ce que je critique ici, c'est plutôt l'utilisation des neurosciences et des sciences cognitives (ou des fragments de vérité qui leur sont empruntés) pour consolider l'insertion médicale de la psychiatrie, afin de préserver un statut professionnel.

Comme toute justification idéologique, celle-ci ne peut se faire qu'au prix d'un rétrécissement des concepts. C'est cela, pour moi, la crise contemporaine de la psychiatrie : une crise des concepts, une crise des valeurs, enchâssées dans une crise du langage. À l'heure où la communication de masse s'étend à tout le globe, on assiste, en effet, à une sorte de développement d'un langage *basic* dont les systèmes de classification nord-américains des maladies mentales, issus de conférences de consensus, sont un des symptômes. J'ai dit que le nombre de praticiens de la psychiatrie avait connu en vingt ans une croissance exponentielle. En France, par exemple, il s'est multiplié par dix. Cela veut dire que se trouve actuellement en activité une masse, incomparablement plus importante que dans le passé, de sujets encore sans grande expérience et qui, forts de leur nombre et de leur jeunesse, récusent des traditions cliniques et thérapeutiques qu'ils connaissent mal et que l'afflux soudain d'une masse de consommateurs potentiels n'a pas permis de transmettre convenablement. Ces praticiens ont besoin d'un corps de doctrine facile à ingérer (sinon à digérer) et de techniques aisées à mettre en œuvre, dans le minimum de temps. Il leur faut, pour communiquer entre eux, un outil simple qui soit le plus grand commun dénominateur, donc qui se rapproche de l'élémentaire. Ce langage *basic*, rendu nécessaire par la masse de ses utilisateurs, s'accompagne d'un affaiblissement de la pensée. Tant il est vrai qu'une pensée ne peut s'exprimer que dans une langue et que les contraintes de la langue s'imposent à cette pensée. À langue pauvre, pensée appauvrie.

Alors faut-il baisser les bras ? À l'heure du GATT et de l'inondation du marché par des produits standardisés pour la plus grande consommation possible, faut-il renoncer à tout un passé hautement sophistiqué de la culture psychiatrique qui plonge ses racines aussi bien dans le traitement moral des pionniers du XIXe siècle que dans la psychanalyse freudienne ? Faut-il tirer un trait sur ce qui a motivé l'engagement dans la lutte de deux générations de psychiatres et de psychanalystes, en France et à l'étranger, de 1945 à notre fin de millénaire : le souci de développer un soin sur mesure pour chaque individu malade, tenant compte de ses particularités, de son histoire, bref de sa personnalité ? Je réclame ici le droit de continuer. J'ai la conviction que l'effort de nos devanciers et le nôtre ont été payants. Nous savons aujourd'hui sur le soin psychiatrique un certain nombre de choses que l'on ne savait pas il y a cinquante ans : l'utilité de séparer les lieux de soins des lieux de vie et des lieux d'éducation, tout en coordonnant le soin avec la vie quotidienne du patient, la nocivité corrélative de l'anonymat des institutions dites totalitaires, l'importance de la relance et du soutien de la créativité des patients et des équipes soignantes, la nécessité pour cette relance et ce soutien d'une théorie de référence qui privilégie la prise en compte des motivations inconscientes et qui aide à donner sens aux comportements tels qu'ils s'inscrivent dans les relations interpersonnelles, l'importance de l'analyse des contre-attitudes et des sentiments des soignants pour accéder à la compréhension de l'expérience des patients, etc.

Pratiquement, nous avons réussi à diminuer le recours à l'hospitalisation complète tout en développant ce qu'on appelle aujourd'hui des alternatives, et en évitant d'abandonner les malades à leur misère sociale et psychologique. Lorsque l'hospitalisation est nécessaire, nous avons appris à la considérer comme un temps plus ou moins prolongé et non comme une solution définitive, et nous avons fait de nos services hospitaliers des structures de soins et non des lieux de gardiennage (au moins dans un grand nombre de cas).

Si aujourd'hui nous ne guérissons toujours pas les schizophrènes ou les autistes, nous les aidons à vivre infiniment mieux que par le passé et leur évitons, le plus souvent, l'enfermement dans la mort psychique qui était devenu jadis leur lot.

Nous ne demandons qu'à valider ces acquis techniques par les procédés modernes d'évaluation, et qu'à nous associer à des chercheurs pour les asseoir sur des bases scientifiques reconnues, afin de les perfectionner. Ils devraient nous mériter suffisamment de crédit, de la part de nos pairs, des financiers et des usagers pour nous éviter de singer les autres disciplines médicales. Si, afin de les transmettre, il faut nous astreindre à les décrire dans un langage accessible au plus grand nombre, sachons conserver néanmoins une originalité et une richesse sémantique suffisante pour rendre les nuances et les inflexions de notre pratique et de la conceptualisation à laquelle elle continue à donner lieu.

La psychiatrie, après bien des avatars, et au sortir du véritable

Moyen Âge que fut son inféodation temporaire à la neurologie, c'est-à-dire à la science des maladies du cerveau, a connu en ce dernier demi-siècle une brillante renaissance. Ceux qui, comme moi, ont parcouru la deuxième moitié de cette période exaltante et féconde sont aujourd'hui partagés entre l'inquiétude et l'espoir. L'inquiétude est de voir se répandre, sous un label faussement scientifique, une psychiatrie sans envolée ni profondeur, un réductionnisme plat et prétentieux, une pesante chape de niaiserie. L'espoir est que l'esprit, en fin de compte, ne recule jamais, que ce qui a été gagné en richesse narrative ne saurait être perdu, que la compréhension engendre nécessairement la compréhension et non la docte ignorance. Aujourd'hui, l'espoir l'emporte sur l'inquiétude : sans une bonne dose d'optimisme, corrigée par une certaine aptitude à l'angoisse, on ne ferait pas ce métier.

Points de repère

Ce livre, on l'a compris, dessine un parcours, balisé par un certain nombre de publications antérieures dont les matériaux ont été, ici, en partie, réemployés. J'ai cru nécessaire de marquer, pour finir, l'origine de chacun des chapitres et, ainsi, de la dater dans mon évolution personnelle. Je remercie les revues « Esprit », « L'Évolution psychiatrique », « Psychanalyse à l'Université », « Santé mentale au Québec », la « Revue française de Psychanalyse », les « Presses universitaires de France » et le GRAPP qui m'ont autorisé à utiliser des textes déjà publiés.

Chapitre 1 :

Ce texte reprend la trame des conférences prononcées, en 1974, à l'Institut Albert Prévost à Montréal. Il n'a jamais été publié en l'état.

Chapitre 2 :

Ce travail, réalisé en collaboration avec Annette André, psychothérapeute au Centre de santé mentale de Villeurbanne, a été publié en 1972 dans un numéro de la revue *Esprit* consacré aux remous occasionnés par le livre de G. Deleuze et F. Guattari *L'Anti-Œdipe,* qui venait de paraître aux éditions de Minuit. D'où l'insistance mise, ici, à défendre la référence à une configuration œdipienne qui gagnerait, toutefois, à être différenciée de manière plus rigoureuse du « complexe d'œdipe » du névrosé.

Chapitre 3 :

Ce travail a d'abord été présenté aux troisièmes journées internationales de criminologie comparée à Montréal en avril 1974, sous le titre « L'échec de la psychiatrie. Réflexions autour d'une aventure avec des sujets réputés psychopathes ». Il a été repris dans un article publié par la Revue l'*Évolution psychiatrique* (1976 – Fascicule 3). J'ai préféré ne pas le modifier pour lui garder sa valeur de témoignage, mais j'ai cru nécessaire de lui adjoindre une postface explicative sinon justificative.

Chapitre 4 :
Une première version de ce chapitre a été publiée dans *Psychanalyse à l'université*, septembre 1977.

Chapitre 5 :
Ce chapitre reprend de larges extraits, remaniés et complétés, d'un article publié en 1985 dans la *Revue française de psychanalyse.* J'y ai adjoint les éléments non publiés d'un séminaire organisé, en 1975, à l'intention des étudiants en psychiatrie.

Chapitre 6 :
Conférence au quatrième colloque québécois sur la Santé mentale (Sherbrooke, mai 1979) publiée dans *Santé mentale au Québec*, 1981.

Chapitre 7 :
Ce travail présenté en 1988 à Montréal au colloque « Traitement au long cours et réhabilitation des schizophrènes » a été publié dans une première version en 1989 dans la revue *Santé mentale au Québec.*

Chapitre 8 :
Ce texte a été présenté sous une première forme en 1988 au colloque « Phénomènes et structure dans le champ des psychoses », organisé à Paris par le Groupe de Recherche et d'Application des concepts Psychanalytiques à la Psychose (GRAPP). Actes du Colloque, 1989. Il expose les principes fondamentaux d'un organisme de soins par enfants autistes mis en place, à Villeurbanne, depuis vingt-cinq ans.

Chapitre 9 :
Quelques-unes des idées contenues dans ce chapitre ont été proposées à la discussion, en février 1992, lors d'une réunion scientifique de la Société psychanalytique de Paris. Je remercie tous ceux qui m'ont aidé à les préciser, au cours de la discussion.

Table des matières

Imprimé par Lightning Source France
1 avenue Gutenberg
78310 Maurepas

N° d'édition : 7381-0266-Y

www.ingramcontent.com/pod-product-compliance
Lightning Source LLC
LaVergne TN
LVHW050628051026
849532LV00002B/318